카/네/기/인/간/관/계/론
이렇게 인생을 열어나가라

옮긴이 김영선

서울대학교 문리과대학 졸업
덕성여자대학교 교수 및 학생과장
인간개발연구소 간사
역서 신들러의 〈드러커 어록〉 다수

# 카/네/기/인/간/관/계/론
## 이렇게 인생을 열어나가라

데일 카네기 지음 ● 김영선 옮김

도서출판 문장

카/네/기/인/간/관/계/론
이렇게 인생을 열어나가라
-김영선 옮김


1판 1쇄 인쇄 2010년 11월 12일
1판 1쇄 발행 2010년 11월 19일


발행처    도서출판 문장
발행인    김택원

교열·편집 이항규

등록번호 제307-2007-47호
등록일    1977년 10월 24일


서울시 성북구 보문동 4가 78-1 평화빌딩 201호
전화 대표 02-929-9495 편집부 929-9393
팩스 02-929-9496
E-Mail/moonjangb@naver.com


ISBN 978-89-7507-048-8 03320

# •성공을 위한 자기 관리

35년 전 나는 뉴욕에서 가장 불행한 청년 중의 한 사람이었다. 나는 생활을 위해 트럭을 판매하고 있었는데, 트럭이 어떻게 해서 움직이는가를 알지 못했었고, 또 알려고도 생각하지 않았을 뿐만 아니라 나 자신이 하는 일을 경멸하고 있었다. 서부 56번가 바퀴벌레가 우글거리는 싸구려 셋방에서의 생활을 경멸하고 있었다. 지금도 기억하지만 벽에 몇 개인가 넥타이가 걸려 있는데, 아침에 내가 그것을 집으려고 하면 바퀴벌레가 와르르 흩어지곤 했다. 그리고 또 바퀴벌레가 돌아다니는 싸구려 불결한 식당에서 식사를 해야만 하는 것이 참으로 싫었다.

밤이면 나는 실망, 오뇌, 고통, 반항에서 일어나는 불쾌한 두통에 시달리면서 텅 빈 방으로 돌아왔다. 학창 시절에 품었던 꿈이 악몽으로 변해버렸기 때문에 반항하고 있었다. 이것이 인생인가? 내가 그토록 기대했던 인생의 전개가 고작 이것이었던가? 싫은 일에 종사하며 바퀴벌레와 함께 살고, 형편없는 음식을 먹고, 미래에 아무런 희망도 없는, 이것이 나에게 있어 인생을 의미하는 모든 것이란 말인가! 나는 독서하는 시간, 학창시절에 꿈꾸던 창작의 시간을 갖고 싶었다.

나는 자신이 경멸하는 이 일을 그만두어도 얻는 것은 있어도 결코 잃은 것은 없다는 것을 깨달았다. 돈을 버는 일에는 흥미가 없고, 인생의 의미를 깨닫는 데에 관심을 갖게 되었다. 대개의 청년들이 인생의 출발선에서 마주치게 되는 결단의 시기에 와 있는 것이다. 거기서 나는 결심했고, 그 결심이 나의 미래를 완전히 바꾸었다. 그 결심에 의해 그 뒤의 35년 동안은 행복해졌고 꿈은 기대 이상으로 이루어졌다.

나는 결단을 내렸다. 우선 싫은 일을 그만둔다. 그리고 미주리 주립 사범학교에서 배운 4년간의 공부를 살려 야간학교에서 성인들을 가르치며 생활하자. 그렇게 하면 낮에 책을 읽을 수도 있고, 강의를 준비할 수도 있고, 소설도 쓸 수 있다. '쓰기 위해 생활하고, 생활하기 위해 쓰기'로 하는 것이다.

성인들에게 무엇을 가르치면 좋겠는가. 나는 학창시절 공부할 때를 생각해보았을 때, 많은 사람 앞에서 이야기하며 가르친다는 것이 무엇보다도 일하는 데나 처세하는 데에 도움이 될 것이라고 생각했다. 그것이 나 자신의 결점을 보완하고 다른 사람을 대할 때 용기와 자신감을 주었기 때문이다.

또한 자신감은 스스로 만들어내는 것이고, 자신의 의견을 표현할 때 나타난다는 것을 알게 되었다.

나는 컬럼비아 대학과 뉴욕 대학의 야간 강좌에 대중연설 강사를 하고 싶다고 신청했지만 양쪽 다 거절당했다. 나는 실망했지만 그것은 오히려 잘된 일이었다. 기독교청년회의 야간학교에서 강의하기로 되었기 때문이다. 거기서는 짧은 시간에 강의 효과를 올려야만 되었다. 거기에 오는 모든 사람들은 학위나 사회적 명성을 구하기 위해 오는 것이 아니다. 그들은 사업상의 회합에서 당당하게 자신의 의견을 말할 수 있게 되기를 원했던 것이다. 세일즈맨은 상대하기 벅찬 고객을 방문할 때 핵심을 떠나 그 주변을 빙빙 돌지 않기를 원했던 것이다. 자신감과 침착성을 몸에 익혀 일을 성사시키고 싶었던 것이다. 가족을 위해 수입을 늘리고 싶었던 것이다. 그들의 수업료는 여러 번에 나누어 내게 되어 있으므로 효과를 얻을 수 없으면 납입을 그만둔다. 그리고 나는 월급이 아니라 수익의 몇 할이라는 계약이었으므로 생활하는 데는 실용적이지가 않았다.

그 무렵 나는 어떤 불리한 조건하에서 가르치고 있는 것처럼 생각 되었으나, 이제 와서 생각하니 특정 대상이 아닌 상대에게 강의하고 있었음을 깨닫는다. 나는 학생들을 자극해야만 했다. 그들이 자기들의 문제를 해결할 수 있도록 도와야만 했다. 매번의 강의를 흥미 있게 하여 계속해서 출석하도록 만들어야만 했다. 그것은 가슴이 뛰는 일이었다. 나는 그것을 사랑했다. 나는 이들 실업가들이 참으로 빨리 자신감을 몸에 익혀 승진하고 월급이 오르는 데에 정말 놀랐다. 수강생은 나의 예상 이상으로 늘어났다. 하룻밤에 5달러도 지불하지 않던 기독교청년회가 30달러의 배당을 지불하게 되었다.

처음에 나는 대중연설만을 가르쳤다. 그러다가 이들 수강생들이 친구를 만들고 사람들에게 영향을 주는 능력이 필요하다는 것을 알게 되었다. 나는 '인간관계론'에 관한 적당한 책을 찾을 수 없어 직접 썼다. 썼다기보다도 강의하며 경험에서 우러난 것을 글로 옮겨 적은 것이었다. 나는 그 책을 〈친구를 만들고 사람을 움직이는 방법 -사람을 움직이는 기술(도서출판 문장 발행)〉이라고 제목을 지었다. 그것은 내 수강생을 위한 교과서로서 쓴 것이었는데, 그 책이 그토록 잘 팔리리라곤 꿈에도 생각지 못했다. 아마도 나는 현존하는 저자 가운데서 가장 놀란 사람 중의 하나일 것이다.

해가 지남에 따라 이러한 사람들의 가장 큰 문제는 각자의 고민이 있다는 것을 깨달았다. 나의 수강생들은 거의가 실업가, 지배인, 세일즈맨, 기사, 회계사 등이며 대부분이 사람을 대하는 데 문제를 가지고 있었다. 수강생 중에는 직업을 가진 여성이나 가정주부도 있었는데, 그들도 모두 사람을 대하는 것에 대한 고민을 가지고 있었다. 이러한 고민을 해결하기 위한 교과서가 필요했기 때문에 그것을 찾았다.

나는 뉴욕의 큰 도서관에 갔지만 놀랍게도 거기에는 '고민'이라는 표제로 등록되어 있는 책은 겨우 22권밖에 없었다. 한편 '벌레'라는 표제로 등록된 책이 189권이나 되었다. '고민'에 대한 책의 아홉

배나 되는 '벌레'에 대한 책! 정말 놀라운 일이다. '고민'은 인간이 직면하고 있는 가장 큰 문제의 하나임으로 전국의 학교나 전문학교에서 '고민 해결법'에 대한 강의를 해야 하는 것은 당연하지 않겠는가. 그런데 어디에 있는 어느 학교에서 강의한다는 말을 한 번도 들은 일이 없다.

나는 뉴욕의 도서관에 있는 고민에 관한 22권의 책을 훑어보면서 여러 권의 책을 샀다. 그러나 내가 맡은 반의 수강생들에게 교과서로서 사용할 만한 것을 발견할 수가 없었다. 그래서 나 자신이 직접 쓰려고 결심한 것이다.

나는 이 책을 쓰려고 7년 전부터 준비했다. 어떻게 했는가? 모든 시대의 철학자들이 고민에 대해 말한 것을 읽은 것이다. 또 공자에서 처칠에 이르는 모든 사람의 전기를 읽었다. 그리고 여러 방면의 훌륭한 인물을 만나보았다. 잭 뎀프시와 블랫드레 장군, 마크 클라크 장군, 헨리 포드, 일리노어 루스벨트, 드로시 딕스 등. 그러나 그것은 시작에 불과했다.

나는 회견이나 독서보다 더 중요한 일을 했다. 성인강좌라는 연구실에서 5년 동안 고민을 해결하는 방법을 연구한 것이다. 내가 아는 한에서는 전 세계에서 이런 종류의 연구는 처음이고 또한 하나뿐인 연구소다. 나는 학생들에게 고민을 해결하는 방법에 관해 몇 가지 원칙을 제시하고 그것들을 자기 자신의 생활에 적용시켜 보고, 그 결과를 강의시간에 이야기해보도록 했다.

이러한 경험의 결과로서 나는 이제까지의 누구보다도 많은 '어떻게 하여 나는 고민을 극복했는가' 하는 이야기에 귀를 기울여왔다고 자부한다.

또 고민 극복에 관한 편지도 수천 통이나 받았다. 미합중국 및 캐나다의 219개 도시에서 성인강좌에 응모해 입상한 체험담이다.

그러므로 이 책은 상아탑에서 엮어진 것이 아니다. 또한 고민은 어떻게 극복되어야 하는 것인가 하는 학구적인 설교도 아니다. 나는 수천 명이나 되는 사람에 의해 고민은 어떻게 해결되었는가?, 즉 '인생을 이렇게 열어나가라' 하는 간결한 리포트가 되도록 노력했다. 이 책은 실제적이다. 따라서 누구에게나 해당되고 공감할 수 있다고 확신한다.

이 책 속에 나오는 인물은 결코 가공적 인물이 아니다. 두서넛의 예외를 빼놓으면 전부가 실제로 있는 사람으로 그의 주소도 현실의 것임을 단언한다.

프랑스의 철학자 발레리는 '과학은 성공한 처방의 집대성'이라고 말했다. 그러나 여러분은 주의해주기 바란다. 여러분은 이 가운데서 한 번도 들어보지 못한 것을 발견하지는 못하겠지만, 일반적으로 주위에서 보아왔던 여러 가지를 발견할 것이 틀림없다. 왜냐하면 우리는 새로운 것을 이야기할 필요는 없다. 우리는 완전한 인생을 살기 위해 필요한 것은 이미 다 알고 있다. 우리의 고민은 무지(無知)가 아니다. '어떻게 행동하느냐'인 것이다. 이 책의 목적은 예부터의 기본적인 진리를 다시 설명하고 적확하게 조율해서 당신을 분발케 하여 행동으로 옮기게 하는 일이다.

당신은 이 책이 어떻게 해서 써졌는가를 알기 위해 이 책을 집어든 것은 아니다. 당신은 행동으로 옮기기를 원하고 있는 것이다. 우선 처음 40, 50페이지를 읽어주기 바란다. 그리고 고민을 해결하고 인생을 즐기는 어떠한 새로운 힘과 새로운 영감을 얻을 수 없었다면 이 책을 휴지통에 버리기 바란다. 그러한 사람에게는 이 책은 아무런 도움도 되지 않을 테니 말이다.

- 데일 카네기

# 차례

**지은이 머리말**

## 제1부 고민을 해결하는 방법

1. 명확하게 오늘이라는 테두리 안에 살라 • 16
2. 고민을 해결하는 마법의 공식 • 28
3. 고민이 인간에게 미치는 영향 • 37


## 제2부 고민 분석의 기본적 기법

1. 고민의 분석과 해결 방법 • 54
2. 사업상 고민의 5할을 없애는 방법 • 62

【이 책을 효과적으로 활용하기 위한 9가지 지침】 • 68

## 제3부 고민하는 습관을 없애는 방법

1. 마음속에서 고민을 몰아내는 방법 • 74
2. '딱정벌레'에 무너지지 말라 • 86
3. 고민을 몰아내기 위한 법칙 • 95
4. 피할 수 없으면 협력하라 • 104
5. 고민에 '손절매' 주문을 내라 • 118
6. '톱밥'을 켜려고 하지 말라 • 126

# 차례

제4부 평화와 행복을 위한 정신 자세 7가지

1. 당신의 인생을 바꿔놓을 한 문장 • 136
2. 보복은 더 큰 괴로움을 가져온다 • 153
3. 은혜를 모르는 사람에게 화가 날 때 • 163
4. 당신 몸에 있는 것을 백만 달러에 팔겠는가? • 172
5. 자신을 알고 자신의 모습대로 살라 • 179
6. '신 레몬'이 있으면 레몬수를 만들라 • 188
7. 14일 만에 고민을 해소하는 방법 • 195


제5부 고민을 이겨내는 방법

나의 부모는 고민을 어떻게 극복했을까? • 210


제6부 부당한 비판을 이겨내는 방법

1. '죽은 개'를 걷어차는 사람은 없다 • 232
2. 비판을 무시하고 최선을 다하라 • 237
3. 자신이 저지른 어리석은 행동을 기록해두자 • 243

# 차례

제7부 에너지와 정신을 건강하게 유지하는 6가지 방법

　1. 활동 시간을 하루에 1시간 늘리는 방법 • 252

　2. 무엇이 사람을 지치게 하는가? • 257

　3. 가정주부가 고민에서 벗어나고 젊음을 유지하는 방법 • 262

　4. 피로와 고민을 추방하는 4가지 좋은 작업습관 • 268

　5. 피로, 고민, 원한을 불러오는 권태를 몰아내는 방법 • 274

　6. 불면증에 대한 고민을 없애는 방법 • 282


제8부 즐기면서 성공하는 일을 발견하는 방법

　인생에 있어서 두 가지 큰 결단 • 292


제9부 경제적 고민을 줄이는 방법

　"모든 고민의 70퍼센트는······" • 304

# 제1부 고민을 해결하는 방법

1. 명확하게 오늘이라는 테두리 안에 살라
2. 고민을 해결하는 마법의 공식
3. 고민이 인간에게 미치는 영향

# 1. 명확하게 오늘이라는 테두리 안에 살라

1871년 봄이었다. 어느 젊은이가 어떤 책을 읽던 중 몹시 마음에 끌리는 한 구절을 발견했는데, 이것이 뒷날 그의 장래에 커다란 영향을 주었다. 그는 몬트릴 제너럴 병원의 의학도였으며, 졸업시험을 앞두고 고민을 많이 하고 있었다. 시험에 다행히 통과할 수 있을는지, 만일 떨어지게 되면 무엇을 할 것이며 어디로 가야 하며 개업은 어떻게 해야 좋은가, 그리고 앞으로 어떻게 생활할 것인가에 대해 고민하던 참이었다.

그런데 이 젊은 의학도가 1871년에 읽은 그 한 구절이 그를 그 시대의 가장 유명한 의사로 만들어주었다. 그는 세계적으로 알려진 존스 홉킨스 의과대학을 창립했고, 영국의 의사로서는 최대 영예인 옥스퍼드 대학의 명예교수까지 되었다. 그는 영국 왕실로부터 명예로운 작위를 수여받았으며, 죽은 뒤에는 1,500 페이지에 이르는 그에 대한 두 권의 전기도 간행되었다.

그의 이름은 윌리엄 오슬러 경이다. 그가 1871년에 읽은 책의 구절, '우리가 해야 할 중요한 일이란 먼 곳에 있는 희미한 것을 보는 일이 아니라, 명확하게 보이는 자신 가까이에 있는 것을 바로 실행하는 일이다'라는 말이었는데, 이 한마디로 그는 일생 동안 온갖 고민으로부터 해방되었던 것이다.

그로부터 42년 뒤, 캠퍼스에 튤립이 활짝 피어 있는 어느 봄날 저녁, 윌리엄 오슬러 경은 예일 대학 학생들에게 연설을 했다.

그는 오늘날 자신은 4개 대학의 교수가 되어 있으며 인기 있는 저서도 내놓았으므로 남들이 알기에는 특별한 두뇌의 소유자인 것처럼 생각하기 쉬우나, 그것은 잘못이라고 말했다. 자기의 가까운 친구들은 그가 가장 평범한 두뇌를 가지고 있다는 것을 잘 알고 있다고 덧붙였다.

그렇다면 그의 성공 비밀은 무엇이었나. 그것은 오슬러가 '현재에 살았기' 때문이었다. 무슨 뜻인가. 예일대에서 연설하기 두서너 달 전, 오슬러 경은 기선을 타고 대서양을 건너 미국에 왔다. 그 배는 선장이 갑판에서 버튼 하나만 누르면 즉시 기계 소리가 나며, 배의 각 부분이 차례차례 닫히는 커다란 방수실로 되어 있었다.

오슬러 박사는 예일 대학의 학생들에게 다음과 같이 말했다.

"여러분은 내가 타고 온 여객선보다 훨씬 훌륭한 조직체이며, 보다 긴 항해를 해야만 한다. 내가 여러분에게 권하고 싶은 것은 여러분들이 항해를 편안히 할 수 있는 방법으로, 정확히 '오늘'이라는 구획 속에서 살아 나가도록 기계를 조절하는 법을 배우라는 것이다.

갑판에 올라가 보면 배를 움직이는 모든 기관이 큼직한 칸막이로 질서 정연하게 되어 있음을 알 수 있을 것이다. 버튼을 눌러보라. 여러분 인생의 모든 평면에서 과거를 닫아버리고, 이미 죽어버린 어제를 닫는 철문 소리가 들릴 것이다. 그리고 또 하나의 버튼을 눌러보라. 그것은 미래, 아직도 태어나지 않은 내일을 그 금속의 커튼으로 닫아버릴 것이다. 그렇게 되어 여러분은 현재 안전하게 될 수 있다.

모름지기 과거를 닫아버려라. 과거로 하여금 과거를 장사지내게 하라. 똑똑하지 못한 이들에게 더러운 죽음에의 길을 밝혀주던 어제를 덮어버려라. 내일의 길은 가장 강한 사람조차도 좌절하게 한다. 미래도 역시 과거와 마찬가지로 단단히 닫아라. 미래란 바로 오늘이다. 내일은 아니다. 인간 구제의 날은 바로 지금이다.

정력의 낭비, 정신적 고뇌와 번민은 내일의 일에 사로잡히는 사람들의 발밑에 따라붙기 마련이다. 그러므로 앞뒤의 칸막이를 닫아버리고, 명확하게 오늘이라는 테두리 안에서의 생활습관을 익히도록 유의해야만 한다."

그렇다면 오슬러 박사는, 우리들은 내일에의 준비에 아무런 노력도 할 필요가 없다고 말한 것일까?

그것은 결코 아니다. 그는 내일을 위한 최선의 준비 방법은 오늘의 일을 오늘 하기 위해서 모든 지성과 모든 정열을 집중하는 데 있다고 말했던 것이다. 그것이야말로 내일을 위해 우리가 준비할 수 있는 유일한 방법인 것이다.

오슬러 박사는 또 예수의 기도, '오늘날 우리에게 일용할 양식을 주옵시고……'로써 하루의 일과를 시작하도록 권했다. 이 기도는 다만 오늘의 양식만을 구하고 있다는 것을 잊어서는 안 된다. 그것은 어제 먹었어야 했던 묵은 빵에 대해 불평을 말하는 것은 아니다.

그리고 또 이런 말을 한 것도 아니다.

'오, 주여! 이번 가뭄으로 밀밭에 물이 말랐습니다. 앞으로도 가뭄은 계속될지 모릅니다. 이대로 간다면 내년에 먹을 양식은 어찌 되겠습니까. 또 만일 제가 일자리를 잃게 된다면…… 오, 주여! 저는

그때 어떻게 빵을 구해야 합니까?'

이 기도는 오늘만의 양식을 주십사고 바랄 것을 가르치고 있다. 오늘의 빵이야말로 사람이 입에 넣을 수 있는 유일한 양식인 것이다.

옛날에 어떤 가난한 철인이 돌로 뒤덮인 척박한 땅의 나라를 순회하고 있었다. 그곳은 너무나도 생활이 어려운 곳이었는데, 어느 날 군중들이 그의 강론을 듣고자 언덕 위에 모였다. 그는 그 자리에서도 가는 곳마다 인용하던 다음과 같은 교훈을 말했다.

'너희는 내일의 일을 걱정하지 말라. 내일의 일은 내일이 되어 걱정하라. 하루의 노고는 그날 하루로써 충분한 것이다.'

그러나 많은 사람들은 '내일의 일을 걱정하지 말라'고 했던 예수의 말씀을 거부했다. 그들은 이 말을 실행하기 불가능한 이상적인 안이며, 동양의 신비주의라고 했다. 그들은 말했다.

"나는 내일을 생각하지 않으면 안 된다. 가족을 보호하기 위해 보험에 들어두어야 한다. 늘그막에 대비해서 저금을 해두어야 한다. 출세하기 위해 장래를 계획하고 준비하여야 한다."

물론 그래야만 한다. 결국 3백 년 전에 정의되었던 예수의 말씀은, 제임스 왕조 때에 의미한 것을 오늘날 의미하고 있지는 않다. 3백 년 전에는 '생각'이라는 단어가 보통 '걱정'을 뜻하고 있었다. 그래서 근대에 개정된 성서에는 '내일에의 불안을 갖지 말라'로 되어 있다.

물론 내일의 일은 주의 깊게 생각하고 준비하고 계획해야 하겠지만 불안을 가져서는 안 된다.

제2차 세계대전 중 미국의 군사 지도자들은 오로지 내일을 위해 계획했다. 그들은 불안을 가질 여유가 없었던 것이다. 그 당시 미 해군을 지휘하던 어네스트 J. 킹 제독은 이렇게 말했다.

"나는 가장 우수한 군대에 최상의 무기를 공급했다. 그리고 가장 현명하다고 생각되는 사명을 그들에게 주었다. 그것이 내가 할 수 있었던 일의 전부였다. 가령 배가 격침되었다고 하자. 그것을 다시 끌어올린다는 것은 불가능하다. 또 배가 침몰하려 할 때 그것을 막을 수는 없다. 그러므로 어제의 사건으로 고민하기보다는, 내일의 문제에 대해 생각하는 편이 훨씬 보람 있는 시간의 이용법이다. 더구나 지나간 일에 사로잡혀 있다가는 도저히 체력이 유지되지 않는다."

전쟁 시나 평화 시를 막론하고, 좋은 생각과 나쁜 생각의 차이는 다음과 같다. 즉 좋은 생각은 원인과 결과를 따지며, 논리적이고 건설적이다. 그러나 나쁜 생각은 종종 긴장과 신경쇠약에 이른다.

나는 최근에 세계에서 가장 유명한 신문 중의 하나인 〈뉴욕 타임스〉의 발행인 아더 헤이스 샬즈버거와 만나 이야기를 했는데, 그 내용은 다음과 같다.


제2차 세계대전의 전화(戰火)가 유럽을 뒤덮었을 때 몹시 놀랐다. 그리고 앞날이 너무나 초조하고 불안하여 불면증에 시달렸다. 그래서 밤중에 일어나 캔버스와 그림물감을 꺼내어 거울 앞에 앉아 자신의 초상화를 그리려 했다. 그림을 그릴 줄 몰랐지만, 자신의 불안한 생각을 떨쳐버리기 위해 그림을 그렸다.

그러나 자신을 꾸짖기 위해 다음과 같은 찬송가의 1절을 찾기 전까지는 실로 마음의 평화를 가질 수가 없었다'는 것이다.

영묘한 길잡이인 빛이여……

가는 길 멀리까지 비추소서!

주여! 내 약한 다리를 지켜 보살피시와

한 걸음 또 한 걸음 앞길 인도하소서!

그와 거의 같은 무렵, 유럽 어느 전선에서 종군 중이던 어느 한 젊은이도 이와 똑같은 교훈을 배우고 있었다. 그는 메릴랜드 주의 볼티모어 출신인 테드 벤저미노였는데, 전쟁에서 오는 극도의 피로병에 걸렸던 것이다. 그는 이렇게 썼다.

"1945년 4월, 나는 극도의 오뇌로 경련성 횡단결장이라는 심한 통증에 걸렸다. 만일 그 무렵에 전쟁이 끝나지 않았다면 틀림없이 육체적 폐인이 되었을 것이다."

그는 이렇게 말하면서 그때의 상황을 다음과 같이 기록하고 있다.

나는 지칠 대로 지쳐 있었다. 나는 94보병사단에 소속된 전상병(戰傷兵) 기록계 하사관이었는데, 전사자, 행방불명된 자, 병원으로 후송된 자의 명단을 기록하는 일이 임무였다. 그리고 또 아군과 적군을 가리지 않고 전투 중에 서둘러 아무렇게나 얕게 매장해두었던 병사들의 시체를 파내는 일도 거들어야만 했다. 이러한 전사자들이 남긴 소지품을 정리하여, 이것들에 깊은 애착을 느낄 것이 분명한 그들의 어버이나 친지들에게 보내주어야만 했었다. 그 일을 하면서 나는 유물들이 서로 뒤바뀌는 터무니없는 중대한 착오를 저지르지나 않을까 하고 걱정했다.

그리고 내가 다행히 살아 돌아가서 아직 한 번도 본 일이 없는, 태어난 지 16개월 된 어린 자식을 안아볼 수 있을까 하고 걱정을 했었다. 그로 말미암아 녹초가 되도록 지쳐 몸무게가 15킬로나 줄었다. 나는 심한 번민으로 반미치광이 상태에 빠졌다. 내 손은 뼈와 가죽만 남았다. 이러다가는 폐인이 되어 귀국하게 될지도 몰라 두려웠다.

나는 기진맥진하여 어린아이처럼 흐느껴 울었다. 마음이 약해져서인지 혼자 있게 되면 저절로 눈물이 나왔다. 이제는 두 번 다시 전과 같은 사람이 될 수 없는 것이 아닐까 하는 생각도 들었다. 그런데 이와 같은 불안이 군대의 진료소에서 딱 멎어버렸다.

그때 어느 군의관의 말이 내 일생의 전기가 되었던 것이다. 그는 조심스럽게 나를 진찰하고 나서, 내 병은 정신적인 것이라고 진단하면서 이런 말을 했다.

"테드! 자네 인생을 모래시계라고 생각하게. 모래시계의 맨 꼭대기에는 수없이 많은 모래가 담겨져 있네. 그것이 일정한 사이를 두고 천천히 중앙의 가늘고 좁은 곳을 지나는 걸세. 그러나 모래를 한 알 이상 통과시키려고 한다면, 시계는 고장이 나고 말 걸세. 우리들은 모두 이 모래시계와 같은 걸세. 아침에 우리는 그날 안으로 해야만 할 일이 산더미처럼 많다고 생각하지만 우리가 그것을 하나씩 차례로 하지 않고 한꺼번에 다 해치우려고 들다가는 모래시계처럼 우리들의 육체나 정신도 파괴되고 마는 것일세."

그래서 나는 이 말을 듣고 가슴에 새겨 그날부터 오늘까지 줄곧 이 철학을 실천하고 있다. 한 번에 한 알의 모래······ 한 번에 한 건의 일이라는 이 충고로 전쟁 중에 정신적 육체적으로 구원을 받았으며, 현재 인쇄회사의 영업부장으로 일하는 데에도 이 충고가 도움이 되고 있다.

지금도 싸움터에서와 마찬가지로 할 일이 많이 밀려든다. 자재의 품절, 새로운 기술 도입, 거래처 명부의 개정, 지점의 개폐, 기타 등등. 그러나 나는 조급하게 서두르지 않는다. 그 군의관이 하던 말대로 한 번에 한 알의 모래, 한 번에 한 건의 일을 잊지 않기 때문이다. 이것을 끊임없이 되풀이함으로써 나는 싸움터에서 지칠 대로 지친 혼란에서 해방되어 시원시원하게 일을 해치우고 있는 것이다.

오늘날 우리 현대인의 생활에 대한 가장 무서운 비판 가운데 하나는 병원 침대의 절반을 쌓이고 쌓인 과거와 불안한 미래의 무거운 짐에 억눌려 스트레스, 정신적 장애에 시달리는 사람들이 차지하고 있다는 사실이다. 더욱이 이들 가운데 대부분은 만일 예수의 '내일의 일을 걱정하지 말라'는 말씀이나 오슬러 박사의 '오늘에 살라'고 한 말에 귀를 기울였더라면, 오늘날 행복하고 유익한 생활을 보낼 수 있게 되었을 것이다.

우리는 지금 두 개의 영원이 합쳐지는 순간에 서 있다. 그러나 우리는 이러한 두 영원의 어느 쪽에서도 살 수가 없다. 한 순간일지라도 그럴 수가 없다. 만약 그렇게 하려다가는 육체와 정신이 모두 파괴되어버릴 것이다. 그러므로 우리가 살 수 있는 현재라는 유일한 시공에 만족해야 된다. 지금부터 깊이 잠들 때까지…….

영국의 유명한 소설가 로버트 루이스 스티븐슨은 이런 글을 썼다. '아무리 무거운 짐이라도 밤까지는 운반할 수 있다. 또한 아무리 어려운 일이라도 하루 동안이면 할 수 있다. 누구든지 즐겁게, 참을성 있게, 청결하게 생활할 수 있다…… 해가 지기까지는. 그리고 이것이야말로 참으로 인생이 의미하는 모든 것이다.'

그렇다. 그것이 인생을 사는 우리에게 요구되는 모든 것이다. 그런데 미시간 주 사기나우 시에 사는 세일드 부인은 자살 직전에 이것을 깨달았다. 그녀는 나에게 이렇게 말했다.

1937년, 나는 남편을 잃었습니다. 나는 실의에 빠진 데다가 거의 무일푼이었답니다. 나는 전에 근무한 적이 있는 캔자스에 있는 회사에 부탁하여 다시 일하게 되었습니다. 그 전에는 각종 책들을 시골이며 도시에 있는 학교에 팔아 생활했었습니다. 지금으로부터 2년 전에 남편이 병으로 눕게 되었을 때 차를 팔아버렸습니다. 그러나 그 뒤 첫 불입금을 마련하여 중고차를 월부로 사들여 다시 책장사를 시작했습니다.

이렇게 밖으로 나다니게 되면 조금이나마 마음을 가다듬을 수 있으리라고 생각했던 것인데, 혼자서 차를 몰아야 하고, 식사를 한다는 것은 너무나 참기 어려운 일이었습니다. 그 무렵 시골에서는 장사도 그다지 잘되지 않았고, 자동차 불입금도 치르기 힘들었습니다.

1938년 봄, 나는 미주리 주 버사일스 가까이에서 일하고 있었는데, 그곳 학교는 가난했습니다. 그래서 살길이 막막했습니다. 나는 너무나 외롭고 낙담하여 자살을 결심했습니다. 어차피 성공은 불가능하고, 살 목적도 없었으니까요. 저는 아침마다 일어나 인생에 직면하기가 두려웠던 것입니다. 자동차의 불입금을 못 내게 되지나 않을까, 집세가 밀리게 되면 어쩌나, 밥값이 떨어지지나 않을까, 점점 쇠약해지는 것 같은데 의사를 찾아가 볼 돈은 어떻게 마련할까? 이러한 모든 일들이 걱정거리였습니다. 내가 자살을 결행하지 못한 것은, 동생이 슬퍼할 일과 나 자신의 장례 비용조차 없었기 때문입니다.

그러던 우연히 한 권의 책을 들추다가 책 중의 한 구절을 읽고 실의에서 빠져나와 살아갈 용기를 얻었습니다. 나는 지금도 그 문구에 대해 감사하고 있습니다. 그것은 '현명한 사람에게는 하루하루가 새로운 삶이다'라는 말이었습니다.

나는 이 구절을 타이핑해서 언제나 볼 수 있도록 내 차의 앞 유리창에 붙였습니다. 하루하루를 살아간다는 것은 그렇게 어려운 일이 아니라는 것을 알게 되었죠. 나는 지나간 어제 일을 잊고, 내일 일을 생각하지 않도록 하는 것을 배웠습니다. 아침마다 저는 '오늘은 새로운 인생이다'라고 혼잣말을 했습니다. 저는 고독의 공포와 궁핍의 공포를 극복하는 데 성공했습니다.

지금 나는 행복하며 제법 성공한 셈입니다. 인생에 대해서도 열정과 애착을 느끼고 있습니다. 그리고 앞으로의 생활이 어찌 되든지, 두 번 다시 겁내지 않을 것입니다. 이제는 미래를 두려워할 이유도 없습니다. 나는 한 번에 하루만을 살고, 즉 '현명한 사람에게는 하루하루가 새로운 삶'이라는 것을 알고 있기 때문입니다."

다음의 시를 쓴 사람이 누구인지 아는가!

오늘을 내 것이라 할 수 있는 사람은
행복하리라, 홀로 있으면서도
마음 편히 이렇게 말할 수 있는 사람은
내일이 최악일지라도 나는 오늘의 삶을 살리라!

이 시는 요즘 쓰인 것으로 생각되나, 예수 탄생 30년 전 로마의
시인 호라티우스에 의해 씌어진 것이다.

인간의 성질 중에서 가장 비극적인 것 중의 하나는 현실을 도피하
려는 것이다. 우리는 모두 지평선 저쪽에 있는 마법의 장미꽃밭을
꿈꾸고 있다.

그리고 오늘 자기 집 창 밖에 피어 있는 장미꽃을 즐기려 하지
않는다. 왜 우리는 이처럼 바보인가, 비극적인 바보인가?

스티븐 리코크는 그의 저서에 다음과 같이 쓰고 있다.

우리 인생의 행로는 실로 기묘하다. 어린아이들은 "이제 내가 자란다면"
하고 말한다. 참으로 이상한 일이다. 젊은이들은 "내가 어른이 된다면" 하고
말한다. 그러나 결혼했다고 해서 어떻게 한다는 것인가. 다음에는 "은퇴하게
된다면" 하고 말한다. 그러다가 결국 은퇴하게 되면, 그는 이미 지나가 버린
과거를 돌이켜본다. 찬바람이 그 위를 스쳐가고 있다. 그는 그 풍경을 제대로
보지 못한 듯한 느낌이 떠오르는 사이에 벌써 모든 것이 보이지 않게 되고
만다. 인생이란 그날 그 시각의 연속을 살아가는 것이라고 깨달았을 때는
이미 늦은 것이다.

이에 대해서는 일찍이 프랑스의 대철학자 몽테뉴까지도 착오를
범했었다. 그는 "나의 생애는 끔찍한 불행으로 가득 차 있는 것처럼

생각되었으나, 그 대부분은 결코 일어나지 않았다"라고 말했다.

우리도 이처럼 생각하기 쉽다. 단테는 다음과 같이 말했다.

"오늘이라는 날은 두 번 다시 찾아오지 않는다는 것을 잊지 말라."


인생은 참으로 놀라운 스피드로 지나가 버린다. 초속 19마일이라는 속도로 공간을 질주해간다. 그러므로 오늘이라는 것은 우리들의 가장 귀중한 소유물인 것이다. 그것은 분명히 우리가 지닌 단 하나의 확실한 소유물인 것이다. 그것이 로웰 토머스의 철리(哲理)이다.

최근에 나는 그의 농장에서 주말을 보낸 일이 있는데, 그의 방송실 벽에는 다음과 같은 시 한 구절이 액자에 넣어져 걸려 있었다.

오늘은 주께서 창조해 주신 것,
우리는 기꺼이 그 속에 살리라.


존 러스킨은 책상 위에 '오늘'이라는 단어를 새긴 돌을 놓아두고 있었다. 나는 윌리엄 오슬러 경의 책상 위에 언제나 적혀 있었다는 인도의 희곡작가 칼리다사의 시를 매일 아침 면도할 때마다 쓰는 거울에 붙여 두고 있다.

새벽 인사
오늘을 보라
오늘이야말로 삶, 삶 중의 삶이다.
그 짧은 행로에는 그대 존재의 모든 진실과 현실이 담겨 있나니

성장의 기쁨, 행동의 영광, 성공의 화려함
어제는 꿈에 지나지 않고 내일은 환상일 뿐
그러나 충실하게 지낸 오늘은 언제까지나 행복한 꿈으로 만들고
내일을 희망에 넘친 환상으로 만든다
그러므로 오늘을 똑똑히 보라
이것이야말로 새벽 인사다.

따라서 여러분이 고민에 관해 알아야 할 첫째 사항은 다음과 같다.
즉 인생으로부터 고민을 몰아내고 싶다면 오슬러 박사가 주장한
것을 실행하는 것이다.
'과거와 미래를 철문으로 닫아버리고 오늘이라는 테두리 속에
살라!'
그리고 다음과 같은 자문자답을 적어보는 것도 좋다.
① 나는 미래를 걱정하거나 아득히 먼 피안에 있는 마법의 장미꽃
밭을 동경하여, 현재에 살기를 도피하려 하지는 않는가?
② 나는 과거에 있었던 일을 후회함으로써 현재를 괴롭게 만들고
있지는 않은가?
③ 매일 아침마다 일어날 때 '오늘을 파악하리라', '오늘이라는
24시간을 최대한으로 활용하리라'고 결심하고 있는가?
④ '오늘에 산다'는 것으로써 인생으로부터 보다 많은 보람을 찾을
수 있는가?
⑤ 이것을 언제부터 시작할 것인가. 다음 주…? 내일…? 오늘…?

## 2. 고민을 해결하는 마법의 공식




여러분은 이 책을 더 읽어가기 전에 당장 고민을 처리하기 위한 확실한 처방을 알고 싶다고 생각하지 않는가?

그렇다면 에어컨디셔너를 처음 만든 엔지니어로, 현재 뉴욕의 캐리어 코퍼레이션 사장인 윌리스 H. 캐리어가 실행했던 방법을 이야기하겠다. 이것은 내가 직접 그에게서 들은 이야기이다.


내가 버펄로의 주물회사에 근무하고 있을 때, 한 번은 크리스털 시에 있는 판유리 공장으로 가스 정화 장치를 하러 갔었다. 그것은 가스에서 불순물을 제거하여 연소 과정에서 엔진에 고장이 생기지 않도록 하기 위한 것이었다. 가스를 정화하는 방법은 아주 새로운 것으로서 지금까지 꼭 한 번 다른 조건 아래에서 시험했었다.

그런데 내가 하는 일에 뜻하지 않은 문제가 발생했다. 정화장치는 어느 정도까지는 기능을 발휘했으나 우리가 보증한 것만큼 기능을 발휘하지는 못했다. 나는 뒤통수를 한 대 세차게 얻어맞은 것처럼 실패감에 사로잡히고 말았으며, 신체의 내부가 뒤틀리는 기분을 느끼면서 번민 끝에 잠을 이루지 못하게 되었다.

그러나 이러는 동안에 나는 쓸데없는 생각에 사로잡혀보았자 아무런 소용이 없다는 생각이 들었다. 그래서 결국 문제를 처리하는 방법을 생각해냈다.

그런데 운 좋게도 이것이 들어맞았다. 나는 그 뒤 30년 동안이나 이 방법을 써오고 있는데, 이것은 누구나 할 수 있는 실로 간단한 것으로서 다음의 3단계로 성립된다.

첫째, 먼저 상황을 대담 솔직하게 분석하여, 그 실패의 결과로 일어날 수 있는 최악의 경우를 예측해보았다.

아무도 나를 감옥에 집어넣거나 사살하려 들지는 않는다. 그 점만은 분명하다. 나는 일자리를 잃게 될지도 모른다. 내 고용주는 내가 애써 장치한 기계를 떼어버리고, 지금까지 쏟아 넣은 20만 달러의 비용을 손해볼지도 모른다.

둘째, 어쩌면 일어나게 될지도 모르는 최악의 경우를 예측해본 뒤, 나는 그것을 달게 받아들이기로 했다.

나는 스스로에게 타일렀다. 이번 실패는 나의 이력에는 오점이 될지도 모른다. 나는 일자리를 잃게 될지도 모른다. 그러나 일자리를 잃게 된다면, 고용조건은 지금보다 나빠질지 모르지만 다시 새로운 일자리를 구하면 된다. 또 고용주 측은 가스의 불순물을 제거하는 새로운 방법을 실험하고 있는 것이니까, 2만 달러는 실험에 쓰인 연구비로 생각하면 그만인 셈이다.

이렇게 일어날 수 있는 최악의 경우를 예측하고 이것을 달게 받아들이기로 결정한 순간, 실로 중대한 변화가 일어났다. 나는 완전히 마음이 홀가분해져서 오랜만에 평화로움을 맛볼 수 있었다.

셋째, 그 뒤부터 나는 이미 정신적으로 받아들인 최악의 사태를 조금이나마 완화시키기 위해 조용히 나의 시간과 정력을 집중시켰다.

그리고 나는 당면한 2만 달러의 손실을 조금이라도 덜 수 있는 방법을 찾으려고 노력했다. 나는 여러 가지로 실험한 끝에, 다시 5천 달러를 부속장치에 들인다면 잘될 것이라고 판단했다. 그래서 이를 실행한 결과 2만 달러를 손해보는 대신 1만5천 달러를 벌었던 것이다.

만일 내가 내내 번민을 계속하였다면 아마 이렇게 되지 못했을 것이다. 왜냐하면 고민의 가장 나쁜 특징의 하나는 집중하는 능력을 잃게 하는 데 있기 때문이다. 즉, 우리가 최악의 사태에 맞닥뜨렸을 때 그것을 정신적으로 받아들일 것을 마음에 결심했다면 우리는 온갖 막연한 상상을 배제하고, 침착한 마음으로 그 문제에 정신을 집중할 수 있는 상태가 되는 것이다.

이 이야기는 벌써 오래 전의 일이지만 실로 큰 도움이 되었으므로 나는 언제나 이것을 모든 일에 적용하고 있다. 그 결과 나의 생활은 완전히 고민으로부터 해방되어 있다.

그러면 캐리어 씨의 마법의 공식은 어째서 심리적으로 그렇게 귀중하며 실제적인 것일까? 그것은 우리가 고민으로 말미암아 눈이 어두워져서 손으로 더듬으며 몸부림치던 회색빛 구름 속으로부터 세차게 끌어내려져 땅바닥에 단단한 발을 딛게 해주기 때문이다. 우리는 자신의 입장을 잘 알고 있다. 만일 발밑의 지면이 단단히 받쳐주지 않는다면 어떻게 생각을 정리할 수가 있겠는가?

응용심리학의 아버지라 불리는 윌리엄 제임스 교수가 세상을 떠난 것은 지금으로부터 39년 전이지만, 만일 그가 지금 살아 있어서 이 '최악에 임하는 공식'을 들었더라면 그는 진심으로 찬성했을 것이다. 어떻게 그것을 알 수 있느냐 하면, 그가 제자들에게, "모든 일을 있는 그대로 받아들이라. 왜냐하면 일단 일어나버린 사실을 받아들인다는 일은 불행의 결과를 이겨내는 첫 걸음이니까"라고 설명하고 있기 때문이다.

중국의 철학자 임어당도 이와 같은 의견을 그의 유명한 저서 〈생활의 발견〉에서 말하고 있다.

'참다운 마음의 평화는 최악의 사태를 감수하는 데서 얻어지며, 이는 심리학적으로 에너지의 해방을 의미한다.'

확실히 그렇다! 심리학적으로 그것은 에너지의 새로운 해방을 의미하는 것이다. 우리가 일단 최악의 것을 받아들이고 보면 그 이상 나쁜 사태는 일어나지 않는다. 다시 말해서 이는 곧 모든 일이 그전보다는 잘되어간다는 말이다.

캐리어씨도, "최악에 직면한 뒤, 나는 한결 마음이 차분해져서 오랫동안 맛보지 못했던 평화로움을 만끽했다. 그 뒤부터는 사물을 제대로 생각할 수 있었다"라고 말하고 있다.

옳은 말이다. 더욱이 많은 사람들이 분노의 소용돌이 속에서 그들의 일생을 학대해왔다. 최악의 사태를 받아들일 것을 거부했기 때문이다. 그것을 조금이라도 좋게 고치려는 노력을 거부했기 때문이다. 자기들의 운명을 재건해보려고는 하지 않고 '경험과의 치열한 경쟁'에 몰두한 나머지 우울증에 사로잡혀버린 탓이다.

그러면 캐리어 씨의 공식을 적용한 뉴욕 어느 석유상의 실례를 들어보기로 한다. 그는 나의 강좌에 나왔던 사람이다.

나는 무서운 협박을 받고 있었다. 공갈 협박이란 대체로 영화에서나 있는 것으로 알았는데, 내가 직접 공갈 협박을 당한 것이다. 사건 경위는 이러하다.

내가 경영하는 석유회사에는 여러 대의 배달용 트럭과 운전사들이 있었다. 그 즈음의 물가 관리국 조례는 워낙 엄중했기 때문에 거래처에 주는 배급량이 규제되어 있었다. 그런데 나도 모르게 몇몇 운전기사가 거래처에 주는 배급량을 속여서 그 남은 석유를 뒤로 빼돌린 모양이었다.

내가 이러한 부정행위를 알게 된 것은 어느 날 이 계통의 감독관이라고 자처하는 사람이 찾아와서 사건을 적당히 묵인해줄 테니 입막음용 돈을 내라고 말한 때였다. 이 사람은 운전기사의 부정행위에 대한 증거서류를 보이면서 돈을 내지 않으면 지방 검사에게 고발하겠다고 나를 협박했다.

나에게는 거리낄 것이 아무것도 없었으나 법률상으로는 고용인이 한 행위에 대해 회사가 책임을 지는 것이 당연했고, 더구나 이 사건이 밖으로 드러나 신문에라도 나게 되면 신용이 떨어지는 것은 물론 회사가 무너지게 될지도 모른다. 24년 전에 나의 아버지가 창립했던 자랑스러운 회사가……

나는 몹시 고민했다. 밤낮 사흘 동안을 식사도 잊고 잠도 자지 못했다. 얼빠진 사람처럼 방 안을 빙빙 돌면서 안절부절못했다. 그 사람에게 5천 달러를 주어야 할 것인가, 아니면 마음대로 하라고 버텨볼 것인가? 어떻게 해야 좋을지 망설이며 마치 악몽에라도 쫓기는 듯한 기분이었다.

그런데 어느 일요일 밤의 일이었다. 나는 우연히 카네기 씨의 강좌에 나갔을 때 얻었던 〈고민을 극복하는 법〉이라는 책을 집어 들고 읽기 시작했다. 여기서 캐리어 씨의 '최악의 사태에 직면하라'는 대목을 읽게 되었다. 나는 스스로에게 묻고 대답했다.

'만약 내가 돈을 주지 않아서 그 협박자가 지방검사에게 고발한다면 최악의 경우는 어떻게 될 것인가.'

회사가 망한다. 그것이 최악의 경우이다. 교도소에 들어갈 리는 없다. 업계에서 신용을 잃고 회사가 문을 닫게 될 뿐이다. 좋다, 그렇다면 회사는 망한다. 그건 그렇다고 하자. 그 다음은 어떻게 될까?

회사가 문을 닫게 되면, 무언가 일자리를 찾아야 할 것이다. 그럴 수도 있겠지. 나는 석유에 관한 일이라면 무엇이든지 알고 있다. 또한 일자리를 부탁하면 흔쾌히 나를 써줄 회사가 몇 군데는 있을 것이다. 이런 생각을 하자 나는 마음이 홀가분해졌다. 사흘 낮 사흘 밤을 두고 나를 괴롭히던 걱정의 안개가 열어지고 마음이 가라앉았다. 그러자 놀랍게도 일에 대해 생각할 수 있게 되었다.

이제 나는 제3단계인 '최악보다는 나은 해결책'에 직면할 수 있을 만큼 머리가 맑아졌다. 그래서 해결책을 생각하는 동안 아주 새로운 생각이 자연스럽게 떠올랐다.

어쨌든 한번 변호사를 찾아가서 전후 사정을 털어놓는다면 내가 알지 못했던 해결책을 찾아줄지도 모를 일이다. 지금까지의 생각이 여기에 미치지 못했다는 것이 이상할 정도로 공연히 헛된 고민을 해왔던 것이다. 그럼 내일 아침 당장 변호사를 찾아가리라. 나는 이렇게 결심하고 나서 자리에 들자 깊이 잠들 수 있었다.

그 결과는 어떠했는가? 이튿날 아침 변호사는 검사를 찾아가서 사실을 있는 그대로 이야기하라고 했다. 나는 그것을 실행했다. 검사는 내 이야기를 다 듣고 나더니, 이런 협박 사건은 예전부터 자주 있었으며 '그 계통의 감독관'이라고 사칭하는 사람은 수배 중인 상습범이라는 것이었다. 나는 이 말을 듣고 깜짝 놀랐다. 그런 상습적인 나쁜 놈에게 5천 달러를 내주어야 하나 어쩌나 하고 망설이면서 사흘 동안이나 꼬박 고민하던 끝에 이런 말을 듣자 정말 마음이 놓였다.

이 경험은 나에게 잊혀질 수 없는 교훈을 주었다. 나는 난처한 문제가 생기면 언제나 윌리스 H. 캐리어의 공식을 적용하고 있다.


그러나 캐리어 씨보다 더 고민한 사람도 있다. 이번에는 매사추세츠 주 원체스터 시에 사는 알 P. 하네 씨의 실화를 들어보기로 한다. 이 이야기는 1948년 11월 17일, 보스턴의 스타트라 호텔에서 직접 들은 이야기이다.


1920년대에 나는 몹시 고민한 탓으로 위궤양 증세가 나타났었다. 어느 날 밤, 나는 많은 피를 토하고 시카고의 노스웨스턴 대학 부속병원에 입원하는 처지가 되었다. 몸무게가 79킬로에서 41킬로로 줄어들었다.

의사는 중태이므로 손도 까닥 말라고 했다. 세 사람의 의사가 나를 '불치'라고 진단했다. 한 시간마다 먹는 음식물이라고는 알칼리성의 분말과 반 숟가락 정도의 밀크와 크림뿐이었다. 간호사는 아침저녁으로 위 속에 고무관을 집어넣어 위 속의 것을 빨아냈다.

이러기를 몇 달이나 계속했다. 마침내 나는 이런 생각을 했다.

'알 하네여, 만일 네가 죽음밖에는 아무것도 기대할 것이 없다면 이제부터 남은 시간을 최대한으로 이용하는 게 어떻겠는가. 너는 죽기 전에 세계 일주 여행을 한 번 하기를 원했으니까 지금이야말로 그것을 실행하는 것이 좋을 것이다.'

그래서 내가 의사에게 세계 일주 여행을 떠나고 싶으며, 하루에 두 번 위를 씻어낼 생각이라고 말하자 그들은 깜짝 놀랐다. 어림없는 소리! 그것은 미친 짓이다. 세계 일주 여행 따위에 나섰다가는 바다에 장사지내게 될 것이 뻔하다는 것이었다.

그러나 나는 내 주장을 꺾지 않았다. '아니다. 나는 네브래스카 주 브로크 보우에 있는 조상 대대로의 묘소에 묻어줄 것을 친척들에게 부탁해놓았다. 그러니까 나는 관을 등에 지고서라도 떠나겠다.'

나는 관을 준비해 배에 싣고, 내가 죽으면 시체는 냉장고에 보관하여 본국으로 이송해주도록 기선 회사와 계약을 해두었다. 나는 마치 노시인 오마르와도 같은 심정으로 미국을 출발했다.

아아, 남은 시간을 최대한 이용하라
우리가 죽어서 티끌로 떨어져 가기 전에
먼지는 먼지가 되어, 또 먼지 밑에 누우리
술도 없고, 노래도 없고, 시인도 없다. 그리고 종말도 없나니!

로스앤젤레스에서 프레지던트 애덤스 호를 타고 동양으로 향하게 되자 나의 마음은 상쾌해졌다. 이때부터 나는 서서히 알칼리성 분말 복용이라든가 위 속을 씻어내는 일을 그만두었다. 그리고는 온갖 종류의 음식, 내 몸에 아주 해롭다는 이국의 낯선 음식까지도 거리낌 없이 먹기 시작했다. 몇 주일 뒤에는 독한 잎담배까지 피웠고 하이볼도 마시게 되었다. 나는 정말로 오래간만에 즐거운 나날을 보냈다.

배를 타고 있는 동안 계절풍이며 심한 풍랑과 태풍도 만났지만, 공포를 느껴 죽을 지경이기는커녕 그러한 모험에 유쾌한 흥분을 느끼기까지 했다. 나는 배 안에서 여러 가지 게임을 즐기고 노래도 불렀다. 새로운 친구들이 생겨 함께 어울려서 밤을 새우는 일도 있었다. 그러다가 중국과 인도에 닿았을 때, 나는 본국에서 부딪쳐 왔던 사업상의 괴로움 따위는 동양의 빈곤이나 굶주림에 비하면 천국과도 같다는 것을 알게 되었다.

나는 부질없는 걱정을 모두 잊었다. 실로 즐거웠다. 미국에 돌아왔을 때 내 몸무게는 40킬로나 늘어 있었다. 위궤양 같은 것은 말끔히 잊어버렸다. 건강 상태는 아주 좋았다. 나는 전처럼 다시 일을 시작했다. 그 뒤 나는 지금까지 한 번도 앓은 적이 없다.


하네 씨는 자기도 모르는 사이에 캐리어 씨의 고민을 극복하는 공식을 실행했다고 나에게 이야기했다.


첫째로 '일어날 수 있는 최악의 일이란 무엇이냐?'고 스스로에게 물어보았다. 그 대답은 죽음이었다.

둘째로, 나는 죽음을 받아들일 마음의 준비를 했다. 그 밖에는 다른 도리가 없었기 때문이다. 의사는 내 병을 고칠 수 없다고 단언했던 것이다.

셋째로, 나는 남겨진 짧은 시간을 될 수 있는 대로 즐겁게 보내어 상황을 보다 나은 방향으로 이끌어가려고 노력했다. 만약 내가 배를 타고 난 뒤에도 고민을 계속했더라면 관 속에 누워서 시체로 돌아왔을 것이다. 그러나 나는 마음 편하게 지냈다. 온갖 번민을 모두 잊었다.

이와 같은 정신의 안정이 나에게 새로운 에너지원을 주었으며 그것이

내 목숨을 살려준 것이다.

그러므로 만일 여러분에게 어떤 고민거리가 있다면 캐리어 씨의 마법의 공식을 적용하여 다음의 3단계 사항을 실행하는 것이다.

① 일어날 수 있는 최악의 상황은 무엇인가? 라고 스스로에게 물어본다.

② 도저히 어쩔 수 없는 일이라면, 그것을 받아들일 준비를 한다.

③ 그런 뒤에 조용히 그 최악의 상황을 개선해간다.

# 3. 고민이 인간에게 미치는 영향

고민에 대처할 줄 모르는 실업가는 일찍 죽는다. ―알렉시스 카렐

어느 날 저녁 이웃 사람이 찾아와서 나와 우리 집 가족들 모두가 종두 예방주사를 맞아야 한다고 경고했다. 이러한 경고로 뉴욕 시내에는 곳곳마다 종두 예방주사를 맞으려는 사람들의 행렬이 늘어섰다. 예방주사는 병원에서 뿐만 아니라 소방서, 경찰서, 공장 같은 데서도 실시되었다. 2천 명이 넘는 의사와 간호사가 밤낮으로 예방주사를 놓는 소동이 벌어졌다.

그러면 이 소동의 원인은 대체 무엇이었는가? 그 당시 뉴욕 시내에서 8명의 천연두 환자가 생겨 두 명이 사망했다. 약 8백만 인구 중에서 겨우 두 사람의 희생자가 생겨 이런 소동이 일어났던 것이다.

나는 37년이 넘도록 뉴욕에서 살아왔지만 지금까지 단 한 사람도 천연두의 수천 배, 수만 배에 이르는 폐해를 주고 있는 '고민'이라는 정신적인 질병에 대하여 경고를 한 사람은 없었다. 또한 미국에 살고 있는 사람 가운데 1할은 고민이라든가 감정적인 갈등으로 말미암아 신경쇠약증에 걸릴 것이라는 사실을 나에게 경고해준 사람도 없었다. 그러므로 나는 지금 여러분에게 이것을 경고하려는 것이다.

노벨의학상 수상자인 알렉시스 카렐 박사는 말한다.

"고민에 대처할 줄 모르는 실업가는 일찍 죽는다."

이 말은 단지 사업가뿐만 아니라 가정주부, 의사, 노동자들에게도 모두 마찬가지이다.

몇 년 전 나는 산타페 철도회사의 의무국에 근무하는 O. F. 고버 박사와 함께 텍사스에서 뉴멕시코까지 자동차 여행을 한 일이 있었다. 그때 우리는 고민이 미치는 영향에 대해 이야기를 주고받았는데, 그는 이런 말을 했다.

"병원을 찾아오는 환자의 7할은 고민이나 공포감에서 빠져나올 수만 있으면 완쾌된다. 그렇다고 해서 그들의 병이 단순히 기분 탓이라는 말은 아니다. 심한 치통이라든가, 무서운 중증 따위는 결코 기분 탓일 수 없다. 신경성 소화불량, 어떤 종류의 위궤양, 심장병, 불면증, 두통, 그리고 어떤 종류의 마비 등도 확실히 상상에 의해서만 일어나는 병은 아니다. 이러한 병들은 현실이다. 나 자신도 12년 동안이나 위궤양으로 고생했기 때문에 잘 알고 있다.

그러나 공포는 고민의 원인이 된다. 고민은 인간을 긴장케 하고, 초조하게 하며, 위 신경에 영향을 주어 위액의 분비에 이상을 초래하고 때로는 위궤양으로까지 발전시킨다."

이에 대하여 조셉 F. 몬타규 박사도 그의 저서에서 같은 말을 하고 있다.

"위궤양의 원인은 음식에 있는 것이 아니라, 인간의 마음을 좀먹는 것에 그 원인이 있다."

또 W. C. 알바레스 박사는 이렇게 말하고 있다.

"위궤양은 때때로 감정적 긴장의 강약에 따라 일어나기도 하고 가라앉기도 한다."

이 보고는 마요 진료소에서 위 진찰을 받은 1천5백 명의 환자에 대해 연구한 결과이다. 그 가운데 다섯 사람 중 네 사람은 아무런 육체적인 원인을 찾아볼 수 없었다. 공포, 불안, 증오, 극단적인 이기주의, 현실 사회에 적응할 수 없는 무능이 그들이 걸린 위장병의 원인이었다. 위궤양은 불치의 죽을병이다. 잡지 〈라이프〉에 의하면 위궤양에 의한 사망자 수는 전 사망자 수 가운데 10위를 차지하고 있다고 한다.

미국 산업계에 봉직하고 있는 의사들의 연차 연합회에서 마요 진료소의 헤럴드 C. 헤바인 박사는 다음과 같은 보고를 하고 있다.

그가 평균 연령 43~44세의 중역급 176명을 진찰한 결과에 의하면, 그 중 3분의 1 이상이 이른바 고도의 긴장 생활에서 오는 특유한 질환, 말하자면 심장병·위궤양·고혈압에 걸려 있다는 것이었다. 실업계 중역들 가운데 3분의 1이 그 나이 45세도 되기 전에 심장병, 위궤양, 고혈압 등으로 그들의 육체를 소모하고 있다니 성공이란 얼마나 값비싼 것인가를 반증해준다. 그렇다고 그들 모두가 성공을 한 것도 아니지 않은가!

온 세상을 모두 차지한다 해도 건강을 잃으면 무슨 소용이 있겠는가? 온 천하를 그 손아귀에 넣었다 할지라도 그의 침대는 하나로 족할 것이며 하루에 세 끼밖에는 먹지 못한다. 이것은 시궁창을 파는 노동자라도 다를 것이 없으며, 오히려 이들은 중역보다도 깊은 잠을 잘 자고 식사를 맛있게 먹을 수 있을 것이다. 솔직히 말해서 나 같으면 철도회사나 담배공장을 경영하다가 45살에 건강을 잃느니보다는 밴조(악기)를 무릎에 놓고 앨라배마의 농가에서 소작인 노릇을 하는 편이 나을 것이다.

마침 담배라는 말에서 생각난 일인데, 최근에 세계에서 가장 유명한 담배 제조업자가 캐나다의 숲 속을 산책하다가 심장마비로 갑자기 세상을 떠났다. 그는 막대한 재산을 가지고 있으면서도 61세로 급사했다. 아마도 그는 '사업상의 성공'과 자신의 수명을 맞바꾼 것이다. 내가 보기에 그 백만장자인 담배 제조업자의 성공은 무일푼으로 81세에 돌아가신 미주리 주의 농부였던 내 아버지의 성공에 비해 훨씬 못하다고 생각된다.

저 유명한 마요 형제는 국내에 있는 병원 침대의 과반수는 신경병 환자가 차지하고 있다고 발표했다. 그러나 그러한 사람들의 신경은 시체를 해부하여 정밀한 현미경으로 조사해본 결과, 대부분의 경우 잭 뎀시의 신경과 같은 정도로 건강했다.

그들의 '신경의 고장'은 신경의 물리적 퇴화에 의한 것이 아니라 무일푼, 실패, 고민, 공포, 패배, 절망 등의 감정에서 일어난 것이었다. 플라톤은 이렇게 말했다.

"의사가 범하는 최대의 잘못은 우선 마음을 치료하려 하지 않고 육체를 고치려고 하는 데 있다. 사람의 마음과 육체는 하나이므로 그것을 따로 취급하면 안 된다."

어쨌든 의학이 이 위대한 진리를 의식하기까지는 2천3백년이나 걸렸다. 최근에는 정신신체 의학이라고 불리는 새로운 의학이 발달되고 있다. 이것은 정신과 육체를 하나로 보는 의학이다. 이제는 그렇게 되어야 한다. 종래의 의학은 물질적인 병균에 기인된 질병 즉 천연두·호열자·황달병 그 밖의 무수한 사람을 불행한 죽음으로 몰아간 질병을 박멸할 수는 있었으나, 병균 때문이 아닌 고민·공포·증오·절망 같은 감정에 의해 일어나는 정신적 육체적 환자를 구할 수는 없었다. 더구나 이러한 감정 질환에 의한 사망률은 놀라운 속도로 늘어가고 있는 것이다.

의사의 말로는 현재의 미국인 20명 중 한 사람 꼴은 일생에 한 번은 정신병원을 찾아간 것으로 되어 있다고 한다. 또 제2차 세계대전 중에 소집된 젊은이 가운데 6명 중 한 사람은 정신병이나 정신박약자로 판명되었던 것이다.

그러면 정신이상의 원인은 무엇인가? 이에 대한 뚜렷한 해답은 아무도 모른다. 그러나 대부분의 경우 공포와 고민이 그 주된 요소로 지적되고 있다. 즉 차디찬 현실 세계와의 싸움에 지고, 의지가 꺾인 사람들은 그의 환경과 인연을 끊고, 그 스스로가 만들어놓은 자기만의 꿈의 세계로 도피하고 만다. 그리고 그것으로 그의 고민은 해결되는 것이다.

지금 내 책상에는 에드워드 포돌스키 박사의 〈고민을 중단하고 개선하라〉는 제목이 붙은 책이 놓여 있는데, 그 속에는 다음과 같은 제목들이 있다.

'고민이 심장에 미치는 영향'
'고혈압은 고민에 의해서 일어난다'
'류머티즘은 고민에 의해 생길 수 있다'
'위장을 위해서도 고민을 적게 하라'
'고민은 어찌하여 감기의 원인이 되는가'

'고민과 갑상선'

'고민하고 있는 당뇨병 환자'


마요 형제로 유명한 칼 메닝거 박사의 〈자기를 배반하는 인간〉
이라는 저서에는 고민으로부터 벗어나는 방법에 대한 기술은 없으
나, 불안·실의·증오·원한·반항·공포 등에 의해서 어떻게 인간의
육체가 파괴되는가 하는 것이 자세히 씌어 있다. 한번 읽어 보기를
권한다.

고민은 아무리 건강한 사람일지라도 병들게 한다. 그랜트 장군은
남북전쟁 끝 무렵에 가서야 이 사실을 알았다. 그 이야기는 이러하다.

그랜트 장군은 9개월에 걸쳐 리치먼드를 포위 공격하고 있었다. 리 장군의
군대는 굶주림에 지쳐 패배하여 전군이 도망치기 시작했다. 남은 병사들은
텐트 안에서 기도회를 열고 울부짖으며 광란 상태에 빠져 있었다. 최후가
눈앞에 다가왔다. 리 장군의 부하들은 리치먼드의 목화 창고와 담배 창고에
불을 지르고 병기고를 태워버리고는 밤하늘에 치솟는 불길을 뒤로하고 시내
에서 도망쳤다.

그랜트 장군의 군대는 좌우 양쪽과 뒤에서 맹렬히 남군을 추격했다. 한편
세리단 장군이 이끄는 기병대는 적이 도망가는 길을 끊고 철도를 파괴하여
군수물자를 실은 열차를 포획했다.

그런데 그랜트 장군은 심한 두통에 시달려 대열에서 처져 어떤 농가에서
휴식을 취했다. 그의 〈회고록〉에는 다음과 같이 씌어 있다.

"나는 밤새도록 겨자탕에 두 발을 담그고 손목과 목 뒤에는 겨자 고약을
붙이고서 아침까지는 제발 좋아지기를 마음속으로 빌었다."

이튿날 아침 그는 말끔히 완쾌되었다. 그러나 겨자 고약의 효력은 아니었
다. 그것은 리 장군의 항복 문서를 지닌 군사(軍使)가 도착한 때문이었다.

그랜트 장군은 그때의 일을 이렇게 기록하고 있다.

"군사가 도착했을 때까지도 나는 여전히 심한 두통에 시달리고 있었는데, 그 문서의 내용을 보는 순간 두통이 사라지고 말았다."

확실히 고민과 긴장이 그랜트 장군을 병나게 했던 것이다. 그런데 그의 감정이 자신, 성공, 승리의 빛을 띠기 시작하자마자 단번에 완쾌되었던 것이다.

그로부터 70년 뒤인 프랭클린 루스벨트 내각의 재무장관 헨리 모겐소는, 고민은 사람의 기분을 해치고 현기증의 원인이 된다는 것을 알았다. 그의 일기에는 '대통령이 밀값을 인상하기 위해 하루에 440만 부셸의 밀을 사들일 때, 나는 몹시 난처했었다'고 적혀 있다.

"나는 그런 일이 행해지고 있을 때 머리가 몹시 어지러웠다. 그래서 집으로 돌아와 점심식사를 하고 두 시간이나 자리에 누워 있었다."

고민이 사람에게 미치는 영향을 알고 싶다면 나는 일부러 도서관이나 의사를 찾아갈 필요는 없다고 생각한다. 왜냐하면 이 책을 쓰고 있는 내 집의 유리창을 통해서도 그것을 볼 수 있기 때문이다. 지금 내가 살고 있는 1번가 구내에는 고민으로 인해 심한 신경쇠약증에 걸린 사람도 있고, 당뇨병을 앓은 이의 집도 있다. 당뇨병을 앓고 있는 이는 주식이 폭락했기 때문에 혈액 중의 당분과 소변의 양이 상승한 탓이다.

위대한 철학자 몽테뉴가 그의 고향 보르도의 시장으로 뽑혔을 때, 그는 시민들에게 이렇게 말했다.

"나는 여러분의 문제에 기꺼이 손을 빌려드릴 생각입니다만, 그것을 나의 간이나 폐에까지 미치게 할 생각은 없습니다."

내 이웃 사람은 주식시장 문제를 가지고 어찌나 자신의 속을 썩였던지 자칫 죽음에까지 이를 뻔했다.

고민이 인간에게 어떠한 작용을 미치는가, 그것을 생각해보고 싶다면 구태여 이웃집을 찾을 필요는 없다. 지금 내가 글을 쓰고 있는 이 방을 보면 된다. 이 집의 전 주인은 너무 고민하던 나머지 아직 죽을 나이도 아닌데 서둘러 무덤으로 가버렸다. 또 고민으로 말미암아 사람들은 관절염이나 통풍(痛風)에 걸려 휠체어 신세를 지는 수가 있다.

코널 의과대학의 러셀 L. 세실 박사는 통풍에 대해서는 세계적 권위자인데, 그는 가장 많은 통풍의 원인으로 다음 4가지를 꼽았다.

① 결혼의 실패
② 경제적 재난과 그에 따른 비탄
③ 고독과 고민
④ 오랫동안 계속 쌓여온 원한

물론 이상 4가지의 감정적 조건만이 통풍의 원인이 되는 것은 아니다. 통풍에도 여러 가지 원인에서 오는 갖가지 종류가 있다. 그러나 다시 한 번 말하지만, 통풍을 일으키는 가장 보편적인 조건은 세실 박사가 열거한 앞의 4가지에 속한다.

예를 들면 내 친구 중의 한 사람이 불경기로 심한 타격을 받았다. 가스회사는 가스를 끊었고 은행은 집을 차압했다. 그러자 그의 아내가 갑자기 심한 통풍에 걸렸다. 온갖 약을 다 써보았으나 아무런 효과가 없었다. 그런데 이 병은 남편의 경제상태가 회복될 때까지 계속되었던 것이다.

또 고민은 충치의 원인이 되기도 한다. 윌리엄 매코니글 박사가 미국 치과학회에 보고한 바에 의하면 '고민, 공포, 잔소리 등에서 오는 불쾌한 감정은 체내의 칼슘의 균형을 잃게 하여 충치의 원인이 된다'라고 했다. 박사를 찾아온 어떤 환자는 그의 부인이 병에 걸리기 전까지는 이가 건강했는데, 아내가 3주일이나 입원해 있는 동안에 충치가 9개나 생겼다는 것이다. 이것은 확실히 고민이 그 원인이었다고 했다.

여러분은 갑상선에 이상이 생길 정도로 일을 계속한 사람을 본 일이 있는가. 내가 본 경험에 의하면 그들은 부들부들 떨면서 당장에라도 죽을 것 같은 모습을 하고 있었다. 이것은 신체를 조정하는 갑상선의 호르몬 분비가 고르지 못한 때문이다. 가슴이 몹시 뛰며 온몸이 마치 통풍 조절 장치를 활짝 열어놓은 난로처럼 활활 타고 있는 것이다. 수술이나 무슨 방법으로 이것을 저지하지 않는 한 까맣게 타버리고 말 것이다.

얼마 전 나는 이런 병에 걸린 친구와 함께 필라델피아에 갔었다. 그리고 이 방면의 명의로 알려진 이스라엘의 부람 박사의 진찰을 받기로 하였다. 그의 대기실에는 커다란 액자에 넣은 다음과 같은 경계의 글이 걸려 있었다.

[휴식과 오락]
사람의 마음을 가장 부드럽게 해주며 기를 길러주는 힘은
건전한 종교, 수면, 음악, 웃음이다.
하나님께 믿음을 바치라. 깊이 잠들라.
좋은 음악을 사랑하라. 인생의 유머에도 눈을 돌려라.

그렇게 하면 건강과 행복을 얻을 수 있으리라.

박사가 내 친구에게 물어본 첫째 질문은, "어떤 감정적 고민이 이런 증상을 일으키게 했는가?" 하는 것이었다. 그는 경고했다. 만일 이대로 고민을 계속한다면 심장병, 위궤양, 당뇨병까지도 발병할지 모른다고 했다. 이러한 병들은 서로 친척지간이라는 것이었다. 사실 그 말 그대로이다.

말 오베론은 내게 이런 말을 했다.

저는 결코 사소한 일을 걱정하지 않기로 했습니다. 공연히 그런 걱정을 하면 영화를 찍을 때 연기에도 지장이 있고, 또 얼굴도 미워질 테니까요.

제가 처음으로 영화계에 들어서려 했을 때는 걱정이 되고 겁이 나기도 했습니다. 저는 인도에서 온 지 얼마 안 되기 때문에 런던에는 아무도 아는 사람이 없었거든요.

저는 두서너 분의 감독을 찾아갔습니다만 아무도 저를 채용해주지 않았고, 가지고 있던 얼마 되지 않은 돈도 점점 떨어져 갔습니다. 저는 2주일 동안이나 과자와 물만으로 지냈습니다. 그러자니 배도 고플 뿐만 아니라 걱정이 될 수밖에 없었습니다.

저는 제 자신에게 말했습니다. '너는 바보인지도 모른다. 이래서야 영화계에 어떻게 들어갈 수 있겠는가. 경험도 없고, 연기 같은 것은 해본 일도 없지 않은가! 겨우 얼굴이 좀 예쁘다는 것뿐이 아닌가?'

저는 거울 앞으로 갔습니다. 그리고 거울을 들여다보았을 때 고민이 제 얼굴을 형편없이 만들고 있다는 것을 알았습니다. 지금까지는 없었던 주름살과 겁에 질린 표정을 역력히 찾아볼 수가 있었습니다. 그래서 저는 스스로에게 타일렀습니다. '이런 짓은 당장 그만두지 않으면 안 된다! 언제까지나 고민만 하고 있을 수는 없다. 내세울 것이라고는 단 하나뿐인 얼굴이 형편없이 되어버리지 않느냐?

고민처럼 여자를 빨리 늙게 하고 추하게 하며 우울하게 하는 것은 없다. 고민은 표정을 굳어지게 하며, 턱의 곡선을 딱딱하게 만들고, 얼굴에 주름살을 만든다. 얼굴을 찌푸린 상으로 만들 뿐만 아니라, 흰 머리를 늘게 하고, 탈모증의 원인이 되기도 한다. 또 얼굴을 거칠게 하고 온갖 종기나 여드름의 원인이 되기도 한다.

오늘날 심장병은 미국에서 제1위를 차지하는 죽음의 병이다. 제2차 세계대전 중에 전사한 미군의 수는 약 30만 명인데, 같은 시기에 심장병으로 사망한 시민의 수가 2백만 명이나 된다. 그 중에서 백만 명은 고민과 심한 긴장이 원인이었다. 카렐 박사가 "고민에 대처할 줄 모르는 실업가는 일찍 죽는다"라고 말한 이유 중의 하나에 이 심장병이 꼽혀진다.

남부의 흑인이나 중국인은 어떤 일에 구애되어 걱정하지 않기 때문에 고민으로 인한 심장병은 거의 걸리지 않는다. 또한 통계에 의하면 심장병으로 죽는 의사의 수는 농장 노동자의 20배에 이르고 있다. 의사들은 정신적으로 긴장된 생활을 하기 때문에 그렇게 되는 셈이다.

"하나님은 우리들의 죄를 용서해주실지 모르나 신경 계통은 그렇지 않다."

이것은 헨리 제임스가 한 말이다.

그런가 하면 또 전혀 믿을 수 없을 만한 놀라운 사실이 있다. 즉 해마다 전염병으로 죽는 미국인의 수효가 가장 많은데, 그보다도 자살자의 수가 더 많다는 것이다.

왜 죽는가? 이 대답은 대개의 경우 '고민' 때문이다.

잔인한 중국인 장교가 포로를 고문하는 방법은 다음과 같았다. 우선 포로의 손발을 묶고 밤낮으로 끊임없이 물방울이 똑똑 떨어지는 물주머니 밑에 앉혀둔다. 똑… 똑… 똑… 밤낮을 가리지 않고 똑… 똑… 한 번도 그칠 사이 없이 머리 위에 떨어지는 물방울은 마침내 망치로 때리는 소리처럼 들리게 되어 포로의 정신을 미치게 한다. 이러한 고문 방법은 스페인의 종교재판, 히틀러 치하의 독일 강제 수용소에서도 사용됐다.

고민은 끊임없이 떨어지는 물방울과 같은 것이다. 한 번도 쉬지 않고 똑… 똑… 떨어지는 그것은 사람을 미치게 하고 자살로 몰아넣기도 한다.

내가 미주리 주의 시골에서 살던 어린 시절, 빌리 선디의 '지옥의 업보'에 대한 이야기를 듣고 몹시 무서워 한 일이 있다. 그러나 내게 그 이야기를 해준 사람은 이승에서의 고민 때문에 많은 사람들이 맛보게 되는 육체적 고통의 업보에 대해서는 한마디도 해주지 않았다. 이를테면 만일 당신이 조그마한 일로도 아주 많은 걱정을 하는 성질이라면 협심증이라는 고통에 사로잡혀 쓰러져 버릴지도 모른다. 그렇게 되면 당신은 괴로움으로 신음할 것이다.

당신의 울부짖음에 비한다면, 단테의 〈지옥편〉에 나오는 아비규환도 '장난감 나라 아기들'의 울음소리 정도로밖에 생각되지 않을 것이다. 그리고 당신은 "오, 주님이시여! 이 병만 낫는다면 무슨 일이 있어도 결코 고민하지 않겠습니다"라고 자신에게 말할 것임에 틀림없다. 내 말이 지나친 과장이라고 여긴다면 당신의 가족이나

의사에게 물어보라.

당신은 진실로 인생을 사랑하는가? 그리고 오래도록 장수하여 건강을 즐기기를 바라는가? 거기에는 좋은 방법이 있다. 나는 다시 카렐 박사의 말을 인용하기로 한다.

"현대 도시의 혼란 속에서도 편안한 정신생활을 유지할 수 있는 사람은 정신적인 질환에 걸리지 않는다."

당신은 과연 어떠한가. 당신이 정상적인 사람이라면 그 대답은 '예스'일 것이다. 아니, 단연코 '예스'인 것이다.

우리들 대부분은 자신이 생각하고 있는 것보다도 강하다. 우리는 지금까지 한 번도 사용한 적이 없는 정신적 자원을 지니고 있다. 도로우의 불멸의 명저 〈왈덴〉 가운데 이런 구절이 있다.

'인간이 의식적인 노력으로 그의 생활을 향상시키려는 훌륭한 능력만큼 믿음직한 것은 없다……. 만일 인간이 자기의 이상으로 삼는 방향으로 확신을 갖고 그가 꿈꾸던 인생을 누리려고 노력한다면 큰 성공을 거두게 될 것이다.'

이 책을 읽는 대부분의 독자들은 올가 자비에 못지않은 의지력과 정신적 자원을 가졌으리라고 생각한다. 그녀는 아이다호 주 커르 달렌에 살고 있다. 그녀는 누구보다도 비극적인 환경에 처했으면서도 고민을 극복할 수 있다는 것을 깨달았던 것이다. 내가 이 책에서 반복해 설명하고 있는 진리를 적용하면 누구라도 할 수 있다. 올가 씨가 나에게 들려준 이야기는 이러하다.

저는 8년 전에 암이라는 무서운 병으로 죽음을 선고받았습니다. 유명한 전문가도 그렇게 진단했습니다. 나의 앞길은 막히고 죽음이 입을 벌리고 기다리고 있었습니다. 저는 아직 젊었습니다. 죽고 싶지 않았어요. 그래서 나는 주치의에게 전화를 걸어 마음속의 절망감을 털어놓았습니다.

그러자 그는 진지한 목소리로 저를 타이르는 것이었습니다. "왜 그러십니까, 올가 씨? 당신에게는 투지도 없습니까? 울고만 계시다간 정말 죽고 맙니다. 지금 당신의 병세는 확실히 최악으로 치닫고 있어요. 그건 틀림없습니다. 그러나 마음을 굳게 먹고 현실과 대결하는 거예요! 고민을 집어치우세요. 어쨌든 힘을 내야 합니다!"

이 말을 듣고 저는 바로 두 손을 아프도록 움켜쥐고 굳게 맹세했습니다. '나는 더 이상 고민하지 않겠다. 울지도 않을 것이다. 만일 물질보다도 월등한 정신력이라는 것이 있기만 하다면, 나는 반드시 이겨내리라! 나는 결코 죽지 않는다!'

방사선을 사용할 수 없을 만큼 병세가 악화되어 방사선 조사량(照查量)이 하루에 10분씩 30일간이지만, 저는 49일 동안을 하루에 14분 30초씩이나 쐬었습니다.

저의 위는 불모의 언덕 위에 있는 바위처럼 깡마른 몸에서 튀어나왔고, 다리는 납덩이처럼 무거워졌으나, 저는 결코 작은 일을 걱정하지는 않았습니다. 한 번도 눈물을 흘리지 않았습니다! 오히려 명랑하게 웃으며 지냈습니다. 그렇습니다. 하기야 아무리 그렇게 버티고 있는 저이기는 했지만, 싱글벙글 거리기만 하면 암이 낫는다고 믿을 만큼 바보는 아닙니다. 그러나 명랑한 정신적 태도야말로 육체가 병과 싸우는 것을 도와준다고 믿었던 것입니다.

아무튼 저는 거의 기적적인 암의 치유를 경험했습니다.

최근 몇 년 동안 저는 그 전보다 더 건강해졌는데, 이것도 모두 '현실과 대결하는 거다! 고민을 걷어치워라! 그리고 어떻게든 힘을 내라!'고 의사가 격려해준 덕분이었습니다.

나는 카렐 박사가 말한 "고민에 대처할 줄 모르는 실업가는 일찍 죽는다"라는 말을 되풀이함으로써 이 장을 끝마친다.

예언자 마호메트를 광적으로 추종하는 신도들은 그들의 가슴에 〈코란〉에 있는 성구(聖句)를 문신하고 있다. 나는 이 책을 읽는 독자의 모든 가슴에 이 장(章)의 타이틀을 새겨주고 싶다.

"고민에 대처할 줄 모르는 실업가는 일찍 죽는다."

카렐 박사는 대체 누구를 향해 이 말을 했던 것일까? 그것은 바로 당신에게 말하고 있는 것이다!

# 고민에 대해 꼭 알아두어야 할 기본적 사실

제1법칙: 만일 고민을 피하고 싶다면 윌리엄 오슬러 경이 한 대로 실행하라. 즉 '오늘에 산다'는 것이다. 미래에 대해 마음을 얽매지 말라. 잠자리에 들 때까지 오직 그날 하루를 살아라.

제2법칙: 고민에 쌓여 헤어날 수 없다면 윌리스 H. 캐리어 씨의 마법의 공식을 적용하라.

① '일어날 수 있는 최악의 상황은 무엇인가?'라고 스스로에게 물어본다.

② 도저히 어쩔 수 없는 일이라면, 그것을 받아들일 준비를 한다.

③ 그런 뒤에 조용히 그 최악의 상황을 개선해간다.

제3법칙: 건강이 고민에 대해 지불하고 있는 터무니없이 많은 대가를 생각하라. "고민과 싸우는 방법을 모르는 실업가는 일찍 죽는다."

# 제2부 고민 분석의 기본적 기법

1. 고민의 분석과 해결 방법
2. 사업상 고민의 5할을 없애는 방법

# 1. 고민의 분석과 해결 방법

나는 여섯 명의 충복을 거느리고 있다. 내가 알고 있는 것은 전부 그들이 가르쳐준 것이다. 그들의 이름은 언제, 어디서, 누가, 어떻게, 무엇을, 왜이다. ―조지프 R. 키플링

제1부 2장에서 말한 윌리스 H. 캐리어의 마법의 공식은 모든 고민의 문제를 해결해줄 것인가? 물론 그렇지는 않다. 그러면 그 해답은 무엇인가? 그것은 온갖 종류의 고민을 처리하기 위해서는 우선 문제 분석의 3가지 기본적 단계를 알 필요가 있다.

① 사실을 파악한다.
② 사실을 분석한다.
③ 결단하고 실행에 옮긴다.

다 알고 있는 사실인지도 모른다. 아리스토텔레스도 그것을 가르쳤고 또한 실천했다. 그러므로 우리들도 우리를 괴롭히고 우리의 나날을 지옥으로 만들고 있는 그러한 문제를 해결하려고 생각한다면 이 방법을 쓰지 않으면 안 된다.

먼저 제1 단계를 보기로 하자. '사실을 파악한다'고 되어 있다.

사실을 파악한다는 것이 어째서 그렇게 중요한가. 만일 그렇지 않다면 그 문제를 해결해보려는 일까지도 불가능하기 때문이다. 사실이 없고서는 혼란 속에서 갈팡질팡할 뿐이다. 이것은 나만의 의견이 아니라 컬럼비아 대학 학장이었던 허버트 E. 허크스 씨도 같은 의견이다. 그는 지금까지 20여만 명 학생들의 고민 해결을 지도해왔다.

그는 나에게 '혼란이 고민의 주요한 원인'이라고 이야기하였다.

"이 세상 고민의 절반은 결단의 근거가 되는 정보를 충분히 갖지 않고 결단하려고 서두르는 것이 그 원인이다.

가령 나에게 다음 주 화요일 3시에 맞닥뜨려야 할 문제가 있다고 하자. 나는 화요일이 되기까지는 그 문제에 대해서 결단을 내리려고 하지 않는다. 나는 그동안 이 문제에 관계있는 온갖 사실을 파악하기에 전념할 뿐이지 결코 자꾸만 걱정하고 조바심하지는 않는다. 골치를 앓지도 않거니와 불면증도 걸리지 않는다. 다만 사실을 파악하기에 전념할 뿐이다. 그리고 화요일이 되기까지 사실이 파악되어 있으면 문제는 자연히 해결되는 것이다."

나는 허크스 학장에게, 그렇다면 당신은 고민으로부터 완전히 해방되었느냐고 물었다. 그의 대답은 '예스'였다.

"나는 완전히 고민으로부터 해방되었다고 단언할 수 있습니다. 누구든지 공평하고 객관적인 입장에서 사실을 파악하는 데 시간을 소비한다면 모든 고민은 지식의 빛을 받아 증발하고 만다는 것을 발견했습니다."

다시 말하면 '누구든지 공평하고 객관적인 입장에서 사실을 파악하기 위해 시간을 사용한다면, 모든 고민은 정보의 빛을 받아 증발하고 만다는 것을 발견할 것이다'라는 것이다.

그런데 우리들은 어떠한가? 사실에 관심을 기울였을 때 "인간은 사고의 노력을 회피하려고 온갖 방편에 의지한다"고 토머스 에디슨도 말했지만, 우리들은 기왕에 생각하고 있던 긍정적인 사실만을 추구하며 다른 것은 모두 무시한다. 우리는 자기의 행동을 정당화하는 사실, 희망적인 생각과 일치되는 사실만을 구하여 미리 생각해두었던 편견을 정당화시킨다.

이에 대해 앙드레 모루아는 이렇게 말하고 있다.

"우리의 개인적인 욕망에 합치되는 것들은 모두 진실인 것처럼 생각되고, 그렇지 않은 것은 우리를 노하게 만든다."

이러고 보면 우리들이 문제에 대한 해결을 찾는 일이 얼마나 어려운가를 의심할 여지가 없다. 그렇다면 어떻게 하면 좋을까? 그것은 우리의 사고에 감정을 섞지 않도록 하는 것이다. 그리고 허크스 학장이 말한 대로 '공평하고 객관적인 방법으로 사실을 파악하는 것'이다.

그러나 우리가 고민하고 있을 때 이렇게 한다는 것은 쉬운 일이 아니다. 고민하고 있을 때에는 감정이 흥분되어 있기 때문이다. 다음은 문제를 벗어나서 사실을 분명하고 객관적으로 관찰하는 데 도움이 되는 두 가지 아이디어이다.

① 사실을 파악하려 할 때에는 그것을 자신을 위해서가 아니라 누군가 다른 사람을 위해 자료를 수집하고 있는 것이라고 생각한다. 그러면 사실을 냉정하고 공평하게 관찰할 수 있으며 감정을 제거할 수 있다.

② 자신을 괴롭히고 있는 어떤 문제에 관해 사실을 수집할 때, 나와는 반대 측에 서서 변론하려고 준비하고 있는 변호사의 입장이 되어보라. 다시 말하면 나에게 불리한 사실, 내가 부딪히고 싶지

않은 사실을 뚜렷하게 해주도록 노력한다.

그리고 자기 측의 사실과 상대편의 사실을 글로 적어본다. 대개의 경우 진실은 이 두 가지 상반된 극단의 중간에 있다는 것을 알게 된다. 내가 말하고 싶은 것은 당신도, 나도, 아인슈타인도, 미국 최고 재판소도 우선 사실을 파악하지 않고서는 어떠한 문제에도 현명한 판단을 내릴 수 없다는 것이다. 토머스 에디슨은 그것을 알고 있었다. 그가 죽었을 때 그가 남긴 2천5백 권의 노트에는 그가 직면했던 문제에 관한 사실들이 가득히 적혀 있었다.

그러므로 문제 해결의 제1단계는 '사실을 파악하는 데'에 있다. 허크스 학장이 한 것을 실행하는 일이다. 우선 공평한 태도로 사실을 수집한 다음에 문제 해결에 착수하는 것이다. 그러나 그것을 분석하고 해명하기까지는 온갖 사실을 모은 것만으로는 아무런 소용도 없다.

나는 쓰디쓴 경험을 하고 나서야 사실을 기록한 다음 분석하는 편이 훨씬 쉽다는 것을 알았다. 실제로 문제를 종이에 써본다는 것은 현명한 결정으로 한 걸음 두 걸음 내딛는 것이 된다.

"정확하게 문제를 기술한다는 것은 문제의 절반을 해결한 것이 된다"라고 찰스 케터링은 말했다.

이것이 실제로 어떻게 작용하는가를 설명해보기로 한다.

동양에서 크게 성공한 미국인 중 하나인 갈렌 리치필드의 실화이다. 그가 1942년 중국에 있을 때 일본군이 상하이에 침입했다. 다음 이야기는 그가 우리 집에 찾아왔을 때 들려준 것이다.

일본군은 진주만을 공격하고 얼마 안 되어서 상하이로 물밀 듯이 밀어 닥쳤다. 나는 바로 그 무렵 상하이에 있는 아시아 생명보험회사의 지배인으로 있었는데, 일본군은 현역 해군 대장인 군대 청산인을 우리에게 보내왔다. 그리고 나에게 이 사람에게 협력하여 회사의 자산을 청산하라고 명령했다. 내게는 선택의 여지가 없었다. 협력이냐, 아니면 총살이냐, 둘 중의 하나였다.

나는 그들이 명령하는 대로 행동했다. 왜냐하면 달리 어쩔 도리가 없었기 때문이다. 그러나 75만 달러에 상당하는 일부의 증권만은 일본군에게 넘겨 준 자산목록에서 빼놓았다. 이들 증권은 홍콩 지점에 소속된 것으로 본사의 자산이 아니라고 판단했던 것이다. 그러면서도 나는 만일에 이것이 발각되면 혼날 것이라고 겁이 났었는데 결국 그들에게 들키고 말았다.

이 사실이 발각되었을 때 나는 마침 사무실에 없었고, 회계과장이 있었다. 나중에 그가 하는 말에 의하면, 일본 장성급인 군인 청산인은 노발대발하여 발을 구르며 야단이었던 모양이다. 그리고 나를 두고 "도둑놈! 반역자! 일본 군을 모독하다니!"하면서 갖은 욕설을 퍼붓더라는 것이다. 그렇다면 분명 브리지 하우스에 끌려갈 것을 면할 길이 없는 셈이다.

브리지 하우스! 이것이야 말로 일본 게슈타포(나치스의 비밀경찰)의 고문 실이 아닌가! 내 친구 중의 하나는 그곳으로 연행되느니 차라리 자살을 택했다. 그곳에 열흘 동안 갇혀서 고생하다가 죽은 친구들도 적지 않다. 지금 내가 그곳으로 끌려가게 되어 있는 것이다.

그래서 나는 어떻게 하였던가? 내가 사건의 내용을 들은 것은 일요일 오후였다. 이때 만일 내가 문제를 해결하기 위한 명확한 기법을 알지 못했더라면 나는 아마도 공포로 당황하였을 것이 분명했다. 그러나 나는 오래 전부터 무슨 고민이 있기만 하면 즉시 타이프라이터 앞에 앉아 다음과 같은 두 가지 질문과 그 대답을 기록하기로 해왔던 것이다.

① 나는 무엇을 고민하고 있는가?
② 나는 그것을 어떻게 하면 좋은가?

나는 얼마 전까지는 문제를 기록하는 일 없이 그 해답을 얻고자 했으나 지금은 아니다. 왜냐하면 문제와 해답을 함께 기록하는 편이 훨씬 사고를 명확하게 한다는 것을 알게 되었기 때문이다. 그래서 그 일요일 오후에 나는 즉시 기독교청년회관 안의 내 방으로 가서 타이프라이터 앞에 앉아 다음과 같이 타이핑했다.

① 나는 무엇을 고민하고 있는가?

나는 내일 아침 브리지 하우스에 갇히게 될 것을 두려워하고 있다.

다음에 나는 제2 질문을 타이핑했다.

② 그러면 그것을 어떻게 하면 좋은가?

나는 몇 시간을 곰곰이 생각한 끝에 실행할 수 있는 4가지 경우를 적어 보았다.

1) 나는 일본군 장교에게 자세한 것을 설명할 수 있다. 그러나 그는 영어를 모른다. 만일 통역을 통해 설명한다면 다시금 그를 화나게 할 수가 있다. 그것은 죽음을 의미한다. 그는 잔인한 사람이니까, 귀찮은 변명 따위를 듣기보다는 나를 브리지 하우스에 처넣고 말 것이다.

2) 도망칠까? 그러나 그것은 불가능하다. 그들은 언제나 나의 일거일동을 감시하고 있기 때문에 만일 도망치다가 들키면 붙잡혀서 총살될 것이다.

3) 나는 이 방에 들어박혀 사무실에는 나가지 않을 수도 있다. 그러나 그렇게 한다면 일본군 장교에게 의심을 살 것이다. 그는 나에게 변명할 기회도 주지 않고 병사들을 보내 나를 브리지 하우스에 집어넣고 말 것이다.

4) 나는 월요일 아침에 여느 때처럼 태연하게 사무실에 출근하는 방법도 있다. 일본군 장교는 언제나 바쁘기 때문에 내가 한 일을 생각해내지 못할지도 모른다. 만일 생각한다 할지라도 그때는 기분이 냉정해졌을 때니까 어쩌면 나를 내버려 둘지도 모른다. 일이 그렇게만 된다면 다행이겠으나, 설령 그가 나를 괴롭힌다 해도 그때는 또 그때대로 변명할 기회가 있게 될 것이다. 그러니 월요일 아침에도 여느 때와 마찬가지로 출근해서 아무 일도 없었던

것처럼 행동한다는 것은 브리지 하우스로 가는 길을 모면하는 두 번의 기회를 갖는 셈이 된다.

나는 이렇게 마음을 정하고 네 번째의 계획을 받아들일 결심을 하자 기분이 한결 홀가분해졌다.

다음날 아침 내가 사무실에 나갔을 때 일본군 장교는 담배를 입에 물고 의자에 앉아 있었다. 그는 평소와 마찬가지로 나를 빤히 노려보았지만 아무 말도 하지 않았다.

그로부터 6주일 뒤에 그는 도쿄로 돌아갔고 나의 고민은 끝났다.

앞에서 말한 바와 같이 그 일요일 오후에 책상 앞에 앉아서 내가 할 수 있는 모든 수단과 그 결과를 기록해보고 나서 냉정하게 결단을 내렸기 때문에 나는 죽음에서 구출되었던 것이다. 만일 그렇게 하지 않았더라면 나는 당황하여 경거망동하다가 실수를 저질렀을지도 모른다. 심사숙고한 끝에 결단을 내리지 않았더라면 일요일 오후를 고민 속에서 보냈을 것이다. 어쩌면 그날 밤은 뜬눈으로 새웠을지도 모른다. 그랬더라면 아마도 일본군 장교는 의혹을 품고 어떠한 조치를 취했을지도 모른다.

여러 차례의 경험에 의해 나는 결단에 이르는 일이 얼마나 중요한가를 알게 되었다. 일정한 목적지에 이르지 못하는 것, 언제까지 개미 쳇바퀴 돌 듯 하면서 그것을 멈출 힘이 없다는 것, 그것은 인간을 신경쇠약증에 걸리게 하고 생지옥으로 몰아넣는 것이다. 나는 내 고민의 50퍼센트는 일단 내가 명확한 판단에 이름과 동시에 소멸되며, 나머지 중 40퍼센트는 그 판단을 실행해 옮김으로써 사라져 버린다는 것을 발견했다.

그러므로 나는 다음 4단계로써 고민의 9할을 물리칠 수 있었던 것이다.

① 무엇에 대해 고민하는가를 자세히 기록한다.

② 그것에 대해 내가 취할 수 있는 방법을 기록한다.

③ 무엇을 할 것인가를 결정한다.

④ 그 판단을 즉시 실행에 옮긴다.

갈렌 리치필드는 현재 스타 파크 앤드 프리맨 회사(뉴욕 보험업, 투자업계에서 손꼽히는 회사)의 극동 담당 이사인데, 그는 나에게 자기의 성공은 앞에서 말한 고민 분석법과 그 실행법에 힘입은 바 크다고 고백하고 있다.

그런데 우리가 아무런 행동도 하지 않는다면 온갖 사실의 발견도 그 분석도 공염불일 것이며 정력의 낭비에 불과할 것이다. 윌리엄 제임스는 이렇게 말하고 있다.

"일단 결단이 내려져 그 실행만이 남아 있을 때는 그 일의 결과에 대한 '책임'과 '걱정'은 완전히 잊어버려라."(이 경우에 윌리엄 제임스는 '걱정'과 '불안'을 동의어로 사용한 것 같다.)

그는 아마도 일단 사실에 의거하여 주도면밀한 결단이 내려졌으면 '곧 행동에 옮겨라', '재고하거나 망설이지 말라', '이것저것 생각하다가 뒤로 물러서지 말라', '뒤미처 연달아 일어나는 의혹에 끌리지 말라', '어깨 너머로 뒤돌아보지 말라'고 설파한 것 같다.

나는 언젠가 오클라호마에서 으뜸가는 대 석유업자 웨이트 필립스 씨에게, 어떻게 결단을 실행에 옮기냐고 물었더니 그는 이렇게 대답했다.

"나는 어떤 문제를 일정한 한도 이상으로 계속해 생각한다는 것은 혼란과 고민을 만들어낼 뿐이라는 사실을 발견했다. 때로는 정도 이상으로 연구하거나 사고하는 것이 오히려 해로운 경우가 있다. 결단하고 행동하여 뒤돌아보아서는 안 될 경우도 있는 것이다."

여러분도 이제는 갈렌 리치필드의 기법을 자신들의 고민에 적용시켜보는 것이 어떻겠는가?

# 2. 사업상 고민의 5할을 없애는 방법

만일 당신이 실업가라면 당신은 아마 이런 말을 혼자 중얼거릴 것이다.

"이 문장의 타이틀은 웃긴다. 나는 이미 19년 동안이나 사업을 계속해왔다. 남들이 해결할 수 있는 일이라면 나도 할 수 있다. 사업상 고민의 50퍼센트를 없애는 법을 가르쳐주겠다고? 맹랑하기 짝이 없군!"

확실히 나 자신도 4, 5년 전에 이런 제목을 보았다면 이와 똑같이 느꼈을 것이다. 이 제목은 중대한 것을 보증하고 있지만 보증 따위는 아무런 가치가 없다.

사실 나는 당신의 사업상 고민의 절반을 제거해줄 수 없을지도 모른다. 결국 아무도 할 수 없는 것을 할 수 있는 것은 오직 당신 자신뿐이다. 여기서 다만 내가 할 수 있는 것은 세상 사람들이 어떻게 해왔는가를 전할 뿐이다. 그런 후 당신의 마음에 맡기는 것이다.

당신은 우선 내가 앞에서 인용한 알렉시스 카렐 박사의 "고민에 대처할 줄 모르는 실업가는 일찍 죽는다"라는 말을 기억해주기 바란다. 고민이라는 것은 그토록 중대한 것이기 때문에 설사 내가 당신 고민의 1할만이라도 줄어들도록 도울 수 있다면 당신은 만족할 일이 아니겠는가.

어떤가? 좋다! 그렇다면 어떤 중역이 영업상의 문제 해결에 노력하여 그 고민의 절반을 없애고, 회의에 허비했던 시간의 75퍼센트를 절약한 이야기를 하기로 한다.

이것은 '미스터 존'이라든가 'X씨' 혹은 '오하이오 주의 내 친구'라든가 하는 막연한 사람에 대해 만들어낸 이야기가 아니라 실제 인물에 대한 실화이다. 그동안 시몬 슈스터의 인쇄회사 중역으로 있었으며, 지금은 뉴욕의 포켓북 발행 출판사 사장으로 있는 사람의 이야기이다.

다음에 쓰는 것은 그 자신이 말한 그의 체험담이다.

15년 동안이나 나는 매일같이 반나절을 회의나 토론으로 보냈었다. '이것을 할까, 저것을 할까, 혹은 그만둘까?' 우리들은 사뭇 흥분했고 의자에 앉아서 몸을 뒤틀었으며 온 사무실 안을 서성거렸다. 회의는 개미 쳇바퀴 돌듯 끝이 없어 아무리 오래 끌어도 결말이 나지 않았다. 나는 녹초가 되도록 지쳐버렸다. 죽을 때까지 이런 상태가 계속되는가 싶었다. 무려 15년 동안이나 이렇게 해와서 달리 좋은 방법이 있을 것이라는 생각은 미처 못했던 것이다.

이때 만일 누군가가 나에게 '내가 쓸데없이 귀찮은 회의에 소비하고 있는 시간의 4분의 3과 신경 긴장의 4분의 3을 제거하는 방법이 있을 것'이라고 말했다고 한다면, 나는 그 사람을 사리에 어둡고 실제로 쓸모없는 놈팽이라고 욕했을 것이 뻔하다. 그런데도 나는 그것을 실행하는 한 가지 계획을 생각해 낸 것이다. 이제는 벌써 8년 동안이나 이 방법을 실시하고 있다. 그것은 능률, 건강, 행복 면에서 실로 놀랄 만한 성공을 거두고 있다. 대뜸 이렇게 말하면 마술 같은 이야기로 들리겠지만, 온갖 마술과 마찬가지로 이것도 트릭을 알고 보면 매우 간단한 것이다.

그 비결은 이러하다. 첫째로 15년 동안이나 회의를 진행하는 데 써왔던 순서를 모두 없앴다. 우선 동료 임원들이 실패한 사항을 상세히 보고한 끝에 '그러면 어떻게 할 것인가?'라는 말로 끝나는 과정인 것이다. 둘째로 나는 새로운 규칙을 만들었다. 즉 나에게 문제를 제출하고자 하는 사람은 우선 다음의 4가지 물음에 대답할 수 있는 각서를 만들어 제출하라는 것이다.

제1문─그 문제란 무엇인가?

(종전에 우리는 문제의 본질을 뚜렷이 구체적으로 알지 못한 채로 한 시간이든 두 시간이든 귀찮은 회의를 계속했던 것이다. 우리는 문제의 핵심을 분명히 적어두어야 했음에도 불구하고 그렇게 하지 않고서 문제에 대해 갑론을박 흥분했던 것이다.)

제2문─문제의 원인은 무엇인가?

(지난 일을 돌이켜볼 때 나는 문제의 근본이 되고 있는 조건을 분명하게 파악하려 하지 않고 귀찮은 회의로만 시간을 허비했다. 그 일을 생각하면 지금도 지겨운 생각이 든다.)

제3문─그 문제에 대한 모든 가능한 해결법은 무엇인가?

(종전에도 누군가가 하나의 해결책을 제시하면, 다른 누군가가 나서서 이에 대한 반대 의견을 주장했다. 그러다보면 모두 열을 올리고 만다. 때로는 논의의 주제에서 벗어나게 되는 일도 있다. 회의가 끝나고 보면 문제 해결에 필요한 사항이 하나도 기록되어 있지 않은 경우도 있었다.)

제4문─당신이 제안하는 해결법은 무엇인가?

(지금까지 나는 어떤 문제에 대해 공연히 고민을 계속하여 왔을 뿐이며 조금도 이에 대해서는 생각도 하지 않고 '내가 제안하는 해결법은 이것이다' 하고 한 번도 기록해서 제출하는 일이 없는 사람들과 함께 일해왔던 것이다.)

나의 동료들은 절대로 어떤 문제를 갖고 나를 찾아오지 않았다. 왜냐하면 그들이 이러한 4가지 질문에 대답하기 위해서는 온갖 사실을 파악하고, 그 문제를 충분히 검토하지 않으면 안 되었기 때문이다. 또 그것을 다 한 뒤에는 대개의 경우 나에게 의논할 필요가 없어졌다. 왜냐하면 적당한 해결법이 마치 토스터에서 빵이 튀어나오듯이 나왔기 때문이다. 의논할 필요가 있는 경우일지라도 피차 의논은 종래의 3분의 1로 충분하다. 순서 있게 논리적인 방법을 거쳐 타당한 결론에 도달하기 때문이다.

이제 우리 회사에서는 무엇이 잘못되어 있는가에 대해 고민하거나 의논하는 데 있어 긴 시간을 소요하지는 않는다. 모든 일을 바르게 하기 위해서는 의논보다도 실행에 중점을 두어야 하기 때문이다.'

나의 친구인 보험업계의 거물인 프랭크 베트거는 이와 같은 방법으로 사업상의 고민을 해결하여 수입을 두 배가량이나 늘렸다고 말하고 있다.

몇 년 전 내가 처음으로 보험을 팔기 시작했을 때, 나는 이 사업에 무한한 정열과 애착을 갖고 있었다. 그런데 뜻하지 않은 일이 일어났다. 나는 실망한 나머지 사업이 지긋지긋해져서 그만둘까 하고 생각했다. 만일 어느 일요일 아침, 고민의 원인을 파악하려는 아이디어가 떠오르지 않았더라면 아마도 그만두었을 것이 분명하다.

① 우선 나는 자신에게 물었다. '대체 무엇이 문제인가?'

그것은 내가 발이 닳도록 돌아다니는데도 불구하고 수입이 이에 따르지 못한다는 것이었다. 예약할 때에는 곧잘 되다가도 막상 계약서를 쓰려면 '글쎄요, 좀 더 생각해봐야겠습니다. 다음에 한번 와보십시오' 하는 것이다. 이렇게 몇 번이나 헛걸음을 치게 되는 것이 점차 지긋지긋해졌다.

② 나는 스스로에 또 물었다. '어떻게 해결하는 방법은 없겠는가?'

그러나 이 대답을 얻기 위해서는 우선 사실을 잘 연구해야만 했다. 나는 최근 1년간의 장부를 내놓고 연구해보았다. 나는 여기에서 놀랄 만한 사실을 발견했다. 내 거래처의 70 퍼센트는 단 한 번의 면담으로 성공했다는 사실 아닌가! 그리고 나머지의 23 퍼센트는 두 번 찾아가서 거래가 성립되었다.

세 번, 네 번, 다섯 번씩 시간을 낭비하게 한 뒤에 성립된 것은 겨우 7 퍼센트에 불과했다. 다시 말하면 나는 하루의 절반 이상을 거래액의 7 퍼센트 때문에 낭비했던 셈 아닌가!

③ '대답은 무엇인가?'

그것은 명백했다. 나는 한 곳을 두 번 이상 방문하지 않기로 하고, 그 시간을 새로운 고객을 찾는 일에 돌리기로 하였다. 그 결과는 실로 놀랄 만했다. 얼마 안 가 나는 1회 방문의 금전적 가치를 2달러 80센트에서 4달러 20센트로 올릴 수가 있었다.

이렇게 미국의 생명보험업계에서 가장 수완 있는 세일즈맨으로 매년 수백만 달러의 보험계약을 성립시키고 있는 프랭크 베트거도 한 번은 보험업에서 손을 떼려고 생각했었던 것이다. 그는 실패를 인정하였다. 그러나 문제를 분석함으로써 성공에의 길로 바꾸게 되었던 것이다.

당신은 사업상 문제에 이러한 문답을 적용할 수 없는가. 나는 반드시 50 퍼센트는 당신의 고민을 해소할 수 있다고 단언한다. 다시 한 번 여기에 기록해두겠다.

① 문제는 무엇인가?

② 문제의 원인은 무엇인가?

③ 문제에 대한 모든 가능한 해결법은 무엇인가?

④ 당신이 제안하는 해결법은 무엇인가?

# 고민을 분석하기 위한 기본적 기법

제1법칙: 사실을 파악하라.

허크스 학장의 말을 기억하라. "이 세상의 고민의 절반은 결단의 근거가 되는 정보를 충분히 갖지 않고 결단하려고 서두르는 것이 그 원인이다."

제2법칙: 모든 사실을 면밀히 분석하라.

제3법칙: 일단 결단을 내렸으면 실행하라.

결단을 즉시 행동으로 옮겨라. 그리고 그 결과에 대해 불안해하지 말라.

제4법칙: 당신이 어떤 문제에 대해 고민하게 될 경우에는 다음의 물음과 그 대답을 기록해보라.

① 문제는 무엇인가?

② 문제의 원인은 무엇인가?

③ 문제에 대한 모든 가능한 해결법은 무엇인가?

④ 가장 좋은 해결법은 무엇인가?

# 【 이 책을 효과적으로 활용하기 위한 9가지 지침】

1. 만일 당신이 이 책에서 되도록 많은 것을 배우기를 바란다면 어떠한 규칙이나 테크닉보다도 없어서는 안 될 한 가지 필요조건이 있다. 당신이 이 기본적인 요소를 갖추지 않는 한, 백 가지 천 가지의 연구법이 있다 해도 아무런 소용이 없을 것이다. 그러나 만일 당신이 이 기본적 재능을 가지고 있다면 굳이 이 책에서 죽 나열된 제안 같은 것은 읽지 않더라도 놀라운 성공을 거둘 수 있을 것이다.

이 마법 같은 필요조건이란 무엇인가? 그것은 고민을 해소하고 새로운 생활을 시작하려는 굳은 결의와 그것을 배우겠다는 용기이다. 그러면 어떻게 해야 이와 같은 충동을 발전시킬 수 있겠는가. 그것은 이러한 원칙이 얼마나 중요한가를 항상 기억하는 데 있다. 이와 같은 탁월한 의지가 당신의 생활을 보다 풍성하게, 보다 행복해지도록 돕고 있다는 것을 기억하라.

"내 마음의 평화, 나의 행복, 나의 건강, 나의 수입까지도 이 책에서 설명하고 있는 고래(古來)의 평범하고 항구적인 진리를 적용하느냐 않느냐에 달려 있다."

2. 처음에는 이 책의 개요를 파악하기 위해 단숨에 각 장을 독파하라. 그렇게 한다면 빨리 다음 장을 들추고 싶어질 것이다. 그러나 장난삼아 읽는 것이라면 몰라도 결코 그렇게 해서는 안 된다.

만일 당신이 고민을 해소하고 새로운 생활을 시작하기를 진정으로

원해 이 책을 읽는 것이라면, 다시 한 번 되돌아가서 각 장을 차근차근 다시 정독해주기 바란다. 결국 그러는 편이 시간도 절약되고 성과도 오를 것이다.

3. 읽어 내려가다가 가끔 멈추고 읽고 있는 것에 대해 검토해보라.
어떠한 경우에 어떻게 하여 이러한 준칙을 적용할 것인가를 자문해보라. 이와 같은 독서법은 사냥개가 토끼를 쫓듯이 돌진하는 것보다 훨씬 당신에게 유익할 것이다.

4. 붉은 사인펜이나 색연필 또는 만년필을 손에 들고 읽어라. 도움이 되리라고 생각되는 준칙이라면, 문장 전체에 선을 긋든가 ◎표를 하라. 책에 ◎표를 하거나 선을 긋는 것은 그 책을 한층 더 흥미 깊게 하며 다시 읽을 때에도 매우 편리하다.

5. 나는 15년간을 어느 큰 보험회사의 지배인으로 있는 사람을 알고 있는데, 그는 매달 한 번씩 자기 회사가 발행한 보험계약의 전부를 살펴보고 있다. 그는 매달 매년 빼지 않고 똑같은 보험계약을 전부 살펴본다. 왜냐하면 이렇게 하는 것이 그들의 계약을 분명히 기억하는 유일한 방법이라는 것을 알고 있기 때문이다.
나도 전에 대중연설에 관한 책을 집필하는 데 2년이나 걸린 적이 있었다. 그래서 가끔 무엇을 썼던가를 확인하기 위해서는 전에 기록했던 것을 다시 읽어야만 했다. 사실 누구나 인간은 빨리 잊어버린다.
그러므로 당신이 진정으로 이 책에서 무엇을 얻고자 한다면 한 번 읽어 넘긴 것으로 충분하다고 생각해서는 안 된다. 이 책을 끝까지 읽고 난 뒤에도 매달 다시 복습하는 데 4, 5시간은 들여야 할 것이다. 언제나 책상 위에 놓고 가끔 훑어보아야 한다. 아득히 먼 곳에 있는 풍부한 향상의 가능성을 끊임없이 내 몸에 각인시키도록 노력해야 한다.

이러한 원칙을 생활에 적용하는 것은 열성적으로 복습하고 적용을 반복함으로써 습관이 되며 무의식화 한다는 것을 잊어서는 안 된다. 이 밖에는 달리 방법이 없다.


6. 버나드 쇼는 이런 말을 했다.

"만일 당신이 남에게 무엇인가를 가르치려 든다면 그는 결코 배우지 않을 것이다."

쇼의 이 말은 지당하다. 배운다는 것은 적극적인 과정이다. 즉 우리는 행동함으로써 배우는 것이다. 그러므로 만일 당신이 이 책에서 읽은 원칙을 마스터하길 바란다면 그것을 실행해야만 한다. 또 이들 법칙을 모든 기회에 적용해야만 한다. 그러지 않으면 금방 그것을 잊어버리고 말 것이다.

행동으로 옮겨진 지식만이 마음에 남는 법이다. 그러나 이들 법칙을 언제고 적용한다는 것은 곤란할지도 모른다. 왜냐하면 이 책을 저술한 나 자신도 여기서 주장하고 있는 일들을 전부 적용하기는 어렵다는 것을 알고 있기 때문이다.

그러므로 이 책을 읽을 때, 단지 지식을 얻고 있는 것이 아니라는 것을 잊어서는 안 된다. 새로운 습관을 기르는 것이 목적인 것이다. 그렇다! 당신은 새로운 인생을 향해 나아가려 하고 있는 것이다. 그러기 위해서는 시간과 인내력과 부단한 적용이 요구된다. 그러므로 가끔 이 책을 펼쳐 보라. 이 책을 고민을 극복하기 위한 편리한 핸드북이라고 생각하라. 그리고 귀찮은 문제가 일어났을 때에도 결코 흥분하지 말라. 분별없는 충동적인 행동을 하지 말라. 언제나 충동적인 행동은 좋지 않다. 그러한 때에는 이 책을 펼쳐 들고 줄을 그어놓은 곳을 다시 읽는 것이 좋다. 그리고 이 새로운 방법을 적용하여 그로부터 일어나는 불가사의를 지켜보는 것이 좋다.

7. 이 책에 제시되어 있는 원칙 중에 하나를 어기는 것을 부인에게 들키면, 그 즉시 매번 25센트의 벌금을 내도록 하라. 그러면 부인은 당신을 훈련시켜줄 것이다.

8. 이 책 제22장 첫 부분을 보라. 월가의 은행가 H. P. 하우엘과 벤 프랭클린이 어떻게 해서 그들의 잘못을 고쳤는가를 읽어보라. 이 책에 기록된 원칙의 적용을 시험하기 위해 당신도 하우엘이나 프랭클린의 수법을 써보는 것이 어떤가? 그렇게 해보면 두 가지 결과가 나오게 될 것이다.

첫째로, 당신은 재미있고 비용이 들지 않는 교육과정을 밟고 있다는 것을 알게 될 것이다.

둘째로, 당신의 고민은 해소되고, 살아 나가는 능력이 월계수처럼 자라고 번성하는 것을 알게 될 것이다.

9. 일기를 써라. 앞에 나온 준칙이 잘 실행되었음을 상세히 기록해야 된다.

인명, 날짜, 결과 등. 이와 같은 기록을 남긴다는 것은 보다 유익한

노력을 하게끔 당신을 격려해준다. 더욱이 나중에 우연히 그것을
보았을 때도 즐겁지 않겠는가!

**[요점정리]**

**▌이 책에서 가장 많은 것을 얻기 위해 지켜야 할 9가지 지침**

① 고민을 극복하는 원칙을 배우겠다는 강한 욕구를 길러라.

② 다음 장으로 옮기기 전에 각 장을 두 번씩 읽어라.

③ 가끔 읽기를 멈추고 어떻게 하면 이러한 준칙을 적용할 수
있는가를 생각해보라.

④ 중요한 아이디어에는 줄을 그어둔다.

⑤ 매 달 한 번은 다시 읽는다.

⑥ 온갖 기회에 이러한 준칙들을 적용한다. 매일의 문제를 해결하
기 위한 좌우명을 담은 핸드북으로 삼는다.

⑦ 당신이 이 준칙 중의 하나를 어긴 것을 발견한 사람에게는
그때마다 상당한 벌금을 지불함으로써 공부에 흥미를 돋우도록 한
다.

⑧ 매주 경과를 검토해본다. 어떤 과오를 범했는가, 어느 정도
진보했는가, 장래에 대해 어떤 교훈을 얻었는가 등이다.

⑨ 이 책의 뒤에 이 준칙들을 언제, 어떻게 적용했는가를 날짜에
따라 기록해둔다.

# 제3부 고민하는 습관을 없애는 방법

1. 마음속에서 고민을 몰아내는 방법
2. 딱정벌레에 무너지지 말라
3. 고민을 몰아내기 위한 법칙
4. 피할 수 없으면 협력하라
5. 고민에 '손절매' 주문을 내라
6. '톱밥'을 켜려고 하지 말라

# 1. 마음속에서 고민을 몰아내는 방법

나는 4, 5년 전 어느 날 밤의 일을 결코 잊을 수 없다. 나의 강좌에 나온 마리온 J. 더글러스라는 남자가 있었다(여기서는 본인의 개인적인 사정으로 부득이 가명으로 한다). 다음 이야기는 그가 나의 성인강좌에서 고백한 실화이다. 그는 한 번이 아니라 두 번이나 가정사에서 불행한 일을 겪었다. 처음에 그는 다섯 살 난 귀여운 딸을 잃었다. 이것은 실로 그들 부부에게는 견딜 수 없이 가슴 아픈 일이었다. 10개월 뒤에 다시 딸이 태어났다. 그런데 또 닷새 만에 숨을 거두었다.

이 겹친 불행은 참으로 견딜 수 없는 일이었다.

"나는 완전히 기력을 잃고 말았다. 잠을 잘 수도 없고, 음식을 먹을 수도 없고, 마음을 가라앉힐 수도 없었다. 나는 의지를 상실했고 모든 일에 자신을 잃어버렸다."

그래서 결국 그는 의사를 찾아갔다. 그러자 어느 의사는 수면제를 주었고, 또 어떤 의사는 그에게 여행을 권하는 것이었다. 그는 이 두 가지를 다 해보았지만 효과가 없었다.

"나의 몸은 공사장 바이스에 잔뜩 물려서 그 양쪽 턱이 점점 죄어드는 것 같았다."

비탄과 긴장, 슬픔에 사로잡혀 본 일이 있는 사람이라면  이 심정을 짐작할 수도 있을 것이다.

"그런데 다행히도 네 살 난 아들 하나가 남아 있었다. 이 아이가 나의 고민을 풀어주었던 것이다. 어느 날 오후 내가 넋을 잃고 앉아 있는데, 그 아이가 나에게 '아빠, 보트 만들어주세요' 하면서 졸라대는 것이었다. 나는 그럴 만한 경황이 없었다. 세상만사가 귀찮았다. 그러나 아들 녀석은 고집불통이었다. 결국 내가 지지 않을 수 없었다. 그 장난감 보트를 만드는 데 세 시간이나 걸렸다. 그리고 보트를 다 만들고 나서 다음과 같은 것을 깨달았다.

'이 보트를 만드느라고 소비한 세 시간은 요 몇 개월 동안에 내가 처음으로 맛본 정신적인 휴식이며 평화가 아닌가!'

나는 이것을 발견함으로써 지금까지의 허탈함에서 헤어 나와 사고력을 되찾았다. 그리고 무엇이든지 기획이나 사고력을 필요로 하는 어떤 일에 몰두하는 동안은 고민하고 있을 수 없다는 것을 알게 되었다. 내 경우에는 보트를 만드는 일이 고민을 몰아내 준 것이었다. 그래서 난 늘 바빠야겠다고 결심했다.

이튿날 밤, 나는 온 집안을 돌아보면서 해야 할 일의 목록을 만들었다. 책상, 계단, 덧문, 문의 손잡이, 자물쇠, 구멍 난 홈통 등 고쳐야 할 것이 꽤 많았다. 그리고 놀라지 않을 수 없는 것은 2주일 동안에 손보아야 할 일거리를 242건이나 찾아낸 것이었다.

최근 2년 동안에 나는 이 일들을 거의 처리했다. 게다가 나는 줄곧 바쁜 나날을 보냈다. 1주일에 두 번씩 뉴욕의 성인강좌에 출석하고 있었다. 또 내가 살고 있는 고장의 시민활동에 참가하였으며, 현재는 교육위원회의 의장직을 맡고 있다. 이 밖에도 나는 적십자사를 비롯한 여러 공공사업을 위한 모금운동도 돕고 있다. 그래서 나는 너무 바빠서 고민하고 있을 시간이 없게 되었다."

'고민하고 있을 겨를이 없다!' 이것이야말로 윈스턴 처칠 경이
세계대전이 한창 불을 뿜는 가운데서 하루에 18시간을 일하던 때에
한 말과 같은 말이다. 처칠은 그가 지고 있는 책임이 너무 무거워
골치를 앓고 있지 않느냐고 묻는 말에 대해 이렇게 대답했던 것이다.

찰스 케더링도 자동차 스타터 발명에 착수하였을 때 이와 같은
처지에 있었다. 그는 최근 은퇴할 무렵까지 제너럴 모터스 부사
장으로서 제너럴 모터스 리서치 코퍼레이션을 이끌어온 인물이다.
그러나 한때는 그 역시 몹시 가난했기 때문에 창고의 한쪽을 실험실
로 썼으며, 식료품을 사기 위해 그의 부인이 피아노를 가르쳐서 번
1,500 달러를 쓸 수밖에 없을 정도였다. 그뿐 아니라 그는 생명보험
을 담보로 500 달러를 빌려 쓴 일까지 있었다.

나는 그의 부인에게 그 시절에 고민하지 않았느냐고 물었더니
그녀는 이런 말을 했다.

"네, 저는 너무나 걱정스러워서 잠도 제대로 잘 수 없었습니다.
하지만 남편은 그렇지 않았어요. 그이는 일에 열중해서 고민할 겨를
이 없었습니다."

위대한 과학자 파스퇴르는 '도서관과 실험실에서 얻는 평화'의
즐거움을 말하고 있다. 그렇다면 어떻게 그곳에서 평화를 찾을 수
있는 것일까? 그것은 도서관이나 실험실에 있는 사람들은 연구에
몰두하여 고민할 겨를이 없기 때문이다. 연구에 온 힘을 쏟는 사람들
은 거의 신경쇠약에 걸리지 않는다. 그럴 만큼의 시간적 여유가 없기
때문이다.

바빠야 한다는 이 간단한 것이 어째서 불안을 없애는 데 도움이 되는 것일까? 그것은 심리학에서 가장 기본적인 법칙에 속한 것이다. 그 법칙이란, 아무리 훌륭한 것이라도 인간의 마음은 한 번에 한 가지 이상의 것을 생각할 수 없다는 것이다.

당신은 그것을 믿지 않을지도 모른다. 그렇다면 실험해보자. 지금 곧 의자 깊숙이 기대앉아 눈을 감고 자유의 여신상과 내일 아침에 당신이 하려고 하는 일을 동시에 생각해보라.

아마 번갈아가면서 두 가지 일을 생각할 수 있겠지만 동시에는 그렇게 할 수 없다는 것을 알았을 것이다.

이것은 감정적 분야에서도 똑같이 말할 수 있다. 한쪽에서는 마음 내키는 일에 열중하면서, 동시에 다른 한쪽에서 고민에 빠지는 일은 할 수 없다는 것이다. 하나의 감정은 다른 감정을 몰아낸다.

이 단순한 발견으로 세계대전 중 정신과 군의관이 기적을 이룩했던 것이다. 전쟁터에서의 무서운 경험에 질려 후송된 장병들은 하나같이 '정신 신경증'이라는 진단이 내려졌다. 이때 군의관은 '그들을 바쁘게 만들어주는 것'이 가장 좋은 치료법이라고 말했다.

정신에 이상을 일으킨 사람들의 수면 이외의 시간은 활동의 연속이었다. 낚시, 사냥, 야구, 골프, 사진, 정원 손질, 댄스 등 주로 옥외 활동이다. 그들에게는 지난날의 무서운 경험을 되새겨 번민할 만한 겨를이 주어지지 않았다.

직업에 의한 치료법'—이것은 마치 직업이 무슨 약제인 것처럼 처방될 때에 정신의학에서 쓰는 술어이다. 하지만 그것은 조금도 새로울 것이 없다. 고대 희랍 의사들은 예수가 태어나기 500년 전에 이미 이것을 주장했던 것이다.

퀘이커 교도는 벤저민 프랭클린 시대에 필라델피아에서 이 요법을 사용했었다. 1774년 퀘이커 교도의 요양소를 찾은 어떤 사람은, 정신병 환자들이 그곳에서 열심히 아마(亞麻)로 길쌈하는 것을 보고 놀랐다고 한다. 그는 퀘이커 교도들로부터 환자들은 조금씩 일하는 것이 치료에 좋다고 하는 말을 듣기 전까지는, 불쌍하게도 그들이 착취당하고 있는 것으로 알았다.

일에 열중한다는 것은 신경을 가라앉히는 데 특효였던 것이다. 정신병 전문의사들은 바쁘게 일하는 것이 신경병의 대중요법이라고 설명해줄 것이다.

헨리 W. 롱펠로도 젊은 아내를 잃었을 때 이 사실을 발견했다. 그의 아내는 어느 날 촛불로 봉랍을 녹이다가 옷에 불이 붙었다. 롱펠로는 그녀의 비명을 듣고 달려갔으나 이미 때는 늦어 그녀는 화상으로 죽고 말았다. 그 뒤 얼마 동안 롱펠로는 그때의 끔찍한 기억이 생각나서 고민하였으며, 거의 미쳐버릴 지경이었다. 그러나 다행스럽게도 그에게는 그가 돌봐주어야 할 세 어린 자식이 있었다. 그는 자기 자신의 슬픔을 딛고 일어나 아이들의 아버지 겸 어머니가 되었다. 그는 아이들과 함께 산책을 하였으며, 이야기를 들려주기도 하고 같이 놀아주기도 했다.

그들 부자의 사랑은 그의 시 〈아이들의 시간〉에 의해 영원히 전해질 것이다. 롱펠로는 또한 아이들을 위해 단테의 〈신곡〉을 번역했다. 이처럼 그는 여러 가지 일로 분주했기 때문에 자신의 비탄을 잊어버리고 마음의 평화를 되찾았던 것이다.

테니슨은 그의 친구 아더 할람을 잃었을 때 이렇게 말했다.

"나는 일에 몰두하여 나 자신을 잊어야 한다. 그렇지 않으면 절망

속에 빠져버리고 말 것이다."

우리는 대부분 매일 쉴 틈 없이 일하고 있기 때문에, '일에 몰두하기'란 어렵지 않으나, 그 일이 끝난 뒤의 시간이 위험한 것이다. 자유롭게 자신의 시간을 즐기게 되고, 가장 행복해야만 할 때에 고민이라는 끔찍한 이름의 마귀가 우리를 공격해 오는 것이다. 우리의 생활은 조금씩 나아지고 있는 것일까? 제대로 궤도에 올라 서 있는 것일까? 부장이 묘한 말을 하던데, 그것은 무슨 의미였을까? 이제는 머리가 조금씩 빠지고 있는 것은 아닐까? 등등…….

원래 우리의 마음은 한가로울 때면 진공에 가까운 상태에 빠지기 쉽다. 물리를 배운 사람이라면 누구나 '자연은 진공을 싫어한다'는 것을 알고 있을 것이다.

자연은 또 공허한 마음까지도 채우려고 돌입한다. 그렇다면 무엇을 가지고 돌입하는가? 보통은 감정으로 채우려고 든다. 왜냐하면 고민, 두려움, 질투, 부러움 등의 감정이 원시림 시대의 역학적 에너지와 원시적인 활력에 의해 추진되기 때문이다. 이러한 감정들은 극히 맹렬하게 우리의 마음속으로부터 모든 평화롭고 행복한 감정을 몰아내려 하는 것이다.

컬럼비아 대학의 교육학 교수인 제임스 L. 머셀은 이 사실을 잘 설파하고 있다.

"고민은 인간이 행동할 때가 아니라, 하루의 일과가 끝났을 때 가장 심하게 덤벼드는 것이다. 우리의 상상력은 이때에 활발해져서 많은 종류의 어리석은 가능성을 불러일으키고, 아무것도 아닌 실책을 과장되어 보이게 하는 것이다. 그때의 마음은 짐을 싣지 않고 달리는 전동차처럼 된다. 이런 전동차는 속력을 내어 달리다가 바퀴

축을 태우거나 부수고 말 염려가 있다. 그러므로 고민에 대한 치료법은 어떤 건설적인 일에 몰두하는 것이다."

그러나 이 진리를 깨닫고 실행에 옮기는 것은 굳이 대학교수여야 하는 것은 아니다. 세계대전 중에 나는 시카고에서 온 어느 주부를 만난 적이 있는데, 그때 그녀는 '고민에 대한 치료법은 무엇이든 건설적인 일에 몰두하는 것'이라는 사실을 깨닫게 된 자초지종을 나에게 들려주었다. 그때 나는 뉴욕에서 미주리 주의 농장으로 가는 참이었는데, 마침 식당차에서 그 부인 내외를 만났던 것이다(나는 항상 만나는 사람의 주소며 이름 등을 명기하고 있는데, 그들의 이름을 알아두지 못한 것은 실로 유감스럽다).

그들의 말에 의하면, 그들 부부의 아들은 진주만 공격을 받았던 바로 다음날에 입대했다고 한다. 그래서 부인은 이 외아들의 일이 너무 걱정되어 거의 병자가 되었다는 것이다. 아들은 지금 어디에 있을까? 몸은 무사할까? 지금 전쟁을 하고 있을까? 부상당하지는 않았을까? 전사하지는 않았을까?

그래서 고민을 어떻게 물리쳤느냐는 나의 물음에 그녀는 바로 "한시도 쉬지 않고 바쁘게 일했지요"라고 대답했다. 그녀는 우선 하녀를 내보내고 집안일을 손수 함으로써 몸을 쉬게 하지 않았다는 것이다. 그러나 이것은 그다지 도움이 되지 않았다고 한다.

집안일이라야 모두 기계적이기 때문에 머리를 쓸 필요가 없지요. 이부자리를 정리하고 설거지를 하는 동안에도 고민은 머릿속을 떠나지 않았습니다. 그래서 저는 하루 종일 정신적, 육체적으로 바빠질 수 있는 어떤 새로운 일이 필요하다는 것을 깨달았습니다. 저는 백화점 점원으로 취직하였습니다. 생각했던 대로 그날부터 바쁜 나날들이 계속되었습니다. 저는 활동의 소용돌이 속에 있는 제 자신을 발견했습니다. 가격이나 사이즈, 색상 등을 묻는 손님들에게 에워싸이고 말았으니까요.

저는 눈앞의 일거리 외에 다른 것을 생각할 틈이 단 1초도 없었습니다. 그러다 밤이 되면 지쳐서 빨리 쉬고 싶은 생각밖에는 들지 않았습니다. 저녁식사만 하고 나면 잠자리에 쓰러져 세상모르고 잠들어버렸습니다. 고민할 겨를이나 기력이 없었던 것이지요.

그녀는 존 쿠퍼 포이스가 〈불쾌감을 잊는 기술〉이라는 책 속에서 다음과 같이 말한 것을 경험했던 것이다.

'어떤 즐거운 행복감이나 깊은 내면적인 평화 또는 편안한 마비 상태 등은 일정한 일에 몰두하는 인간의 신경을 안정시켜준다.'

이것은 인간에게 있어 참으로 다행한 일이다. 나는 세계에서 가장 유명한 여성 탐험가인 오사 존슨에게서 그녀가 고민과 슬픔으로부터 해방되었던 실화를 직접 들은 일이 있다. 그녀의 저서 〈나는 모험과 결혼했다〉를 독자들도 잘 알고 있겠지만, 사실 이 책의 제목대로 그녀는 모험과 결혼한 여자였다.

그녀는 열여섯 살 때 마틴 존슨과 결혼했다. 그리고 캔자스에서 비행기로 출발하여 밀림에 내린 뒤, 그로부터 25년 동안 이 부부는 온 세계를 답파했던 것이다. 그리고 아시아와 아프리카에서 사라져가는 야생동물의 생활을 영화로 만들었다. 이들은 9년 전에 미국으로 돌아와 이러한 영화들을 보여주며 강연을 하고 다녔다.

그런데 덴버에서 태평양 연안으로 향하던 도중 그들이 타고 있던 비행기가 산에 부딪쳐 마틴 존슨이 그 자리에서 숨지고 말았다. 의사는 오사 여사도 회복 불능이라고 진단했다. 그러나 그들은 오사 존슨이라는 사람을 정확히 몰랐던 것이다. 3개월 뒤, 그녀는 휠체어에 앉아 수많은 청중에게 강연을 했다. 그녀는 이 무렵 100회 이상이나 강연을 했던 것이다.

어떻게 그렇게 할 수 있었느냐는 나의 질문에 그녀의 대답은 이러했다. "나는 슬퍼하거나 고민할 겨를이 없도록 노력했습니다."

그녀는 백 년 전에 테니슨이 노래한 "나는 활동에 몰두해야만 한다. 그렇지 않으면 나는 절망에 빠져버린다"라는 진리를 깨달았던 것이다.

바드 제독이 다섯 달 동안 남극을 뒤덮고 있는 대 빙하기의 만년설에 묻힌 오두막집에서 고독한 생활을 하고 있을 때, 그 역시도 이 진리를 터득했다. 그는 다섯 달 동안을 그곳에서 고독하게 지냈다. 주변 백마일 안에는 생물이라고는 아무것도 살고 있지 않았다. 추위가 얼마나 심했던지 바람이 불면 자신의 입김이 얼어붙는 소리를 들을 수가 있었다. 그는 그의 저서 〈혼자서〉에서 그가 경험한 사람을 당황하게 하거나 지치게 하는 어둠에 대해 기술하였다. 낮도 밤과 마찬가지로 어두웠다. 그는 정신을 잃지 않기 위해 언제나 바빠야만 했다. 그는 이렇게 말한다.

밤에 등불을 끄기 전에 나는 다음날 아침에 할 일을 계획하는 습관을 길렀다. 한 가지 예를 들자면 이러하다. 탈출 터널 작업에 한 시간, 눈을 다지는 데 30분, 식료 터널 벽에 선반을 만드는 데 한 시간, 썰매의 브리지를 갈아 끼우는 데 두 시간, 이와 같이 시간을 할당하는 것은 참으로 잘한 생각이었다. 이렇게 함으로써 나는 자제심을 지킬 수가 있었다. 만일 이런 일이 없었더라면 하루하루를 보내는 목적이 없어졌을 것이다. 그리고 목적 없는 나날이 계속되는 한, 나의 생활은 무너지지 않을 수 없었을 것이다.

여기서 '목적 없는 나날이 계속되는 한……'이라는 한 구절을 독자들은 잊지 않길 바란다. 만일 우리의 마음속에 고민이 생겼을 때에는 전에부터 보통 해오던 일을 약 대신 쓰는 것이다.

하버드 대학의 임상의학 교수였던 고 리처드 C. 카보트 박사는 〈인간은 무엇에 의해 사는가?〉라는 저서에서 이렇게 말하고 있다.

"나는 한 사람의 의사로서 의혹이나 망설임, 동요, 두려움으로부터 일어나는 영혼의 마비상태에 시달리는 수많은 사람들이 일을 함으로써 고쳐진 것을 여러 번 볼 수 있었던 것을 다행으로 생각한다. 일을 통해 우리에게 주어지는 용기는 일찍이 에머슨이 말한 자기 신뢰와 흡사한 것이다."

만일 우리가 바쁘지 않고 그저 가만히 앉아서 생각에만 잠긴다면 우리는 찰스 다윈이 '위버 기버'라고 불렀던 것을 많이 만들어내게 될 것이다. 이 '위버 기버'라는 것은 옛이야기에 나오는 작은 악마로, 이것에 한 번 붙들리게 되면 우리의 행동력이나 사고력이 고스란히 빠져나가고 마는 것이다.

나는 뉴욕의 어느 실업가가 분주해짐으로써 고뇌와 초조해할 틈을 없애고, 이 '위버 기버'를 물리칠 수 있었던 이야기를 하겠다. 그의 이름은 트램퍼 롱맨으로 나의 성인강좌의 학생이었다.

10년 전 나는 격심한 번민 끝에 결국 불면증에 걸렸다. 나는 신경쇠약증에 걸릴 지경이었다. 내게는 고민할 만한 이유가 있었다. 나는 뉴욕의 크라운 프루츠 앤 엑스트랙트 회사 회계 담당이었다. 우리 회사는 갤런 통조림 딸기에 50만 달러를 투자하고 있었다. 이미 20년 동안이나 그 통조림을 아이스크림 제조업자에게 팔아왔던 것이다. 그런데 갑자기 이 거래가 끊겼다. 대형 아이스크림 제조업자들이 나무통에 들어 있는 다량의 딸기를 사들여 생산량을 올림으로써 돈과 시간을 절약하기 시작했던 것이다. 이러니 50만 달러나 되는 딸기가 우리 회사에 그대로 남아 있게 된 데다, 앞으로 1년 동안에 100만 달러어치에 이르는 딸기를 사겠다는 계약이 되어 있었다. 우리는 그동안에 35만 달러를 은행에서 빌려 쓰고 있었는데, 이제는 그것을 갚기도 어려워졌고 지불 기한을 미루기도 어려울 것 같았다. 일이 이쯤 되자 내가 고민하기 시작한 것은 당연한 일이다.

나는 공장이 있는 캘리포니아로 달려갔다. 그리고 사장에게 사정이 바뀌었다는 것과 회사가 망할 위기에 놓여 있다는 것을 납득시키려 하였다. 그런데 그는 내 말은 믿지 않고 책임은 뉴욕 영업소의 무능함에 있다고 욕을 퍼붓는 것이었다. 여러 날 동안을 설득한 끝에 더 이상 딸기 통조림을 만들지 않기로 하고 나머지는 생으로 샌프란시스코 과일시장에 팔기로 했다. 이로써 문제는 거의 해결되었으므로 나의 고민도 당연히 없어져야 하지만 사실은 그렇지 않았다. 고민은 습관이다. 나는 그 습관을 갖고 있었던 것이다.

나는 뉴욕으로 돌아와서도 갖가지 일에 신경이 쓰였다. 이탈리아에서 사들이고 있던 버찌, 하와이에서 사들이는 파인애플 등의 일 때문에 나는 극도로 긴장했으며 안절부절못하여 잠을 잘 수가 없었다. 나는 앞에서도 말했지만 신경쇠약증이 심해져 가고 있었다.

절망 끝에 나는 새로운 생활을 시작했다. 이것이 나의 불면증을 고쳐주었고 나의 고민을 풀어주었다. 나는 나의 모든 능력을 필요로 하는 문제의 처리에 몰두했다. 지나간 일을 언제까지나 걱정하고 있을 겨를이 없었다. 지금까지는 하루에 7시간을 일해왔지만, 그 뒤로부터는 하루에 15, 16시간이나 일을 했다. 매일 아침 8시에 출근하여 밤늦게까지 사무실에 남아 있었다.

나는 새로운 직무와 책임을 맡았다. 그러나 밤늦게 집에 돌아왔을 때는 피로에 지쳐 자리에 눕자마자 바로 잠들어버리곤 했다.

나는 이런 생활을 무려 3개월이나 지속했다. 그리하여 나는 고민하는 습관으로부터 벗어날 수 있었으므로 그 뒤로부터는 원래대로 7, 8시간인 보통 업무로 되돌아갔다. 이것이 벌써 8년 전의 일이지만 지금까지도 나는 불면증이나 고민에 시달린 적이 없다.

조지 버나드 쇼의 말은 옳다. 그는 다음과 같은 몇 마디 말로 이러한 이치를 설파하고 있다.

"비참해지는 비결은 자신이 행복한지 불행한지 따위를 생각할 겨를을 갖는 데 있다."

그러므로 우리는 이런 고민을 하지 말아야 한다. "자, 덤벼라!" 하듯 바쁘게 돌아가야 한다. 이 말대로만 하면 혈액순환이 좋아져서 머리가 활동하기 시작하며, 생명의 힘찬 분류가 마음속으로부터 고민을 몰아내게 되고 마는 것이다. 몸을 쉬게끔 하지 말고 언제나 바쁘도록 하라. 이것이야말로 이 세상에 있는 모든 약 중 가장 값싸고 가장 효능이 좋은 약이다.

> **그러므로 고민하는 습관을 없애는 위한 제1 법칙**
> 일에 몰두해 마음속으로부터 고민을 밀어내라.
> 활발한 행동이야말로
> '언제까지나 걱정만 하는 병'에 대한
> 가장 좋은 치료법이다.

## 2. '딱정벌레'에 무너지지 말라

나에게는 일생을 두고 잊을 수 없는 극적인 이야기가 있다. 그것은 뉴저지의 로버트 무어 씨로부터 들은 실화다.

1945년 3월, 나는 내 일생에서 가장 큰 교훈을 배웠다. 그것은 인도네시아 앞바다 85m 해저에서의 일이었다.

나는 잠수함 베이어 호에 타고 있던 88명 가운데 한 사람이었다. 우리는 레이더로 몇 척의 일본군 호위 선단이 우리 쪽으로 오고 있다는 것을 발견했다. 먼동이 틀 무렵이 되자 우리는 공격을 위해 잠항(潛航)했다. 잠망경을 통해 보니 일본의 구축함이며 유조선, 기뢰 부설함 등이 보였다. 그러자 우리는 구축함을 겨누어 세 대의 어뢰를 쏘았으나 명중하지 못했다. 왜냐하면 어뢰 장치가 고장 났기 때문이었다.

그런데 적의 구축함은 공격받은 것도 알아차리지 못하고 항해를 계속하였다. 그래서 우리는 마지막 기뢰 부설함을 공격할 준비를 시작했다. 그런데 이때 갑자기 기뢰 부설함이 방향을 바꾸어 곧바로 우리가 있는 쪽으로 다가오는 것이었다. 이것은 일본군 비행기가 수심 18m 밑에 있던 우리를 발견하여 무선으로 우리의 위치를 알려주었기 때문이었다. 우리는 적에게 발각되지 않기 위해 45m까지 잠수하였다. 그리고 수중 폭뢰 작업을 준비하기 시작했다. 우리는 해치를 볼트로 더 조이고 배가 소리를 내지 않도록 선풍기며 냉방장치, 그 밖의 온갖 전기 장치를 멈추게 했다.

3분 뒤, 이 세상의 지옥이 나타났다. 6개의 폭뢰가 우리 주위에서 터졌고, 우리는 85m 바다 밑으로 가라앉고 말았다. 타고 있던 사람들은 모두 두려움에 떨었다. 잠수함은 300m 이내에서 공격을 당하면 위험하며 150m 안에서라면 치명적이다. 그런데 우리는 수심 150m의 절반 남짓한 깊이에서 공격을 받았던 것이다. 안전도로 말하자면 겨우 무릎이 잠길 만한 깊이에서 공격당한 것이다. 이때부터 15시간 동안 일본의 기뢰 부설함은 폭뢰를 쏘아댔다. 폭뢰가 잠수함과 5m 안의 거리에서 터지면 그 진동으로 배에 구멍이 나고 만다. 그런데 대부분의 폭뢰는 우리들로부터 15m 거리의 지점에서 터졌다. 우리는 침대에 누워 움직이지 말라는 명령을 받았다.

나는 공포에 질려 숨이 막힐 지경이었다. 나는 '이것이 마지막이다! 이제는 끝이다!'라고 되풀이하며 나 자신에게 말했다. 선풍기며 냉방장치가 모조리 정지되어 있었기 때문에 함 내의 기온은 섭씨 38도를 넘었다. 그렇지만 나는 무서움에 떨려 털옷에 가죽재킷까지 입고 있었음에도 불구하고 몸이 부들부들 떨렸다. 이를 악물어도 이가 부딪히는 소리가 들렸으며 식은땀이 흘러내렸다. 적의 공격은 15시간 동안이나 계속되었다. 그러더니 어느 순간 갑자기 딱 멎었다. 분명 일본의 기뢰 부설함은 폭뢰를 모조리 쏘아버리고 간 모양이었다.

우리가 공격을 받은 15시간은 마치 1,500만 년이나 된 것처럼 생각되었다. 그러는 동안에 나의 과거 생활들이 눈앞에 펼쳐지는 것이었다. 내가 저질렀던 온갖 나쁜 짓을 비롯하여 공연히 속을 태웠던 어리석은 일들까지도. 나는 해군에 입대하기 전에는 은행의 사무원이었는데, 일하는 시간은 길고 급료는 적은 데다가 승진될 가망도 없었기 때문에 몹시 고민하고 있었다. 자기 집 하나 제대로 갖지 못하고 새 차도 살 수 없었으며, 아버지께 멋진 옷 한 벌 사 드릴 수도 없는 형편이었다. 또 언제나 잔소리만 늘어놓고 야단만 치는 늙은 너구리 같은 계장에게도 화가 났다. 그러다 밤늦게 언짢은 기분으로 집에 돌아와 대수롭지 않은 일로 아내와 곧잘 다투던 기억 등이 생생하게 떠올랐다. 또한 자동차 사고로 다친 얼굴의 상처에 대해서도 고민했었다. 몇 해 전까지만 해도 이러한 것들이 아주 큰 걱정거리였었다.

그러나 폭로에 날려가지 않을까 하며 떨고 있을 때는 그런 일들이 정말이지 어리석게만 느껴졌었다. 나는 그때 그 자리에서 이렇게 맹세했다. '만일 내가 다시 햇빛이나 별을 볼 수 있다면 다시는 고민 따위는 하지 않겠다고…….' 나는 그 잠수함 안에서 두려움에 떨던 15시간 동안 대학에서 4년간 배운 것보다 훨씬 많이 인생을 사는 법을 배웠던 것이다.


우리는 인생의 커다란 재앙에는 용감히 맞서지만, 작고 하찮은 일에는 지고 마는 경우가 곧잘 있다. 이를테면 사무엘 핍스의 일기 가운데 할리 벤 경이 참수형을 당하는 것을 목격했다는 기록이 있다.

할리 경은 처형대에 올라섰을 때, 형리에게 살려달라고는 하지 않았으나 목에 난 종기를 건드리지 않도록 해달라고 부탁했다는 것이다.

바드 제독이 극지의 어둠과 추위가 지독한 밤에 발견한 것도 이와 마찬가지이다. 부하 대원들은 중대한 사항에 대한 것보다 별로 대단하지 않은 일에 야단법석이었다. 그들은 위험과 곤란, 때로는 영하 62도에 달하는 극한도 태연하게 견뎌냈다.

그러나 바드 제독은 이렇게 말하고 있다.


베개를 나란히 하고 이야기를 주고받던 두 동료가 갑자기 입을 다무는 때가 있다. 그것은 서로 상대방이 자기의 잠자리를 침입한 것이라고 의심하기 때문이다. 또 어떤 사람은 음식을 스물여덟 번이나 씹기로 하는 완벽주의자가 보는 앞에서는 음식이 목구멍으로 넘어가지 않는다고 한다. 극지의 캠프에서는 이와 같은 자질구레한 일이 잘 훈련된 사람까지도 미치기 직전까지 몰고 가는 것이다.

그리고 여러분은 바드 제독에게 다음과 같이 말할지도 모른다. 결혼생활의 사소한 일들이 많은 사람들을 미치기 직전까지 몰고 가며, 그것이 이 세상 모든 고민의 절반의 원인이라고 말이다.

어쨌든 이에 대해서는 많은 권위자들이 의견을 같이하고 있다. 이를테면 시카고의 조셉 사바스 판사는 4만 건 이상이나 되는 불행한 결혼의 조정을 처리한 사람인데 이렇게 단언하고 있다.

"결혼생활에 있어서 불행의 원인이 되는 것은 대개 아주 사소한 일이다."

또한 뉴욕의 지방검사 프랭크 S. 호건은 다음과 같은 말을 했다.

"형사재판 사건의 과반수는 사소한 원인 때문이다. 술집에서의 공연한 허세 부림, 가정에서의 말다툼, 모욕적인 말투, 욕설, 버릇없는 행동, 이런 사소한 일이 폭행과 살인을 일으키는 것이다. 말하자면 몹시 부당한 이유로 문제가 생기는 일은 별로 없다. 자존심을 상하게 했다던가, 멸시를 받았다는 따위의 사소한 일들이 이 세상 고민의 절반의 원인인 것이다."

엘리너 루스벨트는 결혼 초에 몹시 고민을 했다. 왜냐하면 새로운 요리사가 만든 음식이 입에 맞지 않았기 때문이었다. 그런데 그녀는 이렇게 말하고 있다.

"하지만 지금은 어깨를 한번 들썩일 뿐 그다지 신경 쓰지 않아요."

그렇다. 그렇게 하는 것이 감정적으로 어른다운 행동인 것이다.

한때 포악하기로 이름난 캐서린 대제(大帝)마저도 요리사가 요리에 실패했을 때에는 껄껄 웃어버리고 말았다는 것이다.

우리 부부가 시카고에 있는 친구 집의 만찬에 초대되어 갔을 때의 일인데, 내 친구가 고기를 썰다가 실수를 했다. 나는 그것을 눈치채지 못했었지만, 비록 알았다고 해도 잠자코 있었을 것이다. 그런데 그의 부인은 이것을 보자 대뜸 쏘아붙이는 것이었다.

"여보, 그게 뭐예요! 대체 그런 일을 언제나 제대로 할 거예요?"

그리고 그녀는 우리에게 말하는 것이었다.

"저이는 언제나 실수를 한답니다. 주의를 하지 않는다니까요."

그건 그럴지 모르지만, 어쨌든 그런 부인과 20년 이상을 함께 살아온 내 친구에게 나는 경의를 표하지 않을 수 없었다. 솔직히 말해서 나는 잔소리를 늘어놓는 여자와 함께 베이징 오리며 샥스핀과 같은 기막힌 요리를 먹기보다는, 평화로운 분위기에서 핫도그를 먹는 편이 훨씬 좋다고 생각한다.

이런 일이 있은 얼마 뒤 우리는 몇몇 친구를 저녁식사에 초대했었다. 그런데 손님이 오기 조금 전에야 아내는 준비된 냅킨 가운데 세 장이 테이블과 짝이 맞지 않는다는 것을 알았다.

나중에 아내는 나에게 말했다.

"요리사에게 물어보니 그 세 장을 세탁소에 보냈다는군요. 손님들은 벌써 문 앞에 오셨고 바꿔 깔 시간도 없었어요. 나는 울고 싶었어요. 그래서 '이런 실수로 저녁 내내 언짢게 있어야 되는가?' 하고 생각했죠. 나는 생각을 바꿨어요. 에라, 모르겠다. 그랬더니 다행히도 마음먹은 대로 즐겁게 지낼 수 있었어요.

나는 신경질적이고 무뚝뚝한 여자라는 인상을 받기보다는 차라리 주책없는 주부로 보이는 편이 낫다고 생각했어요. 그런데 아무도 냅킨에 대해 눈치를 채지 못한 것 같았어요."

'법률은 사소한 일에 관여하지 않는다'는 법률상의 유명한 금언도 있다. 고민으로부터 헤어나서 마음의 평화를 바라는 사람은 그렇게 해야 할 것이다. 누구든지 하찮은 일에 얽매이지 않도록 하려면, 그 마음속에 새롭고 유쾌한 인생관을 간직해야 한다.

저술가인 나의 친구 호머 그로이는 어떻게 이것을 이루었는가에 대해 훌륭한 실례를 들고 있다.

그가 뉴욕의 아파트에서 책을 쓰고 있을 때, 그는 난방장치에서 나는 소리에 시달려 미칠 것 같았다고 했다. 스팀에서 '쉭' 하는 소리가 날 때마다 그는 마음이 산란해졌다. 그는 다음과 같이 말했다.

그러던 어느 날 나는 친구들과 캠핑을 떠났다. 그리고 모닥불을 쬐다보니 나뭇가지 타는 소리가 난방장치인 스팀에서 나는 소리와 같다는 것을 깨달았다. 그렇다면 어째서 한편에서는 유쾌한데, 다른 한편에서는 그렇게나 불쾌한 것일까?

집에 돌아왔을 때 나는 말했다. "모닥불 타는 소리는 듣기 즐거웠다. 난방장치의 소리도 이와 흡사하지 않은가? 잠자리에 들거든 이 소리에 신경을 쓰지 않도록 하자." 나는 그대로 실행했다. 그랬더니 2, 3일 동안은 난방장치에 신경이 쓰였지만, 그 뒤부터는 완전히 잊어버리고 말았다. 이와 마찬가지로 수많은 사소한 고민도 이러한 것이다. 우리가 그것을 마음에 두고 고민하는 것도 말하자면 사물을 과장해서 생각하기 때문 아닐까……

디즈레일리는 이렇게 말한다.
"인생은 너무나 짧다. 그래서 사소한 일에 신경 쓰며 살 수는 없다."

또 앙드레 모루아는 〈디스 위크〉 지에서 이런 말을 했다.

'이 말은 내가 많은 쓰라린 경험을 겪는 동안 아주 도움이 되었다. 우리는 가끔 가볍게 받아 넘겨 잊어버려도 좋은 하찮은 일로 곧잘 고민하게 된다. 우리가 이 땅위에 머무르는 것은 겨우 몇십 년에 지나지 않는다. 그런데도 우리는 1년 뒤에는 모든 사람의 기억에서 사라질 불평과 불만에 대해 고민함으로써 많은 귀중한 시간을 허비하고 있다. 그래서는 안 된다. 우리는 인생을 가치 있는 행동과 감정, 또는 위대한 사상과 진실한 애정 등 영구적인 사업에 바쳐야만 한다. 인생은 아무렇게나 살기에는 너무도 짧은 것이다.'

루드야드 키플링 같은 유명한 사람도 때로는 '인생은 아무렇게나 살기에는 너무도 짧다'는 것을 잊었었다. 그 결과는 어떠했는가? 그는 그의 처남과 버몬트 역사상 가장 유명한 소송으로 다투었다. 그 사건의 자초지종은 이러하다.

키플링은 버몬트의 처녀 캐롤린 발레스티어와 결혼하여 버몬트의 브래틀로보에 훌륭한 저택을 짓고 여생을 보낼 생각이었다. 그의 처남 비티 발레스티어는 키플링의 친구가 되었고, 두 사람은 함께 일하며 즐거워했다. 키플링은 철마다 건초를 발레스티어가 베게 하겠다는 조건으로 그의 땅을 샀다.

그런데 어느 날 발레스티어는 키플링이 목초밭에 화원을 만드는 것을 발견했다. 이것을 본 발레스티어는 피가 끓어올랐다. 그는 몹시 화가 났던 것이다. 그러나 키플링도 양보하지 않았다. 일이 이쯤 되자 버몬트의 그린 마운틴의 공기는 험악해졌다.

4, 5일 뒤, 키플링이 자전거를 타고 가고 있는데, 그의 처남이 난데없이 마차를 몰고 여러 마리의 말을 끌고 나와 키플링의 앞길을 가로질러 가는 바람에 그는 자전거에서 굴러 떨어졌다.

'주위의 여러 사람들이 자제심을 잃고 당신에게 비난을 퍼부을지라도 당신은 되도록 자제심을 지켜라고 까지 기술하였던 키플링이 바로 발레스티어의 체포 명령을 청구했던 것이다. 그러자 여론이 들끓는 공판이 시작되었다. 큰 도시에서 보도진이 밀어닥쳤고, 이 소식은 눈 깜짝할 사이에 온 세계로 퍼져 나갔다. 하지만 사건은 해결되지 않았다. 그리고 이 싸움으로 말미암아 키플링 부부는 그들의 여생을 미국에서 보낼 수 없게 되었다. 지금에 와서 돌이켜 생각해볼 때 이러한 온갖 고민과 비통도 따지고 보면 극히 사소한 일 즉 건초 한 다발이 원인이었다.

페리클레스는 이미 24세기 전에 이러한 말을 했다.
"우리는 사소한 일로 너무 오래 입씨름하고 있다."
사실이 그러하다!
여기에 하리 에머슨 포스딕 박사가 말한 실로 재미있는 이야기가 있다. 그것은 숲속 거인의 승패담이다.

콜로라도 주 롱 피크의 경사지에 거목의 잔해가 있다. 식물학자는 그 나무가 4백년이 넘었을 것이라고 한다. 일찍이 콜럼버스가 산살바도르에 상륙했을 때 그것은 묘목이었을 테고, 영국의 청교도들이 플리머드에 정착했을 때에는 반쯤 자라 있었다. 그 나무는 오랜 성장 과정에서 열네 번이나 낙뢰를 맞았었다. 눈사태와 폭풍우는 400년에 걸쳐 수없이 맞아왔다. 그렇지만 그것을 이겨냈던 것이다.

그런데 마침내 딱정벌레 떼가 몰려와 그 나무를 넘어뜨리고 말았다. 벌레들은 나무껍질을 파먹어가 조금씩이기는 하지만 끊임없는 공격으로 나무 내부의 활력을 파괴하고 말았던 것이다.

숲의 거인, 오랜 세월에도 죽지 않고 낙뢰에도 굽히지 않고 폭풍에도 굴하지 않았던 거목이 끝내 작은 벌레, 사람이 손끝으로 짓이길 수 있는 작은 벌레 때문에 쓰러지고 만 것이다.

우리 인간도 이 숲의 거인과 흡사한 것이 아닐까? 우리는 어떻게 해서라도 사나운 폭풍과 눈사태라든가 인생의 뇌화에 견뎌 살아나가지만, 고민이라는 작은 벌레, 손끝으로 짓눌러 버릴 수 있을 만큼 작은 벌레 때문에 마음이 먹혀버리지는 않을까?

4, 5년 전 나는 와이오밍의 도로 관리관 찰스 사이프렛을 비롯한 그의 친구들과 함께 티톤 국립공원으로 여행한 적이 있다. 이때 우리는 공원 안에 있는 존 D. 록펠러의 소유지를 찾아가 보기로 했다. 그런데 내 차가 길을 잘못 들어서 다른 차들보다 한 시간이나 늦게 그곳에 도착했다. 문의 열쇠를 맡아 가지고 있던 사이프렛 씨는 우리가 도착할 때까지 한 시간 동안이나 모기가 많은 숲속에서 기다려 주었다. 그곳의 모기는 성자라도 화를 내게 만들 만큼 대단했다.

그러나 극성스러운 모기떼들도 사이프렛 씨만큼은 굴복시킬 수 없었다. 그는 우리가 도착할 때까지 기다리는 동안에 버드나무 가지를 꺾어 피리를 만들고 있었다. 그리고 우리가 도착했을 때 모기에 대한 말은 입 밖에도 내지 않고 유쾌하게 피리를 불고 있었다. 나는 사소한 일에 마음을 쓰지 않는 훌륭한 사람의 기념품으로 그 피리를 받아 지금까지 소중하게 간직하고 있다.

그러므로 고민하는 습관을 없애는 제2법칙
보잘것없는 사소한 일에 마음을 어지럽히지 말라.
"인생은 사소한 일에 신경 쓰며 살기에는 너무나 짧다"

## 3. 고민을 몰아내기 위한 법칙

나는 미주리 주의 한 농장에서 자랐는데, 어느 날 어머니가 버찌씨를 따는 것을 도와 드리다가 갑자기 울음을 터뜨렸다.

"딜, 왜 우는 거니?"

어머니께서 이렇게 묻자 나는 울면서 "산 채로 매장을 당할까봐 걱정되어서 그래요"라고 대답했었다.

그 무렵 나는 모든 일이 고통스러웠다. 비 오는 날에 번개가 치면 벼락을 맞아 죽지 않을까 하고 걱정했다. 집안 형편이 어려워지면 당장 굶게 되지 않을까 하고 두려워했다. 또한 나는 죽으면 지옥으로 떨어질지도 모른다고 걱정했다. 심지어는 나보다 나이가 많은 샘 화이트가 나의 큰 귀를 잘라버리지 않을까 하고 두려워했었다. 그가 내 귀를 잘라버리겠다는 말로 나를 놀리곤 했기 때문이다. 나는 모자를 벗고 인사를 하면 여자아이들의 웃음거리가 될까봐 걱정했다. 그리고 또 나와 결혼해줄 여자는 한 사람도 없는 게 아닐까 생각하기도 했다.

결혼 후에는 어떤 말을 해야 좋을까 하고 걱정하기도 했다. 아마도 나는 어느 시골구석 교회에서 예식을 올리게 될지도 모른다. 식이 끝나면 잘 꾸며진 사륜마차를 타고 농장으로 돌아오겠지……. 그런데 돌아오는 마차 안에서는 어떤 말을 해야 좋을까. 어떻게? 어떻게? 나는 밭을 갈면서 이런 중대한 문제를 해결하려고 골머리를 앓았던 것이다. 그러나 나이가 들면서 내가 지금까지 걱정해온 것 가운데 99퍼센트는 끝내 일어나지 않았다는 것을 알게 되었다.

이를테면 나는 전에 그토록 벼락을 무서워하였지만, 지금은 1년에 벼락을 맞아 죽는 사람은 35만 명 중 한 사람 정도라는 것을 알게 되었다. 더구나 산 사람이 생매장될지도 모른다는 걱정은 바보 같은 생각이었다. 인간의 시체를 아무렇게나 묻던 시대에도 생매장이 된 사람은 천만 명 가운데 하나나 있었을지 모른다. 그런데도 이런 것을 모르고 나는 겁에 질려 울었던 것이다.

사실 말하자면 여덟 명 가운데 한 명은 암이라는 병으로 사망한다. 그러므로 내가 고민을 하자면 벼락이나 생매장보다는 암을 겁내는 것이 당연할 것이다.

지금 나는 어렸을 때와 청년기의 고민에 대해 말하고 있지만 어른들의 고민도 상당히 바보스러운 것이 많다. 우리는 이제라도 '평균율의 법칙'에 비추어 우리의 고민에 정당성이 있는가를 충분히 고려하여 사소한 일에 걱정하지 않도록 하면 우리 고민의 9할은 틀림없이 해소될 것이다.

세계에서 가장 유명한 보험회사인 런던의 로이드 해상 보험회사는 사람들에게 흔히 일어나지 않는 일에 대해 고민하는 경향을 이용하여 막대한 돈을 벌었다. 로이드는 인간이 걱정하고 있는 것 같은 재난은 결코 발생하지 않을 것이라는 전망에 대해 내기를 걸었던 것이다.

다만 그들은 그것을 내기를 걸었다고 하지 않고 '보험'이라고 불렀을 뿐이다. 그러나 사실 이것은 '평균율'에 바탕을 둔 도박인 것이다. 이 대 보험회사는 창립한 지 200년이 되는데, 인간의 성질이 변화하지 않는 한 앞으로도 50세기는 지속될 것이다. 그리고 또 세상 사람들이 상상하는 정도만큼은 자주 일어나지 않는 재난에 대해 '평균율의 법칙'을 적용하여 구두, 선박, 봉랍 등에 보험을 걸도록 해갈 것이 틀림없다.

만일 우리가 '평균율의 법칙'을 조사해본다면 우리는 지금까지 생각지도 못한 사실에 놀라게 될 것이다. 가령 나는 앞으로 5년 후에 게티즈버그 전투와 같은 격전에 참가해야 된다는 것을 알고 있다면 분명 공포에 떨 것이다. 그렇다면 나는 있는 돈을 다 털어 보험에 들 것이고, 유언장을 작성하여 재산과 그 밖의 일들을 정리할 것이다. 그리고 나는 '이 전투에서 살아 돌아오지는 못할 테니 남은 몇 해 동안은 하고 싶은 것을 하고 살자'고 생각할 것이다.

그렇지만 '평균율의 법칙'에 의하면 게티즈버그 전쟁에서의 위험률은 보통의 50세부터 55세까지 살아가는 동안의 위험률과 같은 것이다. 왜냐하면 보통 50세부터 55세 사이에 죽는 사람들의 사망률은 게티즈버그 전투에 참가했던 16만3천 명의 장병들의 사망률과 거의 같기 때문이다.

나는 이 책의 몇 장을 보오의 호반에 있는 친구의 별장에서 집필하였는데, 한여름을 그곳에서 지내는 동안 샌프란시스코에 사는 허비트 H. 샐린저 부부를 만났다.

샐린저 부인은 차분하고 조용한 여성으로 고민 같은 것은 있을 것 같지도 않은 인품으로 보였다.

어느 날 밤, 난롯가에서 한담을 하던 중 나는 그녀에게 지금까지 걱정거리로 고민해본 일이 있느냐고 물었다. 그러자 그녀는 이렇게 대답했다.

고민이라고요? 나는 바로 그것 때문에 일생을 망칠 뻔했답니다. 난 자그마치 11년 동안이나 스스로 만든 지옥의 고통을 맛보다가 겨우 고민에서 빠져나왔답니다. 나는 잔걱정이 많고 성질이 급해서 늘 안절부절못했지요. 나는 매주 산 마테오에서 샌프란시스코까지 버스로 물건을 사러 다녔었는데, 물건을 흥정하다가도 여러 가지 집안일들이 걱정스러워 내내 어찌할 줄을 몰랐습니다. '전기다리미 스위치 끄는 것을 잊지나 않았는지, 집에 혹시 불이라도 나지 않았을지, 하녀가 아이들만 내버려두고 나가지 않았을지, 아이들이 밖에서 자전거를 타고 놀다가 차에 치인 것은 아닐지'하는 근심거리가 태산 같았습니다.

그래서 나는 물건을 사다가도 조바심에 견디지 못해 밖으로 뛰쳐나가 버스를 타고 다시 집을 둘러보고 오기도 했습니다. 이러니 나의 첫 번째 결혼이 불행하게 끝난 것이 이상한 일이 아닙니다. 나의 두 번째 남편은 변호사인데 가끔 내가 초조해하기 시작하면 이런 말을 한답니다.

"좀 침착해 봐요. 그리고 무엇이 그렇게 걱정되는지를 곰곰이 생각해봐요. '평균율의 법칙'에 비추어 과연 그것이 현실적으로 일어나겠는가를 연구해보는 것이 어때요."

한번은 이런 일도 있었지요. 우리가 뉴멕시코의 알브커크에서 칼스바드 가번스까지 험한 길을 운전하던 때의 일인데, 도중에 폭풍우를 만났습니다. 차가 흔들리고 마구 미끄러지는 게 걷잡을 수가 없었습니다. 나는 당장에라도 차가 도랑으로 굴러 떨어질 것 같아서 어쩔 줄 몰랐습니다. 그러나 남편은 이렇게 말했어요.

"나는 천천히 운전하고 있으니 괜찮아요. 설령 차가 도랑에 틀어박힌다고 해도 평균율의 법칙에 의하면 우리는 다치지 않을 거요."

그의 침착성과 자신감이 나를 진정시켰던 것입니다.

어느 해 여름이었습니다. 우리는 캐나다 록키스의 토퀸 계곡으로 캠핑을 갔습니다. 어느 날 밤 해발 2,140m 지점에서 야영하던 중 폭풍우를 만났습니다. 텐트는 당장 날아갈 것 같았습니다. 텐트는 밧줄로 튼튼하게 나무 막대에 묶어놓았지만 바깥쪽의 텐트는 바람 속에서 흔들리며 비명을 울렸습니다.

나는 당장 텐트가 찢겨져 공중으로 날아가지나 않을까 하고 숨을 죽이고 있었습니다. 나는 무서워 부들부들 떨고 있는데 남편은 이렇게 말하는 것이었어요.

"여보, 우리는 브루스터사 가이드와 함께 여행하고 있소. 브루스터사 가이드들은 이런 때 어떻게 하면 좋은가를 잘 알고 있어요. 그들은 60년 동안이나 이 산속에서 텐트를 치고 살아왔다지 않소.

이 텐트도 오래 전부터 이곳에 있었지만 지금까지 바람에 날아간 적이 없소. '평균율의 법칙'에 비추어보아도 오늘 밤에 사고는 없을 것이오. 만일 날아간다 해도 다른 텐트로 옮기면 되지 않소. 그러니 걱정하지 마시오."

나는 이 말을 듣고 마음을 가라앉힐 수가 있었습니다. 그리고 그날 밤 편히 잠들 수 있었습니다.

몇 해 전 캘리포니아의 우리 고장에 소아마비가 굉장히 유행한 적이 있습니다. 아마 그 전 같았으면 나는 히스테리를 일으켰을 것입니다. 그러나 남편은 나를 진정하도록 타일러주었어요. 우리는 되도록 조심했습니다. 아이들을 사람이 많은 곳에 보내지 않도록 했으며 학교를 쉬게 하고 극장에도 가지 못하게 했습니다.

그때 위생국의 보고를 조사해본 결과, 지금까지 캘리포니아에서 가장 심하게 소아마비가 유행했던 때에도 이 병에 걸린 아이들은 주를 통틀어 1,835명이었으며, 그 외에는 200명 내지 300명 정도였습니다. 물론 이것도 유감스러운 일이지만, '평균율의 법칙'에 의하면 아이들이 이 병에 걸릴 확률은 매우 적다는 것을 알았습니다. 이 '평균율의 법칙에 의하면 그런 일은 일어나지 않을 것이다'라는 말은 나의 고민의 90퍼센트를 제거해주었습니다. 그리고 과거 20년 동안의 나의 생활을 아름답고 평화로운 것으로 만들어주었던 것입니다."

미국 역사상 최고의 인디언 파이터로 알려진 조지 크루크 장군의 자서전 속에는 "인디언의 온갖 고민과 불행은 대부분 그들의 상상에서 생기는 것이지 현실에 의한 것은 아니다"라고 씌어 있다.

나도 과거를 돌이켜보면 나의 고민이 대부분 이런 것이었다는 것을 알 수 있다.

짐 그랜트도 자신 또한 그러했다고 말한다. 그는 뉴욕의 제임스 A. 그랜트 디스트리뷰팅 컴퍼니의 경영자이다. 그는 플로리다 산 오렌지와 자몽을 한 번에 화차(貨車) 열 대 내지 열다섯 대 분을 주문하는데, 늘 다음과 같은 고민을 해왔다고 한다.

혹시 '그 중 열 대가 뒤집히지 않을까, 과일이 선로에 쏟아지지 않을까, 화차가 철교를 통과하다가 무너지지 않을까.' 물론 화물에는 보험이 들어 있지만 기일 내에 과일을 배달하지 못하면 거래처를 잃게 될 염려가 있기 때문이었다.

그는 걱정을 하던 나머지 위암에 걸릴 것 같은 생각이 들어서 의사를 찾았다.

진찰을 받은 결과 별로 이상은 없고 신경이 날카로워졌을 뿐이라고 말했다.

그는 '의사의 말을 듣고 겨우 마음을 놓았다'고 하였다. 그러면서 나에게 이런 말을 했다.

그래서 나는 계속 이렇게 자문자답했습니다. '여보게, 짐 그랜트. 자네는 지금까지 몇 대의 파일 화차를 취급해왔나? 약 2만5천대. 그렇다면 그 중 몇 대 정도나 열차 사고가 있었나? 글쎄, 다섯 대 정도가 아닐까.' 이 물음에 나는 스스로에게 대답했다. '2만5천대 중에서 겨우 다섯 대라고? 5천대 1의 비율이 아닌가. 그렇다면 평균율의 법칙에 의하면 화차 한 대가 전복할 위험률은 겨우 5천분의 1에 불과하지 않나? 그걸 가지고 무얼 걱정하고 있는 거야?' 그렇지만 '철교가 무너질지도 모르지.' '잠깐만 기다리게, 지금까지 철교가 무너져서 손해 본 화차는 몇 대나 있었지? 한 대도 없었어.'

또 나는 자신에게 말했다.

'정말 자네는 바보군. 한 번도 일어난 적이 없는 철교 추락이나, 겨우 5천대 1 확률의 열차 전복을 걱정하지 않나, 위암이 생긴 것이 아니냐고 속을 태우지 않나!' 이렇게 생각을 하다보니까, 내가 좀 바보스러워진 것 같았다. 나는 그때 결심했다. 고민은 평균율의 법칙에 맡기기로 하자. 그런 뒤부터 오! 놀랍게도 나는 위암 같은 것으로 고민한 적은 없습니다!

알 스미스가 뉴욕 지사에 있을 때, 그는 정적의 공격에 대해 언제나 "기록을 조사해봅시다. ……기록을 조사해봅시다"라고 대답했던 것을 들은 적이 있다. 그러고 나서 그는 사실을 실천해 나갔다. 이제 우리가 일어날지도 모르는 일에 대해 고민할 경우가 생기면, 그때는 현명한 알 스미스의 충언에 따라 기록을 조사하고, 우리를 괴롭히고 있는 불안이 어느 정도의 근거가 있는지를 검토해야 한다.

프레데릭 J. 말스테드는 바로 그 자신이 묘 속에 누워 있다고 느껴졌을 때 이것을 물리쳤다. 그가 우리 성인강좌에서 들려준 이야기는 다음과 같다.

1944년 6월 초, 나는 오마하 비치에서 가까운, 좁고 긴 참호 속에 누워 있었다. 나는 제999 통신중대의 일원으로서 노르망디에서 '혈거생활'을 하고 있었다. 나는 좁고 긴 참호를 둘러보고 '이건 꼭 무덤 같군!' 하고 말했었는데, 막상 그 속에 누워 자려니까 그것이 정말 무덤이라고 생각되었다. 그리고 '이건 내 무덤일지도 모른다'고 혼잣말을 지껄이지 않을 수 없었다. 그러다가 밤 11시쯤 독일군 폭격기가 나타나서 폭탄을 투하하기 시작하자 나는 공포로 몸이 굳어져 버렸다. 처음 며칠 동안은 밤에 전혀 잠을 잘 수 없었다. 4, 5일 후에는 신경쇠약증에 걸렸다. 달리 어떻게 하지 않으면 정말 미치고 말 것이라고 느꼈다.

이때 문득 나는 오늘로 5일째이지만 아직도 살아 있지 않느냐는 생각이 들었다. 나뿐만 아니라 다른 동료들도 무사했다. 물론 부상자가 두 명 있었지만 그것도 독일군의 폭탄에 맞은 것이 아니라, 아군 고사포가 작렬한 파편에 맞은 것이다. 나는 무엇이든지 건설적인 일을 함으로써 고민을 잊어보려고 결심하였다. 그래서 참호 위에 파편을 막기 위한 두꺼운 나무 지붕을 만들었다. 나는 우리 부대가 배치되어 있는 넓은 지역을 생각해보았다. 이 깊고도 좁은 참호 속에서 내가 당하게 될 유일한 위험은 직격탄을 맞는 것뿐이다. 그런데 직격탄을 맞을 확률은 1만분의 1이 될까 말까 할 정도이다. 이렇게 생각을 하니까 마음이 점점 차분해지고 2, 3일 후에는 심한 폭격 속에서도 태연히 잠을 잘 수 있게 되었다.

미합중국 해군은 장병들의 사기를 북돋우기 위해 '평균율 법칙'의 통계를 이용하고 있다. 전에 수병이었던 어떤 사람이 이런 이야기를 해주었다. 해군에 있을 때, 그와 그의 친구는 옥턴 유조선의 근무를 명령받았다. 그들의 걱정은 태산 같았다. 모두들 옥턴 가솔린을 실은 유조선이 어뢰를 맞게 되면 배는 폭발하고 모든 승무원을 날려버릴 것이라 믿었던 것이다.

그러나 합중국 해군은 그런 것을 믿지 않는다. 그래서 정확한 숫자를 공표하였는데, 이에 의하면 어뢰에 명중된 100척의 탱커 중에서 60척은 침몰하지 않았으며, 침몰한 40척도 10분 이내에 침몰한 것은 겨우 5척에 불과하다는 것이다. 이것은 즉 배에서 탈출할 수 있는 시간적 여유가 있다는 것이며, 사상자는 극소수라는 것이 된다. 이 사실이 해군들의 사기를 유지하는 데 도움이 되었을까?

"이 '평균율의 법칙'에 관한 지식은 우리의 불안을 일소했다"고 해군 출신인 미네소타 주 세인트 펄에 사는 클라이드 W. 마스는 말하고 있다. "전 승무원은 용기를 되찾았다. 우리에게는 기회가 있다. 그리고 '평균율의 법칙'에 의하면 전사하는 일은 없을 것이다."

그러므로 고민하는 습관을 없애는 제3 법칙
고민을 몰아내기 위해 '평균율의 법칙'을 적용하라.
'이 일이 일어날 가능성은 몇 할이나 되는가?'라고
스스로 물어라.

# 4. 피할 수 없으면 협력하라

어렸을 때 나는 미주리 주에 있는 낡은 빈 집의 다락방에서 친구들과 놀고 있었다. 그런데 거기서 내려올 때 나는 문틀을 살짝 밟고 뛰어 내려오다 왼손 가운데 손가락에 끼었던 반지가 못에 걸려 손가락이 떨어져 나갔다.

나는 비명을 질렀다. 무서웠다. 죽을지도 모른다고 생각했다. 그러나 손가락이 다 나은 뒤에는 한 번도 그런 것을 생각해본 적이 없었다. 생각한다고 해서 무슨 도움이 되겠는가? 나는 어쩔 수 없음을 받아들였던 것이다. 지금 내 왼손에는 엄지손가락과 세 손가락밖에 없지만, 한 번도 그런 것을 생각한 일이 없다.

몇 년 전에 나는 뉴욕의 상가에 있는 어느 빌딩에서 화물 엘리베이터를 운전하고 있는 사람을 만난 적이 있다. 그런데 그 사람의 왼손은 손목에서부터 절단되어 있었다. 나는 그에게 손목이 없다는 사실이 괴롭지 않느냐고 물었다. 그랬더니 그는 이렇게 대답했다.

"아니 뭐, 그런 것은 생각해본 적도 없습니다. 나는 독신입니다만, 손 하나가 없는 사실을 느끼는 것은 바늘에 실을 꿸 때뿐입니다."

인간이라는 것은 어쩔 수 없을 때에는 어떠한 상태라도 받아들일 수 있게 되어 있다. 그리고 자기를 그것에 적응시켜 잊어버리고 마는 것이다.

나는 네덜란드 암스테르담에 있는 16세기 때의 사원(寺院) 폐허에 있던 비석의 비문을 기억한다. 그것은 플란더스의 말로 '그건 그러하다. 그렇지 않을 수 없다'라고 씌어 있다.

우리는 오랜 인생을 살아가는 동안 여러 가지의 어쩔 수 없는 불쾌한 실패에 부딪힌다. 그것은 불가피한 일이다. 그러나 선택은 자유이다. 즉 그것을 불가피한 일로써 받아들여 자신을 거기에 적응시키든가, 혹은 그것에 반항하여 우리의 인생을 망치게 하든가, 아니면 신경쇠약에 걸려 일생을 헛되이 하든가 하는 수밖에 없는 것이다.

여기에 내가 존경하는 철학자 윌리엄 제임스의 현명한 충고를 적어본다.

"그것을 액면 그대로 받아들여라. 일단 일어난 일을 받아들인다는 것은 불행한 결과를 극복하는 첫 걸음이다."

오리건 주 포틀랜드의 엘리자베스 콘리는 온갖 고생 끝에 이 사실을 깨달았다. 최근에 그녀가 나에게 보낸 편지를 여기에 인용하겠다.

미국이 북아프리카에서의 전승을 축하하던 그날, 저는 국방성으로부터 제가 가장 사랑하던 조카가 행방불명이 되었다는 전보를 받았습니다. 그리고 조금 후 전사했다는 비보를 접했습니다.

저는 비탄에 빠지고 말았습니다. 지금까지의 저의 인생은 즐거운 것이었습니다. 저는 이 조카를 키우는 데 온갖 정력을 바쳐왔습니다. 저에게는 조카가 더없이 착하고 멋있고 이상적인 청년이었다고 생각되었습니다. 이 청년의 죽음으로 저의 모든 세계는 무너져 버렸습니다. 저는 산다는 목적을 잃은 것 같았습니다. 일도 손에 잡히지 않았고, 친구들도 멀리 했습니다.

만사를 될 대로 되라고 내버려 두었습니다. 저는 세상을 원망하고 사람들을 원망했습니다. 어째서 희망에 찬 그런 훌륭한 청년이 죽음을 당하지 않으면 안 되었던 것인가? 저는 이 사실을 받아들일 수가 없었습니다. 저는 비탄에 빠져 일도 걷어치우고 눈물과 슬픔 속에서 어디론가 떠나보려고까지 결심했습니다.

저는 그곳을 떠날 준비를 시작했습니다. 그래서 책상을 청소하다가 편지한 통을 발견했습니다. 그것은 전사한 조카가 보낸 것으로 3, 4년 전에 저의 어머님이 돌아가셨을 때 그가 써 보낸 것이었습니다. 그 편지에는 이런 말이 적혀 있었습니다.

"물론 저희들도 모두 할머니가 돌아가셔서 슬프시겠습니다만 숙모님은 특히 더 그러하시리라고 생각됩니다. 그러나 저는 숙모님께서 슬픔을 이겨내시리라 믿습니다. 숙모님의 인생관이 반드시 그렇게 만들 것이니까요. 저는 숙모님께서 가르쳐주신 수많은 아름다운 진리를 결코 잊을 수가 없습니다. '어디에 있더라도, 아무리 멀리 떨어져 있더라도 언제나 미소를 잊지 말라. 그리고 무슨 일을 당해도 남자답게 그것을 받아들여라.' 이렇게 말씀하신 숙모님의 교훈을 기억하고 있습니다."

저는 몇 번이나 그 편지를 되풀이해서 읽었습니다. 그는 저에게 이런 말을 하는 것 같았습니다. "숙모님은 어째서 제게 가르쳐주신 것을 실행하시지 않습니까. 무슨 일이 일어나든지 용기를 내주십시오. 숙모님의 개인적인 슬픔은 미소 뒤에 감추시고 분발해주십시오."

그래서 저는 다시 일자리로 되돌아왔습니다. 그리고 원망을 한다든가 반항적인 태도를 고쳤습니다. 저는 '이미 일어나버린 일이다. 내 힘으로는 어떻게 할 수가 없다. 그러니 조카가 나에게 기대하고 있는 바와 같이 분발하리라'하고 끊임없이 저 자신에게 말했던 것입니다.

저는 일에 전심전력을 기울였습니다. 저는 군인들과 그 외 여러 사람들에게 위문편지를 보냈습니다. 그리고 성인강좌에 출석하여 새로운 것을 배웠고 새로운 친구들도 사귀었습니다. 저는 저에게 일어난 변화를 믿을 수가 없을 정도입니다. 이제는 영원히 가버린 과거에 대해 슬퍼하지 않게 되었습니다. 저는 지금 기쁨에 충만한 나날을 보내고 있습니다. 마치 조카가 저에게 기대 했던 것처럼 저는 인생을 즐기고 있습니다. 자신의 운명을 받아들이고 있습니다. 저는 그 전보다도 더욱 여유 있고 완전한 인생을 보내고 있습니다.

엘리자베스 콘리는 지금 우리가 배우지 않으면 안 될 것을 배웠던 것이다. 즉 우리는 불가피한 일을 받아들이고 그것에 순응해야만 한다는 것이다. '그것은 현실이다. 그 이외의 다른 방법이 없다.' 이것은 좀처럼 배우기 어려운 일이다. 왕좌에 앉은 군주들까지도 이것을 마음에 새겨두지 않으면 안 된다. 조지 5세는 버킹엄 궁전의 도서실 벽에 다음과 같은 말을 걸어 두었다.

'달을 찾아 울지 말며 엎질러진 물을 후회하지 않도록 나에게 교훈을 주소서!'

이와 같은 사상이 쇼펜하우어에 의해서도 다음과 같이 설명되고 있다.

'충분한 체념은 인생을 살아가는 준비로써 빼놓을 수 없는 무엇보다도 중요한 것이다.'

확실히 환경만이 우리를 행복하게 하거나 불행하게 만드는 것은 아니다. 바꾸어 말하면 우리의 감정을 결정짓게 하는 것은 환경에 대해 우리가 어떻게 반응하느냐 하는 데 있는 것이라고 생각한다. 예수는 천국은 '너희 안에 있다'고 말했다. 지옥도 우리 안에 있는 것이다.

우리는 재난과 비극을 견뎌내어 승리를 얻을 수 있다. 정말 꼭 그렇게 해야만 될 것이라면 즉 우리는 불가능하다고 생각할지도 모르나, 만일 재난과 비극을 이용하기만 한다면 성공할 수 있는 실로 강한 내부의 힘을 가지고 있는 것이다.

부나 타킹턴은 언제나 이런 말을 했었다.

"나는 인생이 나에게 강요하는 것이라면 무엇이든지 참을 수 있다. 단 한 가지 예외가 있는데 그것은 바로 눈이 보이지 않는 것이다. 이것만은 견딜 수 없다."

그런데 그가 60세를 넘어선 어느 날, 무심코 마루 위에 깔려 있는 융단을 내려다보니까 색깔이 부옇게 흐려 뵈는 것이다. 그리고 무늬를 알아볼 수가 없었다. 그래서 그는 바로 전문의를 찾아갔다. 그곳에서 그는 비통한 사실을 알게 되었다. 그는 시력을 잃어가고 있었으며, 이미 한쪽 눈은 거의 보이지 않게 되었다는 것이었다. 말하자면 지금까지 그가 가장 두려워하던 불행이 드디어 닥쳐온 것이다.

그런데 타킹턴은 이 '최악의 불행'에 대해 어떤 반응을 보였던가. 그는 '올 것이 왔다. 나의 일생도 이것으로 마지막이다!'고 느꼈던 것일까? 아니다. 오히려 놀랍게도 그는 명랑한 기분이었다. 그는 일종의 유머러스한 감정을 느꼈을 정도였다. 작은 반점이 그를 괴롭혔다. 그것들이 눈앞에 아른거리며 돌아다녀 그의 시력을 빼앗았다. 그 중에서도 커다란 반점이 눈앞에 나타나자 그는 이렇게 말했다.

"아! 또 영감님이 오셨군! 오늘은 날씨도 좋은데, 어디로 가시는 거지!"

그런데 운명은 이렇듯 강한 정신력을 때려눕힐 수 있을까? 아니다. 결코 그럴 수 없다. 두 눈이 완전히 보이지 않게 되어버렸을 때 타킹턴은 이렇게 말했다.

"사람들이 다른 모든 것을 받아들이듯이 나도 나 자신의 시력 상실을 받아들일 수 있었다. 만일 내가 다섯 가지의 감각을 모두 상실했다 하더라도 나는 마음속으로 살아갈 수 있으리라고 생각한다. 왜냐하면 우리가 그것을 알든 모르든 간에 우리는 마음속으로 보며 마음속으로 살아가고 있는 것이니까!'

그는 시력을 되찾으려고 1년에 12번 이상이나 국부 마취만으로 수술을 받았다. 그렇지만 그는 이에 대한 어떤 불평도 하지 않았다. 그는 모든 것을 피할 수 없다는 것을 알고 있었으므로, 고통을 덜어낼 유일한 방법으로써 그것을 흔쾌히 받아들였던 것이다. 여러 차례에 걸쳐 수술을 받아야만 했을 때, 눈 수술의 고통이 어떠한지를 잘 알면서도 자기는 운이 좋은 편이라고 생각하려고 했다. '얼마나 다행한 일인가! 오늘날의 과학 기술로 사람의 정밀한 눈까지 수술할 수 있다니!'

보통사람이라면 12번이나 수술을 받고서도 여전히 눈 먼 장님이라면 틀림없이 신경쇠약에 걸렸을 것이다.

그러나 타킹턴은 오히려 "나는 이와 같은 쓰라린 경험을 행복한 경험과 바꿀 생각은 없다"고 말했다. 그것은 그에게 인종(忍從)을 가르쳤다. 또한 인생이 가져다주는 어떠한 불행도 그가 참을 수 없다는 것이 아님을 알게 했던 것이다. "장님이 된다는 것이 비참하지는 않다. 다만 눈이 멀었다는 사실에 견딜 수 없다는 것이 비참하다"는 말의 의미를 그에게 가르쳐주었던 것이다.

뉴잉글랜드의 유명한 여권주의자인 마거릿 풀러는 '나는 우주를 받아들인다'라고 하며, 이것이 그녀의 신조라고 말했다.

성질이 까다롭기로 이름난 토머스 칼라일은 영국에서 이 말을 들었을 때 '그렇게 하는 거야!'라며 만족해했다고 한다. 그렇다. 우리도 어쩔 수 없는 현실은 받아들여야 한다.

우리가 이에 대해 반항하거나 조바심 낸다고 해서 그 현실을 변화시킬 수는 없다. 오히려 그것이 우리를 변화시킬 뿐이다. 나는 이 사실을 직접 경험한 적이 있다.

언젠가 한번 나는 내가 직면한 불가피한 상태를 받아들이려고 하지 않았던 적이 있다. 어리석게도 나는 그것에 반항하려 했던 것이다. 그러자 곧 나는 매일 밤마다 잠을 이루지 못하는 불면의 지옥을 헤매게 되었고, 온갖 짜증나는 일들이 쏟아졌다. 결국 1년 동안이나 자신을 괴롭힌 끝에 처음부터 도저히 바꿀 수 없는 일이라고 생각했던 사실을 그대로 받아들이지 않을 수 없었다.

나는 진작부터 월트 휘트먼이 한 말을 따라했어야 했다.

'오, 받아들일지어다! 밤에 폭풍에, 굶주림에, 조소에, 재액에, 반항에, 수목이나 동물이 그러하듯이 나도 그렇게 받아들일지어다!'

그렇다고 해서 나는 우리의 앞길을 가로막는 온갖 재액에 무조건 머리를 숙이라고 주장하는 것은 결코 아니다. 그렇다면 그것은 단순한 운명론에 불과하다. 우리는 우리에게 그 사태를 조금이라도 나아지게 할 가망성이 있는 한 끝까지 싸워야 한다. 그러나 상식적으로 생각하여 그것이 사람의 힘으로는 어쩔 수 없는 것을 안다면, 올바른 정신의 소유자라면 혹시 어떻게 되지 않을까 하고 기대하지 말라는 것이다.

컬럼비아 대학의 허크스 학장은 〈어미 거위〉 노래 중의 1절을 좌우명으로 삼고 있다고 나에게 말한 적이 있다.

태양 아래의 모든 피로움
구원받을 수 있는지 찾아 노력하고
구원받을 수 없다면 잊어버려라.


이 책을 집필하는 동안 나는 미국의 많은 성공한 실업가들과 면담했다. 나는 그들이 불가피한 상황을 받아들임으로써 전혀 고민이 없는 생활을 보내고 있다는 데에 감탄했다. 만일 그들이 그렇게 하지 않았다면 그들은 확실히 긴장에 지고 말았을 것이다.

이에 대한 몇 가지 실례를 들어보기로 한다.

페니 스토어의 창설가인 J. C. 페니는 다음과 같이 말해주었다.

"나는 재산을 모두 잃더라도 고민하지는 않을 것이다. 걱정을 해보아야 아무런 도움이 되지 않기 때문이다. 나는 최선을 다한 후에 그 결과는 하나님께 맡길 뿐이다."

헨리 포드도 이와 같은 말을 했다.

"내가 감당할 수 없는 일이라면 하나님에게 맡기기로 했다."

클라이슬러 코퍼레이션의 사장 K. T. 켈러에게 고민 해결 방법을 질문했더니, 그는 이렇게 대답하였다.

"나는 난처한 사태에 부딪히면 할 수 있는 데까지 최선을 다한다. 그리고 할 수 없는 일은 잊어버리기로 했다. 나는 미래에 대한 걱정은 결코 하지 않는다. 누구나 미래에 생길 일을 예측할 수 없다는 것을 알고 있기 때문이다.

그렇지만 미래에 영향을 줄 수 있는 힘은 참으로 여러 가지이다. 그러면서도 무엇이 그러한 힘을 움직이는지는 아무도 모르며 예언할 수도 없다. 그러니 고민을 한다고 해서 무슨 소용이 있겠는가?"

만일 당신이 켈러에게 '당신은 철학자'라고 말한다면 아마도 그는 당황할 것이다. 그는 훌륭한 실업가일 뿐이다. 그러나 그는 에픽테토스가 19세기 전에 로마에서 가르친 것과 같은 철학의 경지에 도달해 있는 것이다.

　에픽테토스는 일찍이 로마인들에게 이렇게 가르쳤다

　'행복으로 가는 길은 단 하나밖에 없다. 그것은 우리의 의지로는 어떻게 할 수 없는 일에 대해 고민하지 않는 것이다.'


　'성스러운 사라'라고 예찬 받던 사라 베르날은 불가피한 현실을 인정하는 방법을 알았던 좋은 증인이다. 지난 반세기 동안 그녀는 네 개 대륙 무대에 군림했던 여왕이었다. 그런데 71세에 재산을 모두 잃고 파산하고 말았다. 그녀의 주치의는 발을 절단해야 한다고 말했다. 그녀가 대서양을 횡단하던 중 폭풍을 만나 갑판에 뒹굴어 다리를 심하게 다쳤기 때문이다. 게다가 정맥염이 악화되어 다리가 오그라들고 말았던 것이다.

　의사는 성격이 거칠고 화를 잘 내는 환자에게 이런 사실을 알리기를 주저했다. 그녀가 이 끔찍한 말을 듣고 반 미치지 않을까 두려웠던 것이다.

　그러나 그것은 그가 잘못 생각한 것이었다. 사라는 한동안 그를 물끄러미 바라보더니 조용한 어조로 이렇게 말하는 것이었다.

　"꼭 해야 할 일이라면 해야겠지요."

　그것은 피할 수 없는 숙명이었던 것이다.

　그녀는 수술실로 실려 가는 자신을 울며 바라보고 있는 아들을 발견하고는 힘차게 손을 흔들며 쾌활하게 말했다.

"거기서 기다려라. 나는 금방 돌아올 것이다."

그녀는 수술실로 가는 도중 자신이 연기했던 연극의 한 장면을 외웠다. 그것이 자기 자신을 격려하기 위해 하는 것이냐고 묻자 그녀는 이렇게 대답했다.

"아뇨, 의사 선생님이나 간호사들을 격려하기 위해서예요. 저분들의 수고가 이만저만이 아닐 테니까요."

이 수술을 받고 회복된 뒤에도 그녀는 다시 7년에 걸쳐 세계 각국을 순회하며 관객들을 매혹시켰다.

엘시 맥코믹은 〈리더스 다이제스트〉 지에 기고한 평론에 이렇게 쓰고 있다.

'우리가 불가피한 상황과 싸우는 것을 그만둘 때 우리의 힘이 해방된다. 그 힘이야말로 우리에게 보다 풍부한 인생을 창조하여주는 것이다.'

인간은 불가피한 상황과 싸우면서 동시에 새로운 생활을 창조하기에 충분한 감정과 활력을 가지고 있을 수 없다. 그러므로 어느 쪽이든 그 하나를 선택할 수밖에 없다. 인생의 불가피한 폭풍 앞에 고개를 숙이든가, 그렇지 않으면 그에 반항하다 파멸하는 길밖에 없는 것이다.

나는 미주리 주의 나의 농장에서 그 예를 보았다. 그 무렵 나는 농장에 많은 수목을 심었는데 처음에는 나무들이 놀랄 만큼 성장했다. 이윽고 진눈깨비가 섞인 폭풍이 불어오자 나뭇가지는 온통 눈 속에 파묻혔다. 그런데 이들 수목은 얌전히 눈의 무게에 머리를 숙이지 않고 감연히 저항했기 때문에 눈 더미의 무게에 눌려 끝내 부러지고 말았다. 그래서 마침내는 베어지고 말았던 것이다. 말하자면 이 수목들은 북부 삼림의 지혜를 배우지 못했던 것이다. 나는 캐나다의 상록수 삼림을 수백 마일이나 여행한 적이 있는데, 이제껏 한 번도 침엽수라든가 소나무가 얼음이나 진눈깨비 때문에 쓰러진 것을 보지 못했다. 왜냐하면 이 상록수는 머리를 숙이는 것을, 가지를 늘어뜨리는 것을, 협력하는 방법을 알기 때문이다.

당신은 자동차의 타이어가 오랜 기간에 걸쳐 모질게 사용해도 견딜 수 있는 까닭을 아는가? 최초의 타이어 제조업자들은 도로의 충격에 저항하는 타이어를 만들어보았다. 그랬더니 이내 끈처럼 발기발기 찢어지고 말았다. 그래서 그들은 도로의 충격을 흡수하는 타이어를 만들었다. 그것은 그 충격을 흡수해버렸다. 이와 마찬가지로 우리도 험한 인생의 행로에 있어서 충격이나 동요를 흡수하는 방법을 배운다면 행복한 일생을 즐길 수 있게 되는 것이다.

만약 우리가 일생의 충격을 흡수하지 않고 이에 반항한다면 어떤 일이 일어날까? 혹은 또 '버드나무처럼 휘기를 거부하고 참나무처럼 저항한다'면 어찌 될 것인가? 이에 대한 해답은 명료하다. 우리는 수많은 내면적 갈등을 일으킬 것이다. 우리는 고민하고 긴장하여 신경쇠약에 걸리고 말 것이다.

더구나 만일 우리가 준엄한 현실 세계를 거부하고 스스로 만든 꿈의 세계로 도피한다면, 그때는 미친 사람이 되어버리고 말 것이다.

세계대전 중 공포에 떨던 수백만의 병사들은 불가피한 상황을 받아들이든지 혹은 긴장에 쓰러지든지 둘 중의 하나였다.

그렇다면 뉴욕의 윌리엄 H. 카셀리어스의 예를 들어보기로 한다. 이것은 나의 성인강좌에서 입상한 경험담이다.

나는 연안(沿岸) 경비대에 입대한 지 얼마 안 되어 대서양 연안 중에서도 가장 더운 곳에 배치되었다. 그곳에서 나는 폭발물 감시병으로 임명받았다. 크래커 판매원이었던 내가 폭발물 감시병이 되다니! 수천 톤에 달하는 강력 폭탄 위에 서 있다는 것만 생각해도 크래커 판매원의 간담을 서늘하게 하기에는 충분했다. 나는 겨우 이틀간의 훈련을 받았을 뿐이었고, 오히려 내가 거기서 알게 된 것은 공포감을 한층 더하게 했다. 나는 맨 처음으로 당번이었던 날을 결코 잊을 수 없다. 어둡고 춥고 안개 낀 날, 나는 뉴저지 주 케이븐 포인트의 지붕 없는 부두로 출동하라는 명령을 받았다.

내가 담당한 곳은 5번 선창이었다. 나는 그곳에서 다섯 명의 부두 노동자들과 함께 일해야 했다. 그들은 모두 체격이 좋았는데, 폭탄에 대해서는 전혀 아는 바가 없었다. 그런데 그들은 단 한 발이면 이 낡은 배를 날려버릴 고성능 대형 폭탄(TNT 함유량 1톤)을 등으로 져 나르는 것이었다. 이 대형 폭탄들을 단지 두 개의 철사 고리로 매달아 내리고 있는 것이다. 나는 마음속으로 만일 저 줄 하나가 끊어지거나 미끄러지기라도 한다면…… 오오 맙소사! 나는 이 말만 되풀이하고 있었다.

무서웠느냐고? 물론 살아 있는 것 같지도 않았다. 입은 침 한 방울 없이 말랐고 다리는 부들부들 떨렸다. 가슴은 쉴 새 없이 두근거렸다. 그렇다고 해서 도망칠 수도 없는 형편이었다. 만일 도망을 친다면 탈영병으로 몰리겠지. 그렇게 되면 나는 명예를 잃는 것이다. 부모님들도 마찬가지다. 뿐만 아니라 나는 탈영 죄로 총살될지도 모른다. 나는 도망갈 수 없었다. 끝까지 그곳에 머물러 있어야만 했다.

나는 부두 노동자들이 고성능 폭탄을 아무렇게나 취급하는 것을 지켜보고 있었다. 배는 지금 당장에라도 폭발할지 모르는 일이다. 이처럼 전전긍긍하는 상태가 한 시간 남짓 계속 된 후에 나는 겨우 정신을 차릴 수 있었다. 나는 나 자신에게 이렇게 타일렀다. '정신 차려! 목숨이 날아갈지도 모른다고? 할 수 없지. 어차피 이렇게 죽으나 저렇게 죽으나 죽기는 마찬가지다.

오히려 이게 더 편히 죽는 방법일지도 몰라. 암으로 고생을 하다 죽는 것보다 훨씬 나을 거야. 따져봤자 거기서 거기다. 어차피 인간은 누구나 죽게 마련이다. 나는 이 일을 해내든지, 아니면 총살을 당하는 거야. 일을 하는 편이 훨씬 낫지.' 나는 몇 시간 동안이나 이렇게 나 자신에게 타일렀다.

그러자 차츰 마음이 가라앉아서 결국은 불가피한 상황을 받아들임으로써 고민과 공포를 이겨낼 수가 있었다. 나는 언제까지고 이 교훈을 잊을 수 없을 것이다. 나의 힘으로 어찌할 수 없는 일을 당하여 고민하게 될 때는 언제나 어깨를 으쓱하며, "에라, 잊어버리자!"고 말한다. 그런데 정말 이 말이 도움이 되는 것이다. 나 같은 크래커 판매원에게도 말이다.


정말 대단하지 않은가! 이 크래커 판매원에게 박수를 보내자.



예수가 십자가에 못 박혀 죽은 장면 외에 역사상 가장 유명한 죽음의 장면은 아마도 소크라테스의 죽음일 것이다. 앞으로 1만 세기가 지난 뒤에도 인간은 플라톤의 불멸의 기록을 모든 문학 중 가장 감동적이고 아름다운 것의 하나로 감격하며 읽을 것이다.

맨발의 늙은 소크라테스를 시기하고 질투하던 아테네의 일부 사람들은 그를 무고(誣告)하여 사형 판결을 내리게 했다. 그에게 호의를 가졌던 옥사장(獄舍長)은 소크라테스에게 독배를 권하며 이렇게 말했다.

"어쩔 수 없는 상황이니 조용히 받아들이시오."

소크라테스는 그의 말을 따랐다. 그는 신에 가까운 평정과 인종으로써 죽음을 맞이했던 것이다.

'어쩔 수 없는 상황은 조용히 받아들이라!' 이 말은 예수가 태어나기 399년 전에 말했던 것인데, 이 고민의 세계에 있어서는 옛날보다 오늘날에 더 필요한 말이다.

'어쩔 수 없는 상황은 조용히 받아들이라!'

이렇듯 참으로 고민에 대한 해결법을 기도문으로 쓴 사람은 바로 뉴욕 유니언 신학교의 라인홀드 나이버 박사였다.

주여, 저에게 평정을 주시옵소서!
바꿀 수 없는 것을 받아들이고,
바꿀 수 있는 것을 바꾸는 용기,
그 서로 다름을 깨달을 수 있는 지혜를 주시옵소서!

그러므로 고민하는 습관을 없애는 제4 법칙
어쩔 수 없는 상황은 그대로 받아들여라.
만일 사태가 아무래도 변경 개선할 수 없다는 것을 알면,
'그렇게 되어 있는 것이다. 이제는 어찌할 수가 없다'고
자신에게 타이르도록 하라.

# 5. 고민에 '손절매' 주문을 내라

당신은 월가에서 돈을 버는 방법을 알고 싶은가? 아무튼 그것을 알고 싶어 하는 사람은 이 세상에 몇 백만이나 있다. 만일 내가 그 방법을 알고 있다면 아마도 이 책은 한 권에 1만 달러라도 팔릴 것이다. 그러나 여기에 성공한 중개인들이 실행하고 있는 좋은 아이디어가 하나 있다. 이 이야기는 뉴욕에 사무소를 갖고 있는 투자 상담인 찰스 로버트에게서 들은 것이다.

나는 맨 처음 주식 시장에 투자하기 위한 돈 2만 달러를 친구에게 빌려 가지고 텍사스에서 뉴욕으로 왔다. 나로서는 주식의 요령을 알고 있다고 생각했지만 있는 돈을 몽땅 잃고 말았다. 한때는 좀 벌기도 했지만 결국에 가서는 전부 날리고 말았다. 나는 내 돈을 날린 것은 어쩔 수 없었으나, 친구들의 돈을 잃은 것은 정말 면목이 없게 되었다. 그들은 그 돈을 잃고 곤란을 겪을 사람들은 아니었지만, 나는 그들에게 큰 손해를 끼쳤기 때문에 다시 얼굴을 대하기가 부끄러웠다. 그런데 그들은 놀랍게도 돈에 신경을 별로 쓰지도 않을 뿐만 아니라 태평했다.

그 무렵의 나는 될 대로 되라는 심사였고, 게다가 요행을 바라고 다른 사람들의 의견에만 따라가고 있었다. 결국 H. I. 필립스가 말한 대로 '귀로 시세를 살피고'있었던 셈이었다.

결국 나는 자신의 잘못을 깨닫게 되었다. 그리고 다시 주식시장으로 돌아가기 전에 이 방면에 대해 연구하려고 마음먹었다. 나는 증권계에서 대성공을 거둔 버튼 S. 카스틀스라는 사람을 만나 가깝게 되었다. 그는 여러 해 동안 주식의 귀재라고 예찬 받았는데 그러한 성공은 단순한 운의 결과만은 아니었을 것이다. 나는 그에게서 여러 가지를 배울 수 있으리라고 생각했다.

그는 나에게 지금까지 내가 해온 방법에 대해 두세 가지를 물었다. 그리고 주식을 하는 데 대한 가장 중요한 원칙이라고 생각되는 것을 말해주었다. 그는 이렇게 말했다.

"나는 어떤 거래에 대해서는 스톱 로스 오더(손절매 주문)를 낸다. 이를테면 한 주에 50달러 주식이 45달러로 떨어지면 팔아버리는 것이다. 다시 말해 주가가 떨어져서 샀던 주식이 5포인트 내리게 되면 자동적으로 팔리게 하는 것이다. 그러므로 나의 손실은 5포인트로 끝나는 셈이다,

만일 당신이 산 주식이 처음에 잘 오르기만 한다면, 당신의 이익은 평균 10 내지 25, 또는 50포인트에 달할 것이다. 그러므로 손실을 5포인트로 정해 놓는다면, 절반 이상을 거래에 실패하더라도 막대한 벌이가 되는 셈이다."

나는 이 말을 듣고 바로 이 원칙을 받아들였다. 그런 뒤부터는 고객에게도 이윤을 주게 되었고 나 자신도 벌었다.

그 후 나는 '손절매의 법칙'이 주식시장뿐 아니라, 다른 여러 가지 일에 이용될 수 있다는 것을 알았다. 말하자면 경제적인 고민 이외에도 이것을 응용했던 것이다. 그것은 온갖 귀찮은 일이나 불쾌한 사건에도 마법과 같은 효과를 보였다.

한 예를 들면, 나는 한 친구와 가끔 점심을 같이 했었는데, 이 사람은 언제나 약속 시간에 늦곤 했다. 그래서 전에는 그 친구가 올 때까지 지루하게 기다렸었다. 마침내 나는 그에게 나의 '스톱 로스 오더'를 설명하고 이렇게 말했다.

"빌, 나는 자네를 기다리는 시간에 대한 '스톱 로스 오더' 는 10분으로 하겠네.

그래서 만일 자네가 10분 이상 지각한다면 우리의 점심 약속은 해약일세. 난 가버리고 말 걸세."

아아, 나도 좀 더 일찍 나의 성급함, 변덕스러움, 고집스러움, 뉘우침, 그 밖의 모든 정신적 감정적 긴장에 대해 '스톱 로스 오더'를 달 줄 알았더라면! 어째서 나에게는 나의 마음의 평화를 어지럽히려는 온갖 사태를 똑바로 판단하여 '이봐, 데일 카네기, 이번 일에는 이만큼 머리를 쓰면 그것으로 충분하네.' 하고 자신에게 타일러줄 만한 지혜가 없었던가! 참으로 유감천만이라고 할 수밖에 없다.

그렇지만 나도 한 번은 센스를 발휘한 적이 있었다. 이것은 뽐내고 자랑해도 괜찮을 것이다. 더구나 일생의 중대한 위기였을 때였다. 장래에 대한 꿈이라든가 계획, 여러 해 동안 쌓아왔던 사업이 맥없이 무너질 위기에 처해 있었을 때의 일이다. 그것은 이러했다.

30대 초반에 나는 소설가가 되어보겠다고 결심했었다. 말하자면 나는 제2의 프랭크 노리스라든가, 잭 런던, 또는 토머스 하디가 되어보려고 한 것이다. 나는 실제로 유럽에서 2년간이나 지냈었다. 이 무렵은 제1차 세계대전 후의 대 인플레이션 시대였으므로, 달러만 있으면 참으로 편하게 생활할 수 있었던 것이다. 그리고 그 2년에 걸쳐 '큰 눈보라'라는 제목을 붙인 대걸작을 저술했었는데, 이 표제는 정말 그럴 듯하였다.

그런데 이 저작에 대한 출판사들의 태도는 타코다 평원을 휩몰아치는 눈보라 못지않게 싸늘했다. 나의 소설을 중재해주던 대리인으로부터 그것은 '가치가 없다', '자네에게는 소설을 쓸 재능이 없다' 는 말을 들었을 때 심장은 멈춰버릴 것 같았다. 나는 망연자실해서 그의 사무실을 나왔다. 그것은 마치 몽둥이로 머리를 세게 얻어맞은 것보다 더한 타격이었다. 나는 멍해

지고 말았다. 그리고 지금 나는 인생의 기로에 서 있으며, 실로 중대한 각오를 하지 않으면 안 된다는 것을 느꼈다. 나는 어찌해야 할 것인가? 어느 쪽으로 향해야 좋을 것인가? 나의 망연자실한 상태는 여러 주일이나 계속되었다.

그 무렵 나는 '당신의 고민에 스톱 로스 오더를 달아라' 라는 말을 들어보지 못했다. 그러나 이제 와서 그때의 일을 돌이켜보면 그것을 실행했던 것을 알 수 있다. 나는 그 소설을 쓰기 위해 고심했던 2년 동안을 귀중한 경험으로 청산해버리고 거기서 다시 새롭게 출발했던 것이다. 나는 성인강좌를 만들어 교육하는 사업으로 되돌아왔으며, 그 틈틈이 지금 여러분이 보는 바와 같이 전기라든가 비소설 책들을 저술했다.

그때 그런 결심을 한 것을 기뻐하느냐고요? 물론이다! 나는 그 일이 생각날 때마다 몹시 기뻐 길바닥에서도 춤을 추고 싶을 정도이다. 그 이후 나는 내가 제2의 토머스 하디가 되지 못한 것을 절대로 슬퍼한 적이 없다.

지금부터 1세기 전 어느 날 밤, 한 마리의 부엉이가 올덴 본드 호반의 숲 속에서 울고 있을 때, 헨리 솔로우는 손수 만든 잉크에 깃털 펜을 적셔 일기장에 이렇게 썼다.

'가치란 우리가 인생이라고 부르고 있는 공간의 양을 말한다. 그것은 잠깐, 때로는 오랜 시간과 교환된다.'

바꾸어 말하면, 어떤 사물에 대해 우리의 한정된 인생에서 지나치게 많은 공간을 빼내는 것은 어리석다는 말이다.

남북전쟁 중에 링컨의 친구 몇 사람이 링컨을 신랄하게 비판하는 그의 정적을 비난하자 링컨은 이렇게 말했다.

"자네들은 나보다 개인적인 원한이 심한 것 같군. 내가 자네들보다

원한이 덜한 것 같지만 그래도 그런 편이 더 나은 것 같네. 인간은 인생의 절반을 논쟁으로 허비할 시간이 없으니 말일세. 만일 누구든지 나를 공격하기를 그만둔다면, 나는 그의 과거에 대해 잊어버리기로 했다네."

프랭클린은 일곱 살 때 어떤 잘못을 저질렀다. 그런데 그는 그것을 70년 동안이나 기억하고 있었다.

그는 일곱 살 때 호루라기를 몹시 좋아했다. 그는 호루라기를 너무 갖고 싶은 욕심에 장난감가게에 가서 카운터 위에 가지고 있던 동전을 몽땅 내놓고, 값도 물어보지 않고 호루라기를 달라고 하였다. 그는 70년 후에 그때의 일을 친구에게 다음과 같이 써 보냈다.

'나는 그것을 가지고 집으로 돌아와서는 신이 나서 온 집안을 불고 다녔다네. 그런데 형들은 내가 호루라기 값을 너무 많이 주고 산 것을 알고 놀려댔지. 그래서 나는 분해서 울었다네.'

뒷날 프랭클린이 세계적인 인물이 되어 프랑스 대사가 되었을 때, 그는 그때까지도 호루라기 값을 너무 많이 준 일을 기억하고 있어 호루라기에서 얻은 기쁨보다 분한 생각이 더 많았다고 했다.

그러나 결국 프랭클린이 체득한 교훈은 값으로 따지자면 퍽 싼 것이었다. 그는 이렇게 말하고 있다.

"내가 성장하여 사회에 나와 세상 사람들의 행동을 관찰하면서 매우 많은 사람들이 호루라기에 대해 값을 지나치게 많이 지불하고 있다는 것을 알았다. 결국 인간 불행의 대부분은 그들이 사물의 평가를 잘못함으로써 호루라기 값을 너무 많이 치른 데 그 원인이 있다고 나는 생각한다."

길버트와 설리반도 그들의 호루라기에 대해 지나치게 많은 값을 지불했다. 에디스 숙모의 경우도 마찬가지다. 그리고 나 자신, 데일 카네기 역시 많은 경우에 있어서 그러하다.

세계 최대 걸작에 속하는 〈전쟁과 평화〉, 〈안나 카레니나〉의 작가인 불멸의 문호(文豪) 레오 톨스토이도 이 범주에서 벗어나지 못했다. 〈대영 백과사전〉에 의하면 레오 톨스토이는 그의 생애 가운데 마지막 20년은 세계에서 '가장 존경받은 사람'이었다. 그 20년 동안 즉 1890년부터 1910년까지 무수한 숭배자들이 그의 얼굴을 한 번이나마 보려고, 그의 음성을 들으려고, 그의 옷자락이라도 만져 보려고 톨스토이의 집을 찾았다. 그의 말은 한 마디 한 구절이 마치 '신의 계시'라도 되는 것처럼 기록되었다.

그러나 사생활 면에서 본다면 톨스토이는 프랭클린이 일곱 살 때 가졌던 분별력을 일흔 살이 되어서도 갖지 못했다. 그는 분별과는 완전히 거리 멀었다. 여기서 나의 해석을 말하기로 한다.

톨스토이는 그가 몹시 사랑하던 소녀와 결혼했다. 그들은 참으로 행복했다. 그들은 이렇듯 극락과도 같은 법열의 생활이 언제까지나 계속되기를 하나님께 기도했다.

그런데 톨스토이가 아내로 맞이한 소녀는 본래 질투심이 강했다. 그녀는 추레한 촌 여자 같은 옷차림을 하고 숲 속에서까지 남편의 행동을 감시하곤 했다. 그들은 가끔 심한 언쟁을 했다. 그녀의 질투는 점점 심해져서 자식에게까지 미쳤다. 그리고 딸의 사진을 소총으로 쏘아대는 짓까지 했다. 그리고 그녀는 아편 병을 입에 물고 마룻바닥을 뒹굴면서 자살하겠다고 울부짖기도 했다. 그러는 동안 아이들은 방구석에 움츠리고 앉아 무서워서 몸을 떨었다.

그러면 톨스토이는 어찌했는가? 나는 그가 흥분하여 가구를 부수었다고 해도 비난하지 않는다. 그럴 만한 이유가 있었으니까. 그러나 그는 이보다 훨씬 더 심한 짓을 했다. 즉 그는 몰래 일기를 썼던 것이다. 그는 무엇이든지 모두 아내가 나쁘다고 썼다. 말하자면 이것이 바로 그의 '호루라기'였다. 그는 다음 세대들이 자기에게 동정하여 아내를 비난하도록 하려고 이렇게 썼던 것이다.

이에 대해 그의 아내는 어떻게 했는가? 그녀는 남편의 일기를 빼앗아 불태워버렸다. 그리고 자기도 일기를 쓰기 시작하여 그 속에서 남편을 악한으로 기록했다. 그녀는 다시 〈누가 죄인인가〉라는 제목의 소설을 써서 남편을 가정의 악마로 만들었으며, 자기를 그 희생자로 만들었다.

무엇 때문에 그런 짓을 했을까? 어째서 이 두 사람은 그들의 유일한 가정을 톨스토이의 말처럼 '정신병원'으로 만들고 말았을까? 여기에는 확실히 몇 가지 이유가 있었다. 그 하나는 다른 사람들에게 깊은 인상을 주려는 강한 욕망이었다. 사실 그들은 다음 세대에 속하는 우리들의 비판에 깊은 관심을 두고 있었던 것이 아닐까?

우리는 저 세상에 가서까지 남의 비행에 대해 욕설을 할 수 있을까? 아니다. 어림도 없는 일이다. 우리는 톨스토이를 생각할 여유 따위는 없다. 우리 자신의 문제만으로도 벅차니까.

그런데 이 딱한 두 사람은 얼마나 비싼 대금을 그들의 '호루라기'에 지불했는가! 그들은 50년간에 걸친 지옥의 생활, 그것은 더 말할 나위도 없이 두 사람 모두 '스톱!' 소리를 할 만한 판단력이 없었기 때문이다. 두 사람이 모두 "지금 곧 이런 일에는 '스톱 로스 오더'를 답시다. 우리는 우리의 인생을 낭비하고 있어요. 이만하면 '충분해'로 해둡시다" 하고 말한 만한 판단력이 없었기 때문이다. 분명히 나는 참다운 마음의 평화의 비결이란 가치에 대한 올바른 판단력에 있다고 믿는다. 그리고 나는 만일 우리가 일생에 있어서 어느 정도의 가치가 있는가를 판단하는 각각의 금본위 제도를 제정할 수만 있다면, 우리가 지닌 고민의 50퍼센트는 해소할 수 있으리라고 믿는다.

**그러므로 고민하는 습관을 없애는 제5 법칙**

인생을 살아가면서 이미 저지른 잘못에 더 큰 잘못을 저지르지 않으려면 다음 3가지 물음을 생각해보라.

① 내가 지금 고민하고 있는 것이 사실 얼마만큼 중대한 일인가?

② 몇 포인트나 내리면 이 고민에 대해 '스톱 로스 오더'를 내고 잊어버릴 수 있을 것인가?

③ 이 '호루라기'에 대해 정확히 얼마를 지불하면 되는가? 이미 지금 이 순간 충분히 지불하지 않았는가?

# 6. '톱밥'을 켜려고 하지 말라

이 글을 쓰면서 나는 창 너머로 정원에 있는 공룡의 발자국을 바라본다. 이것은 혈암(頁巖)이나 돌 속에 묻혀 있는 것으로, 예일 대학의 피버디 박물관에서 사 온 것이다. 이 공룡 발자국은 1천8백만 년 전에 만들어진 것인데, 어떤 정신박약자라도 그 발자국을 옛날로 돌이켜보려는 망상은 하지 않을 것이다.

그러나 우리가 고민하는 것에 비한다면 그쪽이 훨씬 더 현명하다. 왜냐하면 우리는 180초 전에 일어난 일이라도 그 후에 그것을 바꾼다는 것은 불가능하기 때문이다. 그러면서도 대다수의 인간은 그것을 고민하고 있다. 우리는 180초 전에 일어났던 일의 결과를 수정하도록 노력해볼 수는 있다. 그러나 이미 일어난 일을 변경할 수는 없다.

과거를 건설적인 것으로 이용하는 방법은 단 하나밖에 없다. 그것은 과거의 잘못을 조용히 분석하여 그것을 응용하는 데 있다. 그리고 과오를 잊어버리는 것이다.

나는 이 말이 진실임을 알고 있다. 그러나 나는 언제든지 그것을 실행할 만한 용기와 판단력을 가지고 있었을까? 이 물음에 대답하기 위해 수년 전에 내가 경험했던 기이한 사건 하나를 이야기하겠다.

나는 30만 달러나 되는 돈을 한 푼도 건지지 못하고 나도 모르는 사이에 잃어버렸다. 그 경위는 이러하다. 나는 한때 대규모의 성인 대상 교육 사업을 시작하여 각 도시에 분교를 설치하고, 광고라든가 경비에 아낌없이 돈을 썼다. 그리고 학생을 가르치기에 너무나 바빴으므로 재무제표에 유의할 시간도 마음도 없었다. 나는 경영에 전혀 경험이 없었으므로 수입과 지출을 감독할 만한 수완 있는 매니저가 필요하다는 것을 전혀 깨닫지 못했던 것이다.

그래서 약 1년 후에 가서야 나는 예상치 못한 실태를 알고 깜짝 놀랐다. 그동안 막대한 수입이 있었는데도 불구하고 어찌 된 셈인지 이익은 한 푼도 없었던 것이다. 이 사실을 알게 되었을 때 내가 취해야 할 길은 두 가지였는데, 그 하나는 흑인 과학자 조지 워싱턴 카버가 일생 동안의 저축인 4만 달러를 은행의 파산으로 잃었을 때 보였던 것과 같은 양식을 취하는 일이다. 그는 은행이 파산한 것을 알고 있느냐는 질문을 받았을 때 '아, 그 얘기는 들었습니다'라고 대답하고, 연구를 계속했던 것이다. 그는 돈을 잃은 것을 마음속으로부터 완전히 일소해버리고 두 번 다시 그 말을 입에 담지 않았다.

내가 해야 했던 제2의 방법은 과오를 철저하게 분석하여 잊을 수 없는 교훈을 배우는 일이었다.

그런데 솔직히 고백하지만 나는 그 어느 쪽도 실행하지 않았다. 나는 고민의 소용돌이 속에 휩쓸려 몇 개월 동안이나 망연자실하고 있었다. 불면증에 시달려 체중도 줄었다. 그리고 이 크나큰 과오로부터 교훈을 배우기는커녕 더욱 계속해서 규모는 작았지만 똑같은 과오를 다시금 저질렀던 것이다. 이처럼 우둔한 행위를 그대로 고백하는 것은 심히 부끄러운 일이지만 나는 오래 전부터 '유익한 것을

20명에게 가르치는 것보다 그 20명 중의 한 사람이 되어, 내가 가르친 것을 몸소 실천하는 편이 훨씬 어렵다'는 것을 깨닫고 있었다.

나는 뉴욕의 알렌 선더스가 공부했던 조지 워싱턴 고등학교의 폴 브랜드와인 박사의 가르침을 받지 못한 것을 실로 유감스럽게 생각하고 있다. 선더스 씨는 나에게 자신의 위생학 강좌 선생이었던 폴 브랜드와인 박사가 자기에게 귀중한 교훈을 주었다는 이야기를 했다. 그 이야기는 이러하다.

나는 그 무렵 10대였는데 선천적으로 사소한 걱정이 많았다. 그래서 조그만 과실에도 오래도록 걱정하며 애를 태웠다. 시험 답안을 제출하고 나면, 혹시 낙제나 하지 않을까 하고 걱정이 되어 잠을 잘 수 없었다. 나는 자신이 한 일을 다시 생각해내어 달리 그렇게 했더라면 좋았을 것을 하고 후회했으며, 내가 한 말을 되새기고 그 말이 서툴렀다고 후회했다.

그런데 어느 날 아침 우리 반이 과학 실험실에 들어서자, 폴 브랜드와인 박사는 책상머리에 우유병을 놓고 앉아 있었다. 우리는 그 우유병을 바라보면서, 선생께서 가르치는 위생학과 우유가 대체 어떤 관계가 있을까 의아하게 여기면서 자리에 앉았다. 그러자 그때 박사가 벌떡 일어나며 갑자기 우유병을 오물통에 쏟아 넣더니 큰 소리로 말했다.

"엎지른 우유를 후회해도 소용없다!"

그러고 나서 박사는 우리를 오물통이 있는 곳으로 오게 하여 깨어진 병을 보였다.

"잘 보라. 나는 여러분이 일생 이 교훈을 기억해주기를 바란다. 밀크는 이미 엎질러져 하수도로 흘러가 버렸다. 자네들이 이제 와 아무리 떠들고 후회한들 그것을 한 방울도 되찾을 수는 없다. 그런데 조금만 주의하고 조심했더라면 우유는 엎질러지지 않았을지도 모른다. 그러나 이미 때는 늦었다. 이제 우리가 할 수 있는 것은 이런 일을 모조리 잊어버리고 다음 일로 옮겨

가는 것이다."

이 조그마한 실습은 입체 기하학이나 라틴어를 잊어버린 뒤에도 나의 머리에서 사라지지 않았다. 실제로 4년간의 고교생활에서 그 이상으로 실용적인 생활철학을 가르쳐준 사람은 없었다.

그것은 나에게 우유를 엎지르지 않도록 주의할 것, 만일 일단 엎질러져 하수도로 흘러가 버렸다면 완전히 잊어버리도록 가르쳐주었던 것이다.

독자들 가운데는 이처럼 진부한 '엎지른 우유를 후회해도 소용없다'는 격언을 소중히 여기는 것을 냉소하는 사람이 있을지도 모른다. 그러나 그것이 진부하고 평범하기 이를 데 없는 말이라는 것은 알고 있다. 아마 여러분도 귀에 못이 박히도록 들었을 것이다.

그러나 나는 이 평범한 격언에 오랜 세월의 슬기가 포함되어 있다는 것을 알고 있다. 이것은 인류의 수많은 경험에서 태어나 무수한 세대를 거쳐 이어져 온 것이다. 만일 여러분이 지난 모든 시대의 위대한 학자들이 쓴 고민에 관한 모든 기록을 독파했다 하더라도, '다리에 이르기 전에는 다리를 건너지 마라'든가, '엎지른 우유를 후회해도 소용없다'는 등의 진부한 격언 이상으로 기본적이고도 의미심장한 말은 찾아볼 수 없을 것이다.

그리고 또 우리가 그것을 코웃음 치지 않고 그대로 활용한다면 이 책은 전혀 쓸모없게 되고 말 것이다. 사실 우리가 만일 옛날 격언의 대부분을 널리 활용한다면 거의 완벽에 가까운 인생을 영위할 수 있을 것이다. 그러나 무릇 지식이라는 것은 실천되어야 비로소 힘이 된다. 그리고 이 책의 목적은 여러분에게 새로운 것을 가르치자는 것이 아니다. 다만 여러분이 이미 알고 있는 사실을 일깨워 그것을 여러분이 적용하도록 고무, 격려하자는 것이다.

나는 프렛풀러 셰드와 같은 인물을 존경하고 있다. 그는 오래된 진리를 새롭고 생생한 형식으로 설명할 줄 아는 특수한 재능을 가졌다. 그는 〈필라델피아 블레틴〉지의 주간이었는데, 어느 대학 졸업반 학생들에게 연설하던 중 이렇게 물었다.

"여러분들 중에 나무를 톱질해본 사람이 있는가? 있다면 손을 들어보라."

대다수의 학생들은 경험이 있었다. 그런데 그는 또 물었다.

"톱밥을 켜본 일이 있는 사람은 없는가?"

이런 질문이 나오자 손은 하나도 올라가지 않았다.

"물론 톱밥을 톱으로 켠다는 것은 불가능하다. 이미 그것은 톱으로 켜져 있으니까. 그런데 이것은 과거에 대해서도 마찬가지다. 지나가 버린 일로 마음을 괴롭히는 것은 톱밥을 톱으로 켜려는 것과 다름없는 것이다."

야구계의 대 원로 코니 마크가 81세 때, 나는 그에게 시합에서 패배한 것 때문에 고민한 적이 없었느냐고 물어보았다. 그러자 코니 마크는 이와 같이 대답했다.

"물론 가끔 번민할 일도 있지만 그런 어리석은 일은 벌써 까마득한 옛날이야기이네. 고민을 해도 아무 소용이 없으니까. 냇가로 흘러가 버린 물로 곡식을 찧을 수는 없지 않은가."

확실히 이 말대로 냇물로 흘러가 버린 물로 방아를 돌려 곡식을 찧을 수도 없으며 재목을 켤 수도 없다. 그러나 사람 얼굴의 주름살이라든가 위궤양은 없앨 수 있다.

나는 지난해 추수감사절 때 잭 뎀프시와 함께 저녁식사를 하였다. 그는 크랜베리 소스를 친 칠면조 요리를 먹으면서, 터니에게 패배하여 헤비급 선수권을 빼앗겼던 시합 이야기를 하는 것이었다. 그것은 분명히 그의 자존심에 대한 충격이었을 텐데 그는 이런 말을 했다.

한창 시합을 하는 중 나는 갑자기 자신이 나이가 들었다는 것을 느꼈다. 10회전이 끝났을 때 나는 서 있었지만, 그것은 그냥 맥없이 서 있었을 뿐이었다. 얼굴은 부어서 상처투성이였고 눈은 거의 뜰 수도 없었다. 나는 심판이 터니의 손을 번쩍 치켜들고 승리를 선언하는 것을 보았다. 나는 이미 세계챔피언은 아니었다. 나는 비를 맞으며 군중을 헤치고 탈의실로 돌아왔다. 내가 지나칠 때 몇 사람인가는 나의 손을 잡으려 했다. 눈물을 글썽한 이도 있었다.

1년 뒤 나는 터니와 다시 싸웠다. 그러나 헛일이었다. 나는 영원히 끝나고 만 것이다. 그렇게 생각하자 자꾸 고민하지 않을 수 없었지만 나는 자신에게 이렇게 타일렀다. '나는 과거에 살 생각은 없다. 또 엎지른 우유를 후회할 생각도 없다. 나는 이 충격을 온몸으로 받아내리라. 이대로 쓰러지지는 않을 것이다.'

그리고 잭 뎀프시는 훌륭하게 그렇게 해냈던 것이다. 어떻게 알았을까? 자기 자신에게 끊임없이 '과거에 대해서는 결코 고민하지 않겠다'고 타이르는 것이었을까? 아니다. 그것은 오히려 단순히 그에게 과거의 일을 생각하게 했을 것이다. 그는 자신의 패배를 받아들여 그것을 망각해버린 뒤, 장래의 계획에 정신을 집중함으로써 그것을 성취했다. 즉 그는 잭 댐프시 레스토랑과 그레이트 노우슨 호텔을 경영함으로써 성취하였던 것이다. 또 그는 권투 시합을 주최하기로 하고, 시범 시합에 출전함으로써 그것을 이룩했다. 그는 끊임없이 무엇이든 건설적인 사업에 몰두하여 과거에 대해서는 고민할 틈이 없도록 함으로써 그것을 성취했다.

뎀프시는 이렇게 말했다. "나는 최근 10년이 선수권을 보유했을 때보다 더 즐거운 생활을 보내고 있다."

뎀프시는 책은 별로 읽은 일이 없다고 하나 자신도 모르는 사이에 셰익스피어가 말한 '현명한 사람은 쓸데없이 그들의 손실을 한탄하지 않는다. 오히려 강하게 그 손실을 잊는 방법을 연구한다'라는 충고를 실천하고 있었던 것이다.

나는 역사나 전기를 읽고 슬픔에 빠진 사람들을 관찰할 때마다, 수많은 사람들이 그들의 고민과 비극을 털어버리고 새로운 행복한 생활로 나아가는 그 능력에 감동을 받는다.

나는 전에 싱싱 교도소를 방문한 적이 있는데, 그곳의 죄수들이 사회의 일반 사람들과 마찬가지로 매우 행복스러워 보이는 데 놀랐다. 내가 그 이야기를 소장 루이스 E. 로즈 씨에게 했더니, 그는 다음과 같은 이야기를 해주었다.

범죄자가 싱싱에 와서 처음에는 세상을 저주하고 남을 원망하지만, 몇 달이 지나게 되면 분별력이 있는 대부분의 죄수들은 불행을 물리치고 마음을 가라앉히게 되며, 조용히 교도소 생활을 받아들여 되도록 유쾌하게 지내게 된다는 것이다. 전에 정원사였던 어떤 죄수는 교도소 안에서 야채와 꽃을 가꾸면서 노래를 불렀다고 한다. 이처럼 꽃을 가꾸면서 노래를 불렀다는 싱싱의 이 죄수는 대부분의 우리들보다도 훨씬 분별력이 있다고 말할 수 있다. 그는 알고 있었다.

움직이는 손은 기록하고, 기록하고는 옮겨간다.
너의 신앙도 지혜도 그 한 행의 절반도 되돌리지 못하며
또 너의 온갖 눈물로도, 그 한마디 말마저도 되돌리지 못한다.

그러므로 눈물을 헛되이 흘리지 않는 편이 좋다. 물론 우리는 온갖 실수와 어리석은 행동을 저지르고 있다. 그러나 어떻다는 말인가? 그것은 누구든지 저지르는 일이다. 나폴레옹조차도 그가 싸웠던 주요한 전쟁의 3분의 1은 패배했다. 아마 우리의 승률은 나폴레옹보다 더 나쁘지 않을지도 모른다.

어쨌든 한 나라의 모든 병력을 동원한다고 해도 현실을 과거로 돌이킬 수는 없다.

> **그러므로 고민하는 습관을 없애는 제6 법칙**
> 톱밥을 다시 켜려고 하지 말라. 과거로 하여금 과거를 묻어버리게 하라.

# 고민하는 습관을 없애는 방법

제1 법칙: 일에 몰두해 마음속으로부터 고민을 밀어내라. 활발한 행동이야말로 '언제까지나 걱정만 하는 병'에 대한 가장 좋은 치료법이다.

제2 법칙: 하찮은 일에 법석을 떨지 말라. 보잘것없는 사소한 일에 마음을 어지럽히지 말라.

"인생은 사소한 일에 신경 쓰며 살기에는 너무나 짧다."

제3 법칙: 고민을 몰아내기 위해 '평균율의 법칙'을 적용하라. '이 일이 일어날 가능성은 몇 할이나 되는가?'라고 스스로 물어라.

제4 법칙: 어쩔 수 없는 상황은 그대로 받아들여라. 만일 사태가 아무래도 변경 개선할 수 없다는 것을 알면, '그렇게 되어 있는 것이다. 이제는 어찌할 수가 없다'고 자신에게 타이르도록 하라.

제5 법칙: 인생을 살아가면서 이미 저지른 잘못에 더 큰 잘못을 저지르지 않으려면 다음 3가지 물음을 생각해보라.

① 내가 지금 고민하고 있는 것이 사실 얼마만큼 중대한 일인가?

② 몇 포인트나 내리면 이 고민에 대해 '스톱 로스 오더'를 내고 잊어버릴 수 있을 것인가?

③ 이 '호루라기'에 대해 정확히 얼마를 지불하면 되는가? 이미 지금까지에 충분히 지불하지 않았는가?

제6 법칙: 톱밥을 다시 켜려고 하지 말라. 과거를 묻어버려라.

# 제4부 평화와 행복을 위한 정신 자세 7가지

1. 당신의 인생을 바꿔놓을 한 문장
2. 보복은 더 큰 괴로움을 가져온다
3. 은혜를 모르는 사람에게 화가 날 때
4. 당신 몸에 있는 것을 백만 달러에 팔겠는가?
5. 자신을 알고 자신의 모습대로 살라
6. '신 레몬'이 있으면 레몬수를 만들라
7. 14일 만에 고민을 해소하는 방법

# 1. 당신의 인생을 바꿔놓을 한 문장

몇 해 전 나는 라디오 프로그램에 출연해 '지금까지 당신이 배워 얻은 교훈 중 가장 큰 교훈은 무엇인가?'라는 질문을 받은 적이 있다. 이것은 간단히 대답할 수 있었다.

내가 배운 가장 귀중한 교훈은 생각한다는 것의 중요성이다. 당신이 무엇을 생각하는가를 알면 당신의 인품을 알게 된다. 우리의 생각이 우리를 만드는 것이다. 즉 우리의 정신 자세는 우리의 운명을 결정하는 최대 요소이다. 에머슨도 "그가 하루 종일 생각하고 있는 것, 그 자체가 그 사람이다"라고 했다. 사실 그 말대로이다.

우리가 해결해야 할 최대의 유일한 문제는 옳게 생각하는 방법을 선택하는 데 있다고 나는 확신한다. 만일 이에 성공한다면 우리의 모든 문제를 해결하는 길은 확 트여 있는 것이다. 로마 제국을 통치한 위대한 철학자 마르쿠스 아우렐리우스는 그것을 불과 몇 마디 말로 요약하고 있다. 인간의 운명을 결정하는 몇 마디의 말, '우리의 인생은 우리의 사고에 의해 만들어진다'는 한 문장이다.

그렇다. 만일 우리가 즐거운 생각을 한다면 우리는 즐겁다. 또한 비참한 생각을 하면 비참하게 된다. 또한 무서운 생각을 하면 무서워진다. 병적인 생각을 하면 병에 걸리게 된다. 그리고 실패를 생각하면 실패한다. 만일 우리가 자기 연민에 빠지면, 사람들은 모두 우리를 피하고 멀리하게 된다. 노만 빈센트 필은 이렇게 말하고 있다.

"인간은 자신이 스스로 생각하는 그러한 사람이 아니다. 생각 그 자체가 그 사람인 것이다."

나는 온갖 문제에 대해 지나치게 낙천적인 태도를 취하고 있는 것일까? 아니 불행스럽게도 인생은 그렇게 단순하지는 않다. 그러나 나는 소극적이어서는 안 된다, 적극적이어야 한다고 주장하고 있는 것이다. 바꾸어 말하면 문제에 조심하지 않으면 안 되지만, 걱정을 해서도 안 된다는 것이다.

그렇다면 조심한다는 것과 고민한다는 것은 어떻게 다른가? 이제 그것을 설명하기로 하겠다. 뉴욕에서 교통이 혼잡한 거리를 횡단할 때, 언제나 나는 자신의 행동에 조심한다. 그러나 걱정은 하지 않는다. 조심한다는 것은 문제의 본질을 알아내어 조용히 그것을 처리하는 것이다. 그런데 고민한다는 것은 미친 듯이 쓸데없이 원의 테두리 안을 빙빙 도는 일이다.

인간은 자신의 중대한 문제에 대해 어찌됐든 마음을 쓴다. 그러면서도 가슴에는 카네이션을 달고 당당히 거리를 활보할 수가 있다. 나는 로월 토머스가 그렇게 하는 것을 본 일이 있다.

그가 제1차 세계대전의 알렌비 로렌스 작전의 유명한 영화를 처음으로 공개했을 때 그와 친해질 수 있었다. 그는 각 방면의 전선에서 많은 전쟁영화를 제작했는데, T. E. 로렌스와 그가 이끄는 아라비아 군의 활약과 알렌비 군의 성지 탈환의 두 영화는 특히 훌륭한 것이었다. 그의 '팔레스티나에서는 알렌비와, 아라비아에서는 로렌스와 더 불어'라는 제목의 강연은 런던은 물론 전 세계에 센세이션을 일으켰던 것이다. 그의 로열 오페라 하우스에서의 모험에 가득 찬 이야기와 영화 상영 때문에 런던의 오페라 시즌은 6주간이나 연기되었다. 그렇게 런던에서 놀라운 성공을 거둔 후 세계 각국을 순회하며 호평을 받았다.

그런 다음 그는 인도와 아프가니스탄 사람들의 생활 모습을 영화화할 준비에 착수했었는데, 이때는 믿기 어려울 만큼 수많은 불운이 속출한 끝에 심각한 불행이 일어났다. 그는 런던에서 파산한 것이다. 나는 그 당시 그와 함께 있었는데, 우리들은 라이온스의 코너 하우스 레스토랑에서 싸구려 식사로 견뎌야만 했다. 그나마도 토머스 씨가 스코틀랜드의 유명한 화가 제임스 막베이 씨로부터 돈을 빌릴 수 없었더라면 그곳에도 가지 못했을 것이다.

여기에 이야기의 초점이 있다.

로우얼 토머스 씨는 막대한 부채와 심각한 실의에 직면해 있었음에도 불구하고, 고심은 하였으나 고민은 하지 않았다. 그는 이 역경에서 좌절하고 만다면 자기는 채권자에 대해서나 일반 세상에 대해 전혀 가치 없는 인간이 되고 만다는 것을 알고 있었다. 그래서 그는 아침마다 집을 나서기에 앞서 꽃을 사서 그것을 가슴에 꽂고, 의젓한 태도로 발걸음도 가볍게 옥스퍼드 거리를 활보했던 것이다.

그는 적극적이고 용감한 생각을 가져 패배 앞에 항복하기를 거부했다. 그에게 있어 진다는 것은 게임의 일부에 불과했다. 그것은 정상을 목표로 삼는 사람에게 필요한 훈련에 지나지 않았던 것이다.

우리의 정신 자세는 우리의 육체적 힘에 대해서도 거의 믿을 수 없을 정도의 큰 영향을 미친다.

여기에서 정신력의 마력을 설명하기 위해 미국 역사상 가장 놀랄 만한 이야기 하나를 소개하기로 한다. 이에 대해서 나는 한 권의 책으로도 쓸 수 있으나 여기에서는 간략하게 이야기하겠다.

남북전쟁이 끝난 지 얼마 안 되어 서리가 내리는 10월의 어느 날 밤, 집도 없는 가난한 떠돌이 한 여인이 매사추세츠 주 암즈버리에 사는 퇴역 해군 대령의 부인 마더 웹스터 씨 집의 문을 두드렸다. 문을 열어 준 마더 웹스터는 '45킬로가 될까 말까한 피골이 상접한' 가련하고 작은 사람 같은 것을 보았다. 이름을 그로우버 부인이라고 밝힌 이 여인은 밤낮으로 자기를 피롭히고 있는 문제를 해결할 수 있는 집을 찾고 있다는 것이었다.

"그렇다면 우리 집에 있으면 어떻겠어요? 난 이렇게 큰 집에서 혼자 살고 있으니까요."

웹스터 부인은 이렇게 말했다.

그로우버 부인이 얼마 동안을 마더 웹스터와 함께 살았는지 모르지만, 그러던 차에 뉴욕으로부터 웹스터 부인의 사위인 빌 에리스가 휴가를 받아 찾아왔다. 그는 그로우버 부인을 보자, '이 집에 뜨내기를 들이면 되겠습니까!' 하고 떠드는 바람에, 이 집 없는 여인은 쫓겨나고 말았다. 그날은 비가 세차게 내리고 있었다. 그녀는 비를 맞으며 얼마 동안을 떨고 있다가 마침내 비를 피할 곳을 찾아 정처 없이 떠났다.

그런데 여기에 이야기의 놀라운 곡절이 있다는 것이다. 빌 에리스가 문 밖으로 쫓아낸 그 '뜨내기' 여인이 뒷날 이 세상의 사상에 실로 커다란 영향을 미칠 운명을 짊어지고 있었던 것이다. 그녀는 지금 크리스천 사이언스의 창시자 메리 베이커 에디로서 수백만 신도들의 숭배를 받고 있다.

더욱이 그때까지 그녀는 질병, 비애, 비극을 빼놓으면 인생에 대해 아무것도 알지 못했다. 그녀의 첫 남편은 결혼 후 얼마 안 되어 죽었으며, 두 번째 남편은 유부녀와 눈이 맞아 그녀를 버리고 도망쳤다. 그 뒤 그는 빈민원에서 숨을 거두었다. 그녀에게는 아들이 하나 있었는데 가난과 질병과 질투 때문에 그 아이가 4살 때 그 아들을 버리지 않을 수 없었다. 그녀는 그 후로 아들의 소식을 알지 못했다. 그리고 31년 뒤에야 아들을 다시 만났던 것이다. 그녀는 태어날 때부터 허약했기 때문에 오래 전부터 '정신 요법의 과학'이라는 것에 흥미를 가져왔다. 그러나 그녀의 생애에 있어서 극적인 전기는 매사추세츠 주 린에서 일어났다.

어느 추운 날 아침 상점가를 걷고 있을 때 그녀는 얼어붙은 길바닥에 미끄러져 넘어져 의식을 잃었다. 그녀는 척추를 몹시 다쳤기 때문에 그 발작으로 경련을 일으켰다. 의사는 그녀가 살아나기 어려울 것이며, 만일 살아난다 해도 두 번 다시 걷지 못할 것이라고 예단했다.

메리 베이커 에디는 죽음의 침상이라고 생각되는 침대에 누워서 성서를 펴들고, 거룩한 손길의 인도를 받아 마태복음의 한 구절을 읽었다.

'침상에 누운 중풍환자를 사람이 데리고 오거늘 예수께서 저희의 믿음을 보시고 중풍환자에게 이르시되, 아들아, 안심하라, 네 죄 사함을 받았노라…… 일어나 네 침상을 가지고 집으로 가라 하시니 그가 일어나 집으로 돌아가거늘…….'

이 예수의 말씀은 그녀의 체내에 커다란 힘과 크나큰 신앙, 크고 격렬한 회복력을 불러일으켜, '즉석에서 침대를 떠나 걸을 수 있었다'고 그녀는 말하고 있다.

애디 부인은 또 이런 말을 했다.

"그 경험이 자신을 건강하게 만드는 방법인 동시에 다른 사람들까지도 건강하게 만들 수 있는 방법을 발견하는 기회가 되었습니다……. 나는 모든 것의 원인은 마음속에 있으며, 모든 결과는 정신적 현상이라는 과학적 확증을 잡았던 것입니다."

그리하여 메리 베이커 애디는 신흥종교의 창시자가 되었으며 사제장(司祭長)이 되었던 것이다.

지금 그녀가 창시한 크리스천 사이언스는 여성에 의해 창시된 유일하고 위대한 신교로서 전 세계에 널리 퍼지고 있다.


　이렇게 쓰다보니 여러분 중에는 '이 카네기라는 작자는 크리스천 사이언스의 선전을 하고 있구나' 하고 지적하는 분이 있을지도 모른다. 그러나 결코 그렇지 않다. 나는 분명히 크리스천 사이언스의 신도가 아니지만, 해를 거듭함에 따라 생각하는 힘의 강함을 확신하게 되었다.

　35년 동안 성인교육 강좌에서 강의해온 결과 나는 누구나 그들의 생각을 바꿈으로써 고민과 공포, 그 밖의 온갖 질병을 몰아내고 그들의 생활을 바꿀 수 있다는 것을 알게 되었다.

　나는 알고 있다! 알고 있다! 알고 있다! 몇 백 번이나 그렇듯 믿기 어려운 변화가 일어난 것을 나는 보아왔다. 그래서 나는 조금도 의아하게 생각하지 않는 것이다.

　예컨대 여기에 사고의 힘을 설명하기에는 믿기 어려운 변화가 나의 강좌 학생에게서 일어났던 실례가 있다. 즉 그는 심한 신경쇠약에 시달리고 있었다. 그 원인은 고민 때문이었다. 이 학생은 다음과 같이 나에게 이야기하고 있다.


　나는 매사에 고민했습니다. 나는 자신이 지나치게 말랐다든가, 머리카락이 빠진다든가, 결혼할 수 없을 만큼 돈을 모을 수는 없는 것이 아닐까, 혹은 좋은 아버지가 될 수 있을 것인가, 아니면 실연을 당하지나 않을까, 선량한 생활을 하지 않고 있는 것은 아닌지 하고 모든 일이 걱정되는 것이었습니다. 나는 또 다른 사람에게 나쁘게 인식되어 있지나 않을까 하고 고민했으며, 어떤 때는 위암에 걸린 것처럼 생각되어 고민했습니다. 그러다가 일이 손에 잡히지 않게 되어 직장도 그만두었습니다. 나는 몸 안에 가득 긴장을 담아 마치 안전핀이 없는 보일러처럼 되고 말았습니다. 그리고 점점 압력이 늘어나서 당장에라도 터질 것 같더니 끝내 폭발하고 말았습니다. 만일 당신이 심한 신경쇠약증에 걸린 적이 없었다면 단연코 걸리지 않도록 조심하십시오. 왜냐하면 제아무리 대단한 육체적 고통이라도 고민에 시달리는 마음의 고통에 비한다면 전혀 문제가 되지 않기 때문입니다.

나는 신경쇠약이 너무 심했기 때문에 집안 식구들과 이야기조차 할 수 없었습니다. 말하자면 사고를 조절할 수 없었습니다. 그리고 또 나는 공포에 사로잡혔습니다. 아무리 조그마한 소리만 들려도 깜짝 놀랐고 사람들을 피했습니다. 더구나 아무런 이유도 없는데 울부짖는 일도 있었습니다.

그날그날이 고민의 하루였습니다. 나는 누구에게나, 하나님마저도 나를 버렸다는 느낌이 들었습니다. 나는 강에 뛰어들어 죽고 싶은 충동에 사로잡혔습니다. 그러다가도 플로리다로 갈 것을 생각하게 되었습니다. 장소가 바뀌면 마음도 달라질지 모른다고 생각했던 것입니다. 내가 기차에 올랐을 때, 아버지는 나에게 한 통의 편지를 주시면서 플로리다에 닿을 때까지는 펴보지 말라고 당부하셨습니다.

나는 관광 시즌이 한창일 무렵 플로리다에 도착했습니다. 그곳의 호텔은 모두 만원이었으므로 어느 차고에 있는 침실을 빌렸습니다. 나는 마이애미로 떠나는 부정기 항로 화물선의 일자리를 찾았으나 뜻을 이루지 못했습니다. 그래서 나는 그곳 해안에서 소일하게 되었습니다. 나는 고향에 있을 때보다도 플로리다에 와 있는 편이 한층 더 비참했습니다. 그때 나는 아버지의 편지를 뜯어보았는데, 거기에는 다음과 같은 사연이 적혀 있었습니다.

"아들아, 너는 집에서 1천5백 마일이나 떨어져 있지만 별로 달라진 것 같지 않을 것이다. 나는 그것을 알 수 있다. 왜냐하면 너는 네 고민의 유일한 씨앗을 몸에 지니고 갔기 때문이다. 그것은 바로 네 자신이다. 너에게는 몸이나 마음이나 아무런 이상이 없다. 네가 당면한 사태가 너를 괴롭히는 것이 아니라, 너의 이런 사태에 대한 생각이 너를 해쳤던 것이다.

'사람은 스스로의 마음속에서 생각하는 바와 같은 것이니라.'

네가 이 사실을 깨달았다면 돌아오너라. 너의 병은 나았을 테니까."

그런데 나는 아버지의 편지를 읽고 화가 치밀었습니다. 이제껏 내가 구하고자 했던 것은 동정이었지 교훈이 아니었습니다. 나는 몹시 흥분하여 그때 그 자리에서 두 번 다시 집에 돌아가지 않겠다고 결심했습니다. 그날 밤, 내가 마이애미의 어느 골목길을 걷고 있는 중에 예배가 진행되고 있는 교회 앞에 이르렀습니다. 나는 그다지 갈 곳도 없었으므로 그곳에 들어가서 '너희 마음을 이기는 자는 한 도시를 함락시키는 자보다 강하니라' 하는 성경 구절에 대한 설교를 듣게 되었습니다.

신성한 하나님의 집에 앉아 아버지께서 편지에 썼던 것과 똑같은 사상을 듣고 있으려니 내 머릿속에서부터 쌓였던 먼지들이 씻겨 내려가는 것 같았습니다. 생전 처음으로 사물을 분명히 생각할 수 있게 되었습니다. 나는 내 자신이 어리석다는 것을 깨달았습니다. 그리고 참다운 광명의 빛을 받은 자신의 모습을 보고 깜짝 놀랐습니다. 나는 지금까지 전 세계와 그 위에 사는 전 인류를 바꾸어보리라고 생각했었으나 도리어 바꾸지 않으면 안 되었던 유일한 것은 바로 나의 마음이라는 카메라 렌즈의 초점이었습니다.

다음날 아침 나는 짐을 꾸려 고향으로 돌아갔습니다. 그리고 1주일 후에는 다시 그 전의 일자리로 돌아갔고, 4개월 뒤에는 실연으로 끝나지 않을까 하고 염려하던 여자와 결혼했습니다. 지금 우리에게는 5남매의 자녀가 있으며 행복하게 지내고 있습니다. 물질적으로나 정신적으로나 주님의 은총을 입고 있습니다. 지난날 신경쇠약으로 시달리던 무렵 나는 18명의 부하를 둔 작은 백화점의 야경 주임이었는데, 현재는 450명의 종업원을 둔 휴지 제조 공장의 이사입니다. 이제 내 생활은 순탄하며 사람과의 교제도 잘되고 있습니다.

그러므로 나는 지금 인생의 참다운 가치를 만끽하고 있다고 믿습니다. 그러나 가끔 불안한 생각에 사로잡힐 때가 있으면(이것은 누구나 피할 수 없는 일이지만), 나는 마음에 카메라 초점을 맞추라고 자신에게 타이릅니다. 그러면 그것으로 만사는 OK인 것입니다.

나는 정말로 내가 신경쇠약에 걸렸던 것은 다행이었다고 생각합니다. 나는 인간의 사고력이 우리의 마음과 육체에 어떻게 강한 힘을 미치는가를 확실히 알 수 있었기 때문입니다. 지금 나는 자신의 생각을 자기에게 해가 되지 않도록 하고, 도움이 되게 할 수 있습니다. 아버지가 나의 온갖 고민의 원인은 외부의 사태가 아니라, 내가 그 사태에 대해 생각하고 있는 것이라고 말씀하신 것은 옳았다고 생각합니다.

그렇게 깨달은 순간 나는 마음이 홀가분해졌습니다. 그 후로도 완전히 말입니다.

이상의 이야기가 그 학생의 경험담이다.


나는 우리의 생활로부터 얻는 마음의 평화나 기쁨은 우리가 어디에 위치하는가? 무엇을 가지고 있는가, 우리가 누구인가 하는 것에 좌우되지 않고, 다만 우리의 정신 자세 여하에 달려 있다는 것을 확신한다. 여기서 외부 조건은 거의 아무 관계가 없다.

이를테면 하퍼스 페리에서 미합중국의 병기고를 습격하여 노예들에게 반란을 교사(敎唆)했다는 죄목으로 교수형을 받은 존 브라운의 경우가 바로 그것이다. 그는 관 위에 실려 처형대로 보내졌는데 그의 곁을 따르던 간수는 무서워서 어쩔 줄을 몰라 했지만 브라운은 냉정했다. 그는 버지니아의 블루 리지 산들을 바라보면서, "얼마나 아름다운 나라냐! 일찍이 내가 여유롭게 구경할 기회가 없었던 게 유감이다!" 하고 감탄했다는 것이다.

남극에 처음으로 발을 디딘 영국인 로버트 팰콘 스코트와 그 대원들의 경우도 마찬가지이다. 그들의 귀환 여정은 유사 이래 처음이라고 할 수 있을 만큼 고통스러운 것이었다. 식량은 떨어졌고 연료도 없었다. 그래서 그들은 한 걸음도 전진할 수가 없게 되었다. 사나운 폭설이 열하루 동안 밤낮 없이 극지의 벌판을 휩쓸었고, 빙판 위에는 융기와 균열이 생겼기 때문이다. 스코트와 그 대원들은 이제 죽음에 직면했다는 것을 알았다. 그들은 만일에 대비하여 상당량의 아편을 휴대하고 있었다. 그것을 복용하기만 하면 두 번 다시 눈을 뜨지 않는 편안한 꿈길로 들어설 수가 있었던 것이다.

그러나 그들은 절대로 마취제를 쓰려고 하지 않았다. 오히려 그들은 '쾌활한 노래를 소리쳐 부르면서' 죽어갔던 것이다. 우리는 그 사실을 8개월 후, 수색대가 그들의 동사체(凍死體)에서 발견한 유서에 의해 알게 되었다.

그렇다. 만일 우리가 용기와 평정의 창조적 사고력만 가지고 있다면 자기의 관에 걸터앉아 교수대로 끌려가면서도 경치를 즐길 수 있을 것이며, 굶주림과 혹한으로 죽어가면서도 '유쾌한 노래'로 텐트를 가득 채울 수가 있는 것이다.

장님인 밀턴은 이미 3백 년 전에 이러한 진리를 깨달았다.

마음은 스스로의 터전이다
그 안에 지옥을 천국으로,
천국을 지옥으로 만들 수 있나니

나폴레옹과 헬렌 켈러도 밀턴의 이 말을 완전히 실증하고 있다. 나폴레옹은 인간이 일반적으로 열망하는 명예와 권력과 부귀를 얻었으나, 그러면서도 세인트헬레나에서, "나의 일생에 있어 행복했던 날은 엿새도 되지 않는다"라고 했던 것이다.

그런가 하면 장님이며 벙어리인 헬렌 켈러는 "나는 인생이라는 것이 참으로 아름답다고 생각한다"라고 단언하고 있다.

내가 반세기 동안 살아오면서 배운 것이 있다고 한다면 그것은 '인간에게 행복을 가져다주는 것은 그 자신밖에 없다'는 것이다. 이것은 바로 에머슨의 〈자신〉이라는 제명의 논문의 결론 가운데서 다음과 같이 말한 것을 내가 되풀이하는 데 불과하다.

'정치적 승리, 땅값의 상승, 병자의 회복, 또는 오랫동안 떠나 있던 친구의 귀환, 그 밖의 외부적 사건은 인간의 정신을 고양시키며 장래의 행복을 예상하게 한다. 그러나 그것을 믿어서는 안 된다. 그런 일은 결코 없다. 정말 인간에게 평화를 가져다주는 것은 자기 자신밖에 없는 것이니까.'

스토아 학파인 철학자 에픽테토스는 "육체의 종양이나 농양을 제거하기보다는 마음속으로부터 나쁜 생각을 제거하도록 힘쓰라"고 했다. 에픽테토스는 이미 19세기 전에 이런 말을 했는데, 현대 의학도 이에 동의하리라고 본다.

G 켄비 로빈슨 박사는 존 홉킨스 병원에 입원해 있는 환자의 5명 중 4명은 감정적 긴장이나 압박감이 일부 원인이 되어 일어난 질병에 시달리고 있다고 단언하고 있다. 그런데 이것은 기질성 질환에 있어서도 '결국은 생활 및 그 문제에 대한 적응 실패에 기인하고 있다'는 것이다.

프랑스의 대철학자 몽테뉴는 다음과 같은 구절을 좌우명으로 삼고 있었다.

'인간은 일어나는 일로 상처를 입는 것보다 일어나는 일에 대한 가치관 때문에 더 상처를 받는 것이다.'

그리고 일어나는 일에 대한 가치관은 우리의 마음먹기에 달려 있는 것이다.

이것은 어떤 의미인가? 당신이 고민에 시달려 신경이 바늘 끝처럼 날카로워졌을 때, 그러한 때에는 의지의 힘에 따라 정신 자세를 바꿀 수가 있을 것이라고 나는 당신에게 단언하고 있는 것일까? 그렇다, 바로 그대로이다! 그뿐만 아니라 나는 그 방법을 당신들에게 전수할 생각이다. 그러기 위해서는 노력이 필요하지만 그 비결은 지극히 간단하다.

응용심리학의 최고 권위자인 윌리엄 제임스는 일찍이 이렇게 설명하고 있다.

"행동은 감정에 따르는 것처럼 생각되고 있으나 실제로는 행동과 감정은 동시에 작용하는 것이다. 의지에 의해 직접적인 지배하에 있는 행동을 규제함으로써, 우리는 의사의 직접적 지배하에 있지 않은 감정을 간접적으로 규제할 수가 있다."

바꾸어 말하면 윌리엄 제임스는 다음과 같이 말하고 있는 것이다.

즉 우리는 '단지 결심했다는 것만으로는' 우리의 감정을 즉석에서 바꿀 수 없으나 행동을 변경할 수는 있다. 그리고 행동을 바꾸면 자동적으로 감정이 바꾸어지게 된다는 것이다.

그는 또 이렇게 말하고 있다.

"그래서 쾌활함을 잃었을 때 자력으로 그것을 되찾는 가장 좋은 방법은 이미 쾌활한 상태에 있는 것처럼 유쾌하게 말하고 또한 행동하는 것이다."

이 간단한 비결은 과연 도움이 될 것인가? 시험해보라. 얼굴 가득 미소를 띠고 어깨를 으쓱거리며 크게 숨을 들이켜 무슨 노래라도 불러보라. 만일 노래를 못하겠으면 휘파람이라도 불어라. 또 휘파람도 불지 못하면 부는 흉내만이라도 내는 것이다. 그러면 당신은 윌리엄 제임스가 한 말을 이해하게 될 것이다. 말하자면 겉으로는 대단히 행복한 듯이 행동하면서 하찮은 일을 언제까지나 고민한다는 것은 육체적으로 불가능한 것이다. 이것은 자연의 작은 기본적 진리의 하나로 우리의 모든 생활에 있어 기적을 가져오게 할 수 있는 것이다.

내 친구 중에 인디애나 주의 텔 시티에 사는 H. J. 잉글러트라는 사람이 있다. 그는 이 비결 덕분에 지금까지도 잘 지내고 있다. 그는 10년 전에 성홍열이라는 병에 걸렸었다. 그런데 그것이 낫게 되자 이번에는 신장염에 걸려 주위의 의사는 모두 찾아보았고 심지어는 '돌팔이 의사'에까지 진찰을 받았지만 도무지 완치가 되지 않았다. 그리고 얼마 안 되어 다른 병까지 겹쳤다. 고혈압까지 온 것이다. 그를 진찰한 의사는 최고혈압이 214나 된다고 했다. 의사는 그에게 '이것은 치명적이다, 게다가 더 악화될 수가 있다, 서둘러 모든 일을 정리해두는 편이 좋을 것'이라는 충고를 했다.

그는 그때의 심정을 이렇게 말하고 있다.

나는 집에 돌아와서 보험료가 제대로 불입되어 있는지를 확인했다. 신에게 나의 죄를 참회했다. 그리고 우울한 명상에 잠겼다. 나는 집안 식구들을 모두 슬픔에 잠기게 했다. 아내와 자식들도 실로 처참한 지경이었고, 나 자신도 완전히 침울해졌다. 그러나 1주일가량 자기 연민에 잠긴 뒤, 나는 나 자신에게 이렇게 타일렀다. '너는 참 못나기도 했구나! 아직도 1년쯤은 더 살지 모르는데 어쩌자고 살아 있는 동안에 즐기려 하지 않는가?'

나는 어깨를 펴고 얼굴에 미소를 머금고 만사가 순조롭다는 듯이 보이려고 했다. 물론 처음에는 어쩐지 어색했으나 점차 쾌활하게 행동할 수 있었다. 이로써 가족들도 구할 수 있었지만 나 자신도 구원을 받았던 것이다.

우선 나는 처음에 그렇게 생각을 가지려고 했던 것 이상으로 기분이 좋아진 것을 느꼈다. 그러자 나의 병세는 하루하루 차도를 보여 몇 개월 후에는 무덤 속에 잠들었어야 했을 내가 완전히 건강해져서 행복하게 살고 있을 뿐만 아니라 혈압도 내려갔던 것이다. 여기에서 나는 하나의 뚜렷한 사실을 알게 되었다. 그것은 다름이 아니라 내가 고민만 하다가 끝내는 기력을 잃고 '에라 모르겠다'고 하였더라면 의사가 말한 대로 되었을 것이 틀림없다는 것이다. 그러나 나는 정신 자세를 바꿈으로써 나의 몸을 스스로 고칠 수 있는 기회를 만들었던 것이다.

그럼 여기서 한 가지 질문을 하기로 한다. 만일 우리가 단순히 쾌활하게 행동하고, 건강과 용기에 관해 긍정적으로 생각하는 것만으로 이 사람의 생명이 구해졌다고 한다면 어째서 우리는 조그마한 우울함이나 의기소침으로 언제까지나 괴로워하는가? 또 쾌활하게 행동함으로써 행복을 만들어낼 수 있는데도 불구하고, 어째서 우리는 자신뿐만 아니라 주위 사람들을 불행하게 만드는가?

오래 전에 나는 작은 책자 하나를 읽고 실로 깊은 감명을 받았다. 그것은 제임스 알렌의 〈생각나는 대로〉라는 책이었는데, 그 가운데 다음과 같은 한 구절이 있었다.

'사람이 다른 사람과 사물에 대한 자기의 생각을 바꾸게 되면, 자기 아닌 다른 사람과 사물도 그에 대한 생각을 바꾸게 된다는 것을 알게 된다. 그가 갑자기 생각을 바꾸게 되면, 그는 그것이 그의 생활의 외적 조건을 급속도로 변화시키는 것을 보고 놀라는 것이다.

우리의 목적을 형성하는 모태는 우리의 내부에 있다. 따라서 인간이 이룩하는 모든 것은 그의 사고의 직접적인 결과인 것이다. 인간은 그의 사고를 고양(高揚)함으로써 당당히 일어나서 정복하고 성취할 수가 있다. 그런데 만일 그 자신이 사고의 고양을 거부한다면 약하고 무시당하고 비참한 상태에 머물러 있을 수밖에 없는 것이다.'

구약성경 창세기에 의하면 신은 인간에게 전 세계의 지배권을 주었다. 이것은 실로 대단한 선물이다. 그러나 나는 그와 같은 제왕적 특권에는 흥미가 없다. 내가 바라는 모든 것은 자기 자신을 지배하는 일뿐이다. 자신의 사고에 대한 지배, 자신의 공포에 대한 지배, 자신의 마음, 자신의 영혼에 대한 지배인 것이다. 그리고 단순히 자신의 행동을 통제하기만 한다면 그것은 자신의 반응을 억제하는 것도 되어, 내가 마음이 내킬 때는 언제나 이 지배를 놀랄 정도로 달성할 수가 있는 것이다. 그러므로 윌리엄 제임스가 한 다음 말을 잊지 않도록 하자.

"이른바 악의 대부분은 고민하고 있는 사람의 내면의 태도를 공포로부터 투지로 변화시킴으로써 축복할 만한 선으로 바꿀 수 있는 것이다."

우리의 행복을 위해서 싸우자.

쾌활하고 건설적인 사고의 계획에 따라 우리의 행복을 위해 싸우자. 여기 그 프로그램이 있다. 그것은 '오늘만은'이라는 타이틀이다. 나는 이 프로그램이 사람들을 고무시키는 데 대단히 도움이 된다고 생각했으므로 그 사본을 수백 부나 여러 사람에게 나누어주었다. 이것은 지금부터 36년 전에 고(故) 시빌 F. 페트릭이 쓴 것이다. 만일 우리가 그것을 실행한다면 우리 고민의 대부분을 없애고, 프랑스 사람들이 말하는 '삶의 기쁨'을 무한히 누릴 것이다.

【오늘만은】

① 오늘만은 행복하게 지내리라.

링컨은 "대부분의 사람은 자기가 행복해지려고 결심한 만큼은 행복하다"고 했는데 참으로 옳은 말이다. 사실 행복은 그 내부로부터 온다. 그것은 인간 외부의 환경문제가 아니다.

② 오늘만은 자기 자신을 현실에 적합하도록 맞추자.

사물을 자기가 바라는 대로 하려고 하지 않는다. 가족, 사업, 요행을 있는 그대로 받아들여 자신을 그것에 적합하게 맞추자.

③ 오늘만은 몸조심을 한다.

운동을 하고 몸을 아끼자. 영양을 섭취하자. 혹사하거나 무리하지 않도록 하자. 그렇게 하면 몸은 나의 명령에 따르는 완전한 기계가 될 것이다.

④ 오늘만은 자신의 마음을 굳게 한다.

무언가 유일한 것을 배워본다. 정신적으로 게으름뱅이가 되지는 않는다. 무언가 노력, 사고, 집중을 필요로 하는 책을 읽기로 하자.

⑤ 오늘만은 3가지의 방법으로 내 영혼을 운동시킨다.

남이 눈치 채지 않도록 뭔가 좋은 일을 한다. 윌리엄 제임스가 시사하듯 수양을 위해 적어도 두 가지는 자기가 하고 싶지 않은 일을 하자.

⑥ 오늘만은 상냥하게 지낸다.

될 수 있는 대로 활발한 것처럼 하고, 되도록 잘 어울리는 옷을 입고, 조용히 이야기하고, 예의바르게 행동하며, 아낌없이 남들을 칭찬한다. 그리고 남을 비판하지 않고, 무슨 일이나 남의 험을 찾지 말고, 남을 훈계하거나 꾸짖지 않기로 하자.

⑦ 오늘만은 오늘 하루만을 살아내기로 하자.

인생의 온갖 문제와 한꺼번에 맞붙으려고 하지 말자. 일생을 두고 도저히 감당할 수 없을 만한 문제일지라도 12시간에 해 치워버리자.

⑧ 오늘만은 하루의 프로그램을 작성해보자.

시간마다 해야 할 일을 써두기로 하자. 비록 그대로는 되지 않을지도 모르지만, 어쨌든 해본다. 성급함과 꾸물거림을 제거할 수 있을지도 모르니까.

⑨ 오늘만은 반시간 동안은 혼자서 조용히 휴식할 시간을 가져본다.

그 동안에 때로는 하나님을 생각한다. 자신의 인생에 대한 올바른 인식을 얻을 수 있을 테니까.

⑩ 오늘만은 두려워하지 않기로 하자.

특히 행복해지는 일, 아름다움을 즐기는 일, 사랑하는 일, 내가 사랑하는 이들이 나를 사랑하고 있다고 믿고 두려워하지 않기로 하자.

> 그러므로 평화와 행복을 위한 정신 자세 제1 법칙
> 우리의 마음을 평화와 용기와 건강과 희망으로 가득 채우자.
> '우리 인생은 우리의 사고가 만든다.'

## 2. 보복은 더 큰 괴로움을 가져온다

여러 해 전에 내가 옐로스톤 파크를 여행했을 때의 일이다. 어느 날 밤 나는 다른 여행객들과 함께 소나무며 가문비나무가 울창한 산림을 바라볼 수 있는 야외에 앉아 있었다. 그러자 조금 뒤 우리가 구경하고 싶어서 기다리던 동물, 이 숲 속의 공포인 큰 회색 곰이 휘황찬란하게 빛나는 등불 앞에 그 모습을 나타내고 호텔 식당에서 버려진 듯한 음식 찌꺼기를 먹기 시작했다.

산림 감독인 마틴 소령은 말 위에서 이 광경을 보고 흥분한 여행객들에게 곰에 대한 이야기를 했다. 그의 말에 의하면 회색 곰은 서부의 다른 어떤 동물보다도 강하며, 이것과 맞설 수 있는 상대는 들소와 코디악 곰 정도라는 것이었다.

그런데 그날 밤 나는 회색 곰이 숲 속에서 나온 어떤 한 짐승에게만은 잠자코 먹을 것을 나누어 주는 광경을 보았다. 그 짐승은 스컹크였다. 곰은 그 앞발로 한 번만 차면 스컹크를 해치울 수가 있다는 것을 알 텐데도 어째서 그렇게 하지 않았을까?

그러나 곰은 그것이 별로 이롭지 못하다는 것을 경험으로 알고 있기 때문이다. 나는 그것을 알고 있다. 나는 어렸을 때 미주리 주의 농장에서 네 발 달린 곰을 덫으로 잡은 적이 있다. 또 내가 어른이 된 뒤에는 뉴욕 시내에서 가끔 두 발 달린 스컹크를 본 적 있는데, 어쨌든 나의 쓰디쓴 경험에 의하면 양쪽 다 그것들을 건드리면 손해라는 것을 알고 있다.

사실 우리가 적을 증오하게 되면 적에게 힘을 주는 것이 된다. 그것은 우리의 수면, 식욕, 혈압, 건강, 행복에 관한 힘인 것이다. 우리의 적은 그들이 우리를 괴롭히고 있다는 것, 우리에게 보복하고 있다는 것을 안다면 껑충거리며 기뻐할 것이 틀림없다. 말하자면 우리의 증오는 조금도 그들에게 상처를 주지 않고 우리 스스로에게 주야로 지옥과 같은 고통을 맛보게 하고 있는 것이다.

"만일에 어떤 이기적인 사람이 당신에게 골탕을 먹이려 든다면 그 사람과 상대하지 않는 것이 상책이다. 그러나 보복을 하려 해서는 안 된다. 보복을 하려 든다면 상대편에게 상처를 주기보다는 오히려 자기 자신에게 상처를 입히게 되는 것이다."

이 말은 몽상적 이상주의자의 소리라고 생각될지 모르나 그렇지 않다. 밀워키 경찰청에서 발간한 〈경찰 회보〉에 실려 있던 것이다.

보복은 어떻게 당신에게 상처를 주는 것일까? 거기에는 여러 가지 방법이 있다. 잡지 〈라이프〉에 의하면 그것은 건강까지도 해롭게 만드는 수가 있다고 한다.

'고혈압에 시달리는 사람들의 개인적 특성의 하나는 원한이다. 원한이 만성화하게 되면 만성적인 고혈압과 심장병을 일으킨다.'

그러므로 예수가 "너의 원수를 사랑하라"고 한 말은 단순히 올바른 도덕성만을 설명한 것이 아니라 20세기의 의학까지도 설명하고 있는 것이다. 그가 "일곱 번씩 70번까지도 용서하라"고 말했을 때

바로 그는 우리에게 고혈압, 심장병, 위암, 스트레스 등의 예방법에 관해 이야기했던 것이다.

실제로 수년 전에 워싱턴에 있는 어느 레스토랑의 주인은 노여움의 발작 때문에 죽었다. 그 실제적 증거로서 워싱턴의 스포컨 경찰청장 제리 스워타웃 씨의 편지 내용 중에 다음과 같은 부분이 있다.

'몇 년 전 카페를 경영하던 윌리엄 퍼케이버(68세)라는 사람은 요리사가 자신의 받침접시를 사용해 커피를 마시는 데 화가 치밀어 그것이 원인이 되어 죽었다. 그는 너무 화가 나서 권총을 들고 요리사를 쫓아가다가 총을 손에 든 채 심장마비로 쓰러졌던 것이다. 그런데 검시관은 노여움의 발작에 의한 심장마비사라고 단정했다.'

예수가 '너의 원수를 사랑하라'고 한 것은 어떻게 해야 우리의 얼굴 모양을 아름답게 할 수 있는가에 대해서도 말한 것이다. 나는 물론 여러분도 증오와 원한 때문에 주름살이 많아지고 굳어진 얼굴을 하고 있는 부인들을 알고 있다. 그리고 전 세계의 어떤 미용술도 관용과 친절과 애정의 정신이 만드는 용모보다 더 아름답게 하지 못할 것이다.

증오는 음식을 맛보는 능력까지도 파괴한다. 성서에는 이렇게 씌어 있다. '사랑을 곁들인 가난한 야채 요리는 증오에 가득 찬 기름진 고기 요리보다 낫다.'

우리의 적은 우리가 그들에 대한 증오로 지치고 신경쇠약이 되며, 얼굴 모습이 험악해지고 심장병에 걸려 생명까지도 위태롭게 하고 있다는 사실을 안다면 얼마나 기뻐할 것인가. 비록 우리가 원수는 사랑할 수 없다 할지라도 우리 자신을 사랑할 수는 있지 않은가. 우리의 적에게 우리의 행복, 건강, 용모의 지배권을 내주지 않을 만큼은 자기 자신을 사랑해야 될 것이다.

셰익스피어는 이렇게 말했다.

"원수를 갚으려고 너무 적의를 태우지 말라. 그 불에 너 자신이 먼저 타는 수가 있다."

우리는 원수를 사랑할 만한 성자는 아닌지도 모른다. 그러나 적어도 우리 자신의 건강과 행복을 위해 원수를 용서하고 잊어 버리기로 하자. 그것이 바로 현명한 생각인 것이다.

공자는 말했다.

"도둑맞거나 모욕당하거나 하는 것은 그것을 잊어버리면 아무것 도 아닌 일이다."

나는 언젠가 한 번 아이젠하워 장군의 아들인 존에게 그의 아버지 가 남을 원망한 적이 있었느냐고 물어보았다. 그러나 그는 "천만에 요, 아버지는 자기가 싫은 사람들에 관한 일을 생각할 시간이 단 1분도 없으십니다"라고 대답했다.

옛말에 '성낼 줄 모르는 사람은 바보, 성내지 않는 사람은 현명하 다'는 말이 있다. 전에 뉴욕 시장을 지냈던 윌리엄 잭 게이너의 정책 이 바로 그것이었다.

그는 적색 신문의 심한 비판을 받은 후 어떤 미치광이에게 저격되 어 하마터면 목숨을 잃을 뻔했다. 그는 병상에 누워 생명을 위해 싸우면서 이런 말을 했다.

"매일 밤 나는 세상의 온갖 일과 모든 사람을 용서한다."

이 말은 한낱 이상주의에 불과한 것일까? 아니면 유화와 너그러움 이 지나친 것일까? 만일 그렇다면 〈염세주의의 연구〉의 저자인 독일의 철학자 쇼펜하우어의 의견을 들어보기로 하자. 그는 인생을 가리켜 무익하고 끝없이 괴로운 경험이라고 했다. 그가 길을 걷게 되면 마치 우울함이 그의 몸에서 뚝뚝 떨어지는 것 같았다. 더욱이 쇼펜하우어는 그의 절망의 밑바닥에서 이렇게 외치고 있다.

"가능한 한 누구에게나 원한을 품어서는 안 된다."

나는 전에 윌슨, 하딩, 쿨리지, 후버, 루스벨트, 트루먼 등의 여섯 대통령이 신임한 고문이었던 버나드 바루치에게 지금까지 정적(政敵)의 비난 때문에 고민한 적이 있느냐고 물어보았다.

"아니오, 아무도 나에게 무안을 주거나 골탕을 먹일 수는 없어요. 애당초 그렇게 하도록 만들지 않으니까요."

우리 역시 애당초 그렇게 하도록 만들지 않는다면 우리도 골탕을 먹거나 난처해질 까닭이 조금도 없는 것이다.

몽둥이나 돌은 나의 뼈를 부러뜨릴 수가 있다. 그러나 말로는 결코 나에게 상처를 줄 수 없다.

예부터 인간은 자기의 적에 대해 아무런 악의를 품지 않는 예수와 같은 사람에게 존경을 바쳐왔다. 나는 가끔 캐나다의 재스퍼 국립공원을 찾아가 서양에서 가장 아름답다는 이 산경(山景)을 바라본 일이 있다. 이 산은 1915년 10월 12일 독일의 총살대 앞에서 성인처럼 죽어간 영국의 간호사 에디스 카벨의 이름을 따서, '마운트 카벨'이라고 명명되어 있다. 그러면 대체 그녀는 어떠한 죄를 저질렀던가?

그녀는 벨기에의 집에서 영국과 프랑스 부상병을 간호하고 식사를 제공하고, 그들을 도와 네덜란드로 도망하게 했던 것이다. 그

운명의 10월 어느 날 아침, 브뤼셀의 군사 교도소 내의 감방으로 영국인 종군 목사가 찾아와서 그녀에게 죽음의 준비를 하라고 했을 때, 에디스 카벨은 다음과 같은 말을 했다. 이 말은 지금도 동판과 돌에 새겨져 있다.

'나는 애국심만 가져서는 안 된다는 것을 절실히 느꼈습니다. 나는 누구에게나 증오를 품지 않으렵니다.'

그로부터 4년 뒤 그녀의 유해는 영국으로 옮겨져 웨스트민스터 사원에서 추도식이 거행되었다. 나는 얼마 전 런던에서 1년 동안 머물렀다. 그때 나는 국립 초상화 미술관을 향해 서 있는 그녀의 동상 앞에 서서 화강암에 새겨져 있는, 후세에까지도 오래 남아 있는 그녀의 명언을 읽었던 것이다.

'나는 애국심만 가져서는 안 된다는 것을 절실히 느꼈습니다. 나는 누구에게나 증오를 품지 않으렵니다.'

우리의 원수를 용서하고 잊는 확실한 방법은 자기보다도 무한히 큰 어떤 대의(大義)에 몰두하는 일이다. 그렇게 하면 우리가 당하는 모욕이라든가 적의는 아무런 문제도 안 된다. 왜냐하면 우리는 우리의 대의 이외의 온갖 것에는 마음을 두지 않게 되기 때문이다.

이를테면 1918년 미시시피의 솔밭 속에서 일어난 극히 극적인 사건이 있었는데 그것은 린치였다. 즉 로렌스 존스라는 흑인 목사 겸 교사가 처참한 린치를 당하게 되었던 것이다. 수년 전 나는 이 로렌스 존스가 창립한 파이니 우드 컨트리 스쿨을 찾아가 학생들에게 강연을 한 적도 있다. 그 학교는 오늘날 전국적으로 알려져 있지만, 내가 말하고자 하는 사건은 훨씬 전의 일이다.

모든 사람들의 신경이 곤두서 있던 제1차 세계대전 중에 일어난 일이다.

미시시피 중부 지방에서 독일 사람이 흑인을 선동하여 반란을 일으키려 한다는 소문이 퍼졌다. 그리고 마침내 린치를 당할 상황에 놓여 있는 로렌스 존스가 바로 그 장본인이라는 것이다. 목사가 그의 교회 앞에 모여 있는 군중을 향해 다음과 같이 외치고 있을 때 한 무리의 백인들도 있었다.

"인생은 투쟁이다. 그러므로 모든 것을 이겨내고 살아가기 위해 우리 흑인은 모두 갑옷으로 무장하고 용감하게 싸워야만 한다."

'싸우자!' '갑옷!' 이 말만 들어도 충분하다고 단정해버린 흥분한 백인 청년들은 밤의 어둠을 타 폭도를 동원하여 교회로 되돌아와서 목사의 목에 밧줄을 감았다. 그들은 목사를 1마일이나 끌고 가서 장작더미 위에 세워놓고 성냥에 불을 붙여 그를 달아매 태워 죽일 준비를 했다. 그런데 이때 누군가가 "태워 죽이기 전에 그 괘씸한 설교나 하게 하자. 자아, 떠들어 봐라! 어서!" 하고 소리쳤다.

로렌스 존스는 장작더미 위에 서서 목에 밧줄을 감은 채 그의 생명과 대의를 위해 연설했다. 그는 일찍이 1907년에 아이오와 대학을 졸업했다. 그의 훌륭한 성품, 학업 성적, 음악적인 재능은 학생들과 교수들 사이에 인기가 있었다. 그가 졸업했을 때 어떤 호텔업자가 그에게 일자리를 제공해 주었으나 그는 이것을 거절했다. 또 어떤 재력가는 음악 공부를 위한 학비를 대주겠다고도 했지만 이것 역시 사양했다. 왜냐하면 그는 자기 나름의 어떤 '꿈'을 간직하고 있었기 때문이다. 그는 부커 T. 워싱턴의 전기를 읽고 감명을 받아 자기도 가난에 허덕이고 있는 몽매한 동포들의 교육을 위해 일생을 바치려고 결심했던 것이다.

그래서 그는 남부에서도 가장 벽지인 미시시피 주 잭슨 남쪽 40킬로 지역으로 갔다. 그는 회중시계를 1달러 65센트에 저당 잡혀 숲 속의 빈터에 나무 그루터기를 책상 대신으로 하여 학교를 시작하여 오늘에 이르렀던 것이었다.

로렌스 존스는 죽음을 눈앞에 두고 자기에게 린치를 가하려고 기다리는 흥분한 군중에게, 그가 배우지 못한 어린 소년 소녀들을 가르쳐 선량한 농부로, 혹은 직공으로, 요리사로, 가정부로 훈련시키기에 얼마나 있는 힘을 다해 노력하였는가를 이야기했다. 또 그는 파이니 우드 컨트리 스쿨을 창립해 보겠다고 애쓰는 자기를 도와준 백인들을 비롯하여 그의 교육 사업의 육성을 돕기 위해 토지, 목재, 가축, 현금 등을 기부해준 수많은 백인들의 공헌에 대해서도 이야기했다.

뒷날 로렌스 존스는 이렇듯 길바닥으로 자신을 끌고 다녔을 뿐만 아니라, 달아매어 태워 죽이려 했던 사람들을 증오하지 않느냐는 질문을 받았을 때, 자기는 대의로 머리가 가득 차 있었기 때문에, 다시 말해 자신보다 더 큰 일에 몰두했기 때문에 남을 미워할 겨를 따위는 없었다고 대답했다. "나에게는 남들과 다툴 겨를이 없습니다. 아무도 나를 미워하지 않고는 못 견딜 정도로 나를 굴복시킬 수는 없습니다."

폭도들은 로렌스 존스가 그 자신을 위해서가 아니라 대의(大義)를 위해 진심에서 우러나오는 감동적인 열변으로 호소하는 것을 듣고 차츰 누그러지기 시작했다. 그러자 군중 속에서 전에 남군의 병사였던 자가 이렇게 말했다

"저 사람의 말은 사실인 것 같다. 지금 말한 백인들은 모두 내가 알 만한 사람이다. 저 사람은 훌륭한 일을 하고 있는데 우리가 오해한 거야. 죽인다는 것은 당치 않은 일, 마땅히 도와주어야 한다."

그리고 이 노병은 모자를 벗어 돌려 파이니 우드 컨트리 스쿨의 창립자를 불태워 죽이겠다고 모였던 사람들로부터 52달러의 기부금을 거두었다.

'나에게는 남들과 다툴 겨를이 없다. 후회할 틈도 없다. 아무도 나를 미워하지 않고는 못 견딜 정도로 나를 굴복시킬 수는 없다'라고 말했던 사람을 위해 모금을 한 것이다.

에픽테토스는 이미 19세기 전 옛날, "우리는 스스로 뿌린 대로 거둬들이며 운명이란 것은 우리가 저지른 악행에 보복을 가져다준다"고 지적했다. 즉 그의 말을 빌리면 다음과 같다.

"결국 인간은 자신의 잘못에 대해 보상해야만 한다. 이 사실을 아는 사람은 아무에게도 화내지 않으며, 아무에게도 분개하지 않으며, 아무에게도 욕하지 않으며, 아무에게도 화나지 않으며, 아무에게도 미워하지 않을 것이다."

아마 미국 역사상에서 링컨만큼 욕을 먹고, 미움을 받고, 또 배반을 당한 사람도 없을 것이다. 그러나 링컨의 대표적인 전기인, 하든이 쓴 전기에 의하면 '링컨은 결코 좋고 나쁜 것으로 사람을 판단하지 않았다. 어떤 일을 꼭 해내야만 했을 경우, 그는 자기의 정적도 그렇게 하리라는 것을 알고 있었다. 어떤 사람이 자기에게 악의를 품고 못마땅하게 행동했을 경우에도 어떤 지위에 적합한 인물이라면, 링컨은 친구나 다름없이 그를 대뜸 그 자리에 앉게 했다. 나는 그가 자기의 정적이라거나 그에게 반감을 가졌다거나 해서 인사 조치를 한 적은 한 번도 없었다고 생각한다'고 하였다.

링컨은 그가 정부 요직에 임명했던 많은 사람들-맥클레란, 시워드, 스탠튼, 체이스 등으로부터 탄핵받고 모욕당했다. 그럼에도 불구하고 하든의 전기에 의하면 링컨은 다음과 같이 말했다는 것이다.

"인간은 그가 어떤 일을 하였다고 칭찬받거나, 또한 하지 않았다고 비난받을 것도 없다. 왜냐하면 인간은 조건, 환경, 교육, 습관 등을 비롯하여 현재로부터 미래에 걸쳐 인성이 형성되는 한낱 유전자의 소산에 불과하기 때문이다."

링컨의 이 말은 옳다고 본다. 만일 우리가 적과 동일한 육체적, 정신적, 감정적 특질을 가지고 태어났다면, 그리고 만일 우리의 적도 우리와 마찬가지로 살아가고 있다면 우리는 확실히 그들과 똑같이 행동했을 것이다. 그렇게 하지 않을 수 없었을 것이다. 수우 족 토인들의 기도인, "오오, 위대한 신이여, 내가 2주일 동안 상대방의 가죽 신을 신어볼 때까지는 그를 판단하거나 비판하지 않도록 나를 지켜 주소서" 라는 말에 동조할 만한 너그러움을 갖고 싶다. 그러므로 우리는 원수를 미워하기보다는 우리가 바로 그들이 아닌 것을 신에게 감사해야 할 일이다. 우리는 모름지기 원수에게 비난과 원한을 퍼붓는 대신 이해와 동정, 원조와 관용, 기도를 베풀어야 할 것이다.

나는 매일 밤 성서의 1절을 읽든지 성구의 일부를 외우고 나서 식구들이 모두 무릎을 꿇고 '가정의 기도식'을 올리는 집안에서 자라났다. 나는 지금도 아버지가 외롭고 적적한 미주리 주의 농장에서 다음과 같은 예수의 말씀을 되풀이하던 것을 확실히 기억하고 있다.

"너희의 원수를 사랑하고, 너희를 저주하는 이들에게 은혜를 베풀며, 너희를 미워하는 이를 위해 좋은 일을 베풀며, 너희를 괴롭히고 나무라는 이들을 위하여 기도하라."

나의 아버지는 이러한 예수의 말씀을 몸소 실천하려고 애썼다. 이는 당신의 마음에 제왕이나 군주가 얻을 수 없었던 마음의 평화를 가져다주었다.

그러므로 평화와 행복을 위한 정신 자세 제2 법칙
적에 대해 보복하려 해서는 안 된다. 적을 상하게 하는 것보다 더 많이 자기 자신을 상하게 하는 결과가 되기 때문이다. 아이젠하워가 말했듯이 자기가 싫어하는 사람의 일 따위를 생각하는 데는 단 1분도 허비하지 말라.

# 3. 은혜를 모르는 사람에게 화가 날 때

나는 최근 텍사스에서 은혜를 모르는 사람에게 분개하는 어떤 실업가를 만났다. 그를 만나면 불과 15분도 되기 전에 틀림없이 그 이야기를 듣게 될 것이라는 말을 들었는데 과연 그러했다. 그 사건이란 벌써 11개월 전의 일이었는데, 그는 아직도 화가 나 있었다. 나를 만나서도 그 이야기뿐이었다. 그는 35명의 직원들에게 크리스마스 보너스로 평균 3백 달러씩이나 주었는데도 누구 하나 고맙다는 인사가 없었다고 화를 내는 것이다.

"그럴 줄 알았다면 한 푼도 주지 말걸 그랬어!" 하고 그는 노발대발했다.

'성난 자에게는 독이 가득하다'라고 공자도 말했지만, 그 사람은 온 몸에 독이 가득했기 때문에 나는 오히려 그가 불쌍하게 보였다. 그는 이미 끝나버린 일에 대해 한탄하고 괴로워함으로써 남은 수명의 근 1년을 허비해버린 것이다. 어쨌든 나는 그가 측은해 보였다.

그는 원한과 자기 연민에 빠지는 대신 어째서 감사를 받지 못했는가 스스로에게 물었어야 했을 것이다. 그는 직원들을 싼 급료로 혹사해왔는지도 모른다. 또는 그들은 크리스마스 보너스를 선물이라 생각하지 않고 급료의 일부라고 생각했는지도 모른다. 그렇지 않으면 사장이 너무나 잔소리가 많기 때문에 가까이하기가 거북스러워 고맙다는 인사를 망설였거나 또는 잊었는지도 알 수 없다. 또한 어차피 세금으로 바치게 될 테니까 내놓은 것이라고 생각했을지도 모른다.

어쩌면 직원들이 이기적이고 비열하며 무례했는지도 모른다. 어쨌든 누가 옳고 그른지는 아무도 모른다. 그러나 나는 사무엘 L. 존슨 박사가 '감사하는 마음은 교양의 결실이다. 비천한 사람에게는 찾아볼 수 없다'라고 말한 것을 알고 있다.

내가 말하고 싶은 것은 바로 이 점이다. 이 사람은 감사를 바라는, 인간에게 흔히 있기 쉬운 과오를 범했던 것이다. 말하자면 그는 인간의 본성을 잘 알지 못했던 것이다.

만일 당신이 어떤 사람의 생명을 구했다고 하자. 그러면 당신은 그 사람으로부터 감사받기를 기대할 것인가? 아마도 당신은 그럴 것이다. 유명한 형사사건 변호사였던 사무엘 라이 보위츠는 판사가 되기 전까지 78명의 피고를 전기의자로부터 구해냈다. 그러나 그 중에서 몇 사람이나 그에게 고맙다는 인사를 했으며, 몇 사람이나 크리스마스카드를 보내왔으리라고 생각하는가? 한 번 알아맞혀 보라. 그렇다, 한 사람도 없었다.

예수는 어느 날 오후 열 사람의 나병 환자를 치료했다. 그런데 그 중에서 몇이나 그분에게 사례를 했는가. '누가복음'을 보면 단 한 사람뿐이었다. 예수가 그의 제자들에게 "다른 아홉 사람은 어디 있는가?" 하고 물었을 때, 그들은 모두 떠나고 없었다. 한마디의 인사도 없이 가버렸던 것이다. 여기서 나는 당신에게 묻겠는데, 앞에서 말한 텍사스의 실업가나 우리가 행한 사소한 친절에 대해 예수가 받은 것 이상의 감사를 기대해도 좋겠는가?

그런데 이것이 금전상 문제가 되면 더욱 기대하기 어렵다.

만일 당신이 어떤 친척에게 백만 달러를 주었다고 한다면, 당신은 그 사람으로부터 치하받기를 기대할 것인가? 앤드루 카네기의 경우를 보자. 만약 카네기가 다시 이 세상으로 살아 돌아온다면, 그는 이 친척이 자기를 헐뜯는 것을 보고 기겁을 했을 것이다. 왜냐하면 카네기는 자선사업에는 3억 달러씩이나 기부를 하면서도 그에게는 겨우 1백만 달러라는 하찮은 돈밖에는 주지 않았다고 하는 것이 이 친척이 하는 불평인 것이다.

무슨 일이나 다 이렇다. 인간성은 언제나 이런 것이며 우리가 살고 있는 동안 그것을 바꿀 수는 없을 것이다. 그러므로 이를 받아들이는 수밖에 없지 않겠는가. 일찍이 로마 제국을 통치한 최대 현인(賢人) 마르쿠스 아우렐리우스처럼 우리는 어째서 현실적이 못 되는가. 그는 그의 일기에 다음과 같이 쓰고 있다.

'나는 오늘 지나치게 말이 많은 사람, 이기적이고 자기중심적이며 은혜를 모르는 사람을 만나려 하고 있다. 그러나 나는 별로 놀랍지도 않고 불안하지도 않다. 왜냐하면 이런 사람이 없는 세상은 상상할 수 없으니까.'

이것은 맞는 말이다. 만일 우리가 은혜를 모르는 사람에 대해 계속해서 불평을 말한다면 대체 그것은 누구의 죄인가. 그것은 인간성의 죄일까, 아니면 인간성에 대한 무지인가? 어쨌든 감사를 기대해서는 안 된다. 이와 같이 한다면 간혹 조금이라도 감사를 받게 될 때 그것은 놀라운 기쁨이 될 것이고, 또 우리가 감사를 받지 않더라도 별로 화가 나지 않을 것이다.

여기에 내가 이 장에서 밝히려고 하는 제1 포인트가 있다. 즉 인간이 감사하는 마음을 잊는 것은 자연스러운 일이다. 그러므로 감사를 기대하여 마음을 괴롭히는 일은 스스로 마음 아프기를 바라는 것이 된다.

나는 뉴욕에 사는 한 부인을 아는데, 그녀는 언제나 고독하다고 호소하며 불만을 털어놓았다. 그런데 그녀의 친척은 아무도 이 여자에게 가까이 가지 않는다. 그것은 당연한 일이다. 그녀는 누가 찾아가기만 하면 몇 시간이나 앉혀놓고 조카들에 관한 이야기를 늘어놓는다. 그들이 홍역이나 귀앓이나 백일해에 걸렸을 때, 그녀가 얼마나 알뜰히 간호해주었는가 하는 이야기에서부터 시작하여 여러 해 동안 그들을 양육하여 그 중의 하나를 실업학교에 보내주었다는 것, 또 한 아이는 결혼할 때까지도 도맡아서 보살펴주었다고 늘어놓는 것이다.

그렇다면 그 조카들은 그녀를 찾아오는 것일까? 물론 가끔 의무적으로 방문하기는 하지만 사실 두려워하고 있다. 왜냐하면 장시간 동안 지긋지긋하게 넋두리를 늘어놓고 불평을 털어놓으며 자기 연민을 하소연하기 때문에 그만 진저리를 내는 것이다.

그리고 조카들을 야단치거나 들볶아대는 것으로도 그들을 오게 할 수가 없게 되면 그녀가 가장 잘 쓰는 방법이 있는데, 그것은 심장 발작을 일으키는 것이다. 그러면 이 심장 발작은 사실이었을까? 물론 그렇다. 의사는 그녀의 심장 발작은 신경과민성 질환에 의한 것이라고 했다. 그녀의 발작은 정신적인 것이기 때문에 도무지 치료할 방법이 없다고 했다.

이 부인이 실제로 바라는 것은 애정과 친절이다. 그러나 그녀는 그것을 '보은(報恩)'이라고 부르고 있다. 그녀가 이것을 바라고 있는 한 결코 감사도 애정도 얻을 수 없을 것이다. 그녀는 그것을 당연한 권리라고 생각하고 있기 때문이다.

세상에는 그녀와 같은 망은(忘恩), 고독, 포기에 고민하는 부인이 허다하다. 그녀들은 오로지 애정을 구하고 있으나, 이 세상에서 사랑을 받으려면 그것을 요구하기를 그만두어야 한다. 그리고 보답을 기대하지 말고 스스로가 애정을 베풀도록 힘써야만 한다.

이것은 비현실적이며 한낱 공상적인 이상주의라고 생각할 수 있을까? 그렇지 않다. 오히려 이는 평범한 상식인 것이다. 우리가 동경하여 찾고 있는 행복을 발견하는 좋은 방법이다.

나는 우리 가정 안에서 그것이 일어나는 것을 보고 자라왔다. 가난했으나 부모님은 매년 아이오와 주 카운실 브랍스의 고아원에 돈을 기부하고 있었다. 두 분은 그 고아원에 가본 적도 없었으며, 서신 이외로는 아무에게서도 인사를 받은 적이 없었지만 충분한 보답을 받았다. 그 보답은 어린아이들을 돕고 있다는 스스로의 기쁨이었다. 그것은 아무런 보답도 바라지 않고 남에게 은혜를 베푸는 스스로의 기쁨이었다.

나의 아버지는 아리스토텔레스가 말한 이상적인 인물이 될 자격을 갖추었다고 생각한다. 행복해질 가치가 있는 분이시다. 아리스토텔레스는 이렇게 말했다.

"훌륭한 사람은 남에게 친절을 베푸는 데 기쁨을 느낀다. 그러나 남의 친절을 받은 것은 부끄럽게 여긴다. 왜냐하면 친절을 베푸는 것은 우월의 표시이며, 그것을 받는 것은 열등의 표시이기 때문이다."

이 장에서 내가 말하려고 하는 제2 포인트가 여기 있다. 만일 우리가 행복을 찾고자 하면, 감사라든가 망은이라는 것을 생각하지 않고 은혜를 베풀겠다는 마음의 기쁨을 위하여 그것을 주어야 할 것이다.

오랜 옛날부터 어버이들은 자식의 망은을 끊임없이 분개해오고 있다. 셰익스피어의 작품 속 리어 왕마저도, "은혜를 모르는 자식을 둔다는 것은 독사에게 물린 것보다 더 고통스럽다"라고 외쳤었다.

그러면 어째서 자식들은 부모에게 감사하는 마음을 갖지 않는가? 부모가 그렇게 가르쳤기 때문이 아닐까? 망은은 마치 잡초처럼 자연스러운 것이고, 감사는 장미와 같은 것이다. 감사하는 마음은 비료를 주고 물을 주며 사랑으로써 기르고 또한 보호해야만 되는 것이다.

설사 우리 자식들이 은혜를 모른다고 하자. 그렇다면 이는 누구의 책임일까?

그 책임은 우리에게 있다. 만일 우리가 남에게 감사의 뜻을 나타내는 것을 가르쳐주지 않았다면, 자식들이 우리에게 감사하기를 기대할 수 없는 것이다.

내가 잘 아는 시카고의 어떤 사람은 자기 의붓자식의 망은에 대해 불평할 자격을 갖추고 있었다. 그는 상자 제조 공장에서 일하고 있는데, 1주일에 40달러를 버는 것이 고작이었다. 그러던 차에 그는 어떤 미망인과 결혼했다. 그녀는 남편을 설득시켜서 남에게 돈을 빌리게 하여 데리고 온 두 자식을 대학에 보냈다. 그는 주급 40달러로 식비, 집세, 연료비, 옷값은 물론 빚의 이자까지 치러야만 했다.

그는 이런 생활을 4년 동안이나 계속했다. 노동자처럼 일하면서도 불평 한마디 하지 않았다.

그래서 그는 감사를 받았느냐 하면 그렇지 않았다. 도리어 그의 아내와 의붓자식들은 이것을 당연한 일이라고 여겼다. 그들은 계부에게 괴로움을 끼치고 있다고는 꿈에도 생각하지 않았다. 고마워할 것이 없다고 생각했다.

그렇다면 대체 누가 나쁜가? 의붓자식? 그렇다. 그러나 어머니쪽이 훨씬 더 비난받아야 한다. 그녀는 자식들의 장래에 채무를 느끼는 마음을 갖게 하는 것을 수치스럽다고 생각했다. 그들로 하여금 채무를 지고 출발하게 하고 싶지 않았던 것이다. 그녀는 자식에게 "너희를 대학에 보내주시다니 아버지는 참 고마운 분이다"라는 말을 하지 않고, "그런 일쯤은 당연한 것이란다" 라는 듯이 말했던 것이다. 그녀는 자기로서는 자식들을 무척 사랑한다고 생각했겠지만, 실제로는 자식들에게 세상이 자기들의 생활을 보장할 의무가 있다는 위험한 생각을 심어주어, 이렇듯 험준한 인생 항로에 내보냈던 것이다. 이것은 참으로 위험한 생각이었다. 두 아들 중의 하나는 고용주로부터 돈을 횡령하려다가 마침내 교도소로 가는 몸이 되고 말았다.

우리는 자식들의 장래가 가정교육에 달려 있다는 것을 잊어서는 안 된다. 이를테면 미네아 폴리스에 사는 나의 이모 바이올라 알렉산더는 자식의 망은에 대하여 불평을 말할 만한 이유가 전혀 없는 부인의 한 예였다.

내가 어렸을 때 이모는 자기의 친정어머니를 봉양하기 위해 자기 집으로 모셔왔으며, 또 시어머니도 한 집에 계시게 하였다. 나는 지금도 이 두 사돈 마나님들이 이모네 집 난롯가에 앉아 있던 모습이 눈에 선히 떠오른다.

그런데 이 두 분은 이모에게는 '귀찮은 존재'가 아니었을까? 때로는 그랬을 것이라고 생각한다. 그렇지만 이모는 그런 내색을 보인 적이 없다. 이모는 그분들을 사랑했다. 그래서 그분들의 응석을 받아 주고 마음 편하게 해드렸다. 더구나 이모께서는 자신의 아이가 여섯 명씩이나 있었는데, 자기가 특히 어떤 좋은 일을 한다는 생각은 조금도 갖고 있지 않았다. 이모는 자기가 두 노인을 맡은 것은 오로지 당연한 일이고, 올바른 일이며, 하고 싶기 때문에 했을 뿐이었다는 것이다.

그런데 지금까지 이모는 어떻게 살아오셨는가. 그분은 벌써 20년 남짓 미망인 생활을 하고 있다. 슬하의 다섯 자녀들은 저마다 독립하여 그 어머니를 서로 모시겠다고 다투고 있다. 이것이 본 때문이었을까. 어림없는 말이다. 그것은 사랑, 순수한 사랑인 것이다. 즉 이 자녀들은 어린 시절부터 아름다운 온정과 따뜻한 인간애의 분위기 속에서 자랐다. 그러므로 입장이 뒤바뀐 오늘날, 그들은 애정을 반대로 베풀고 있는 것이다.

그러므로 감사하는 생각이 두터운 자식으로 기르기 위해서는 우리가 먼저 감사하는 마음을 깊이 가져야 하는 것을 잊어서는 안 된다. 옛말에도 있는 '어린이의 귀는 밝다'라는 격언을 잘 기억하여 각별히 말을 조심해야 한다. 다시 말해 아이들 앞에서는 남의 친절을 흠잡지 말아야한다. "수이가 크리스마스에 보낸 이 행주 좀 봐요. 그 애가 만든 거라는데 돈은 한 푼도 안 쓰려고 한다니까요!" 결코 이렇게 말해서는 안 된다. 그 말이 우리들에게는 대수롭지 않게 들릴지 모르나, 아이들은 이상하게 귀담아 듣는 것이다. 그러므로 이렇게 말하면 좋을 것이다.

"수이가 이것을 만드느라고 한동안 애썼겠다. 정말 여간 고맙지 않아. 고맙다는 편지를 바로 써 보내야겠다."

이렇게 말하면 아이들은 저도 모르는 사이에 칭찬과 감사하는 습관을 갖게 될 것이다.

그러므로 평화와 행복을 위한 정신 자세  제3 법칙

망은(忘恩)에 대해 원한과 고민의 감정을 갖지 말라.
① 감사할 줄 모른다고 화를 내거나 고민하기보다는 아예
기대하지 마라. 예수는 하루에 열 명의 나병 환자를
고쳐주었지만, 감사를 표한 사람은 하나뿐이었다는 것을
기억하라. 예수 이상으로 감사받기를 기대한다는 것은
무리가 아니겠는가?
② 행복을 발견하기 위한 유일한 방법은 감사를 바라지 말고,
주는 기쁨을 위해 베푸는 것이다.
③ 감사는 몸에 밴 하나의 특성이다. 그러므로 아이들에게
감사한 생각을 갖게 하기 위해서는 그것을
가르쳐주어야만 한다.

# 4. 당신 몸에 있는 것을 백만 달러에 팔겠는가?

나와 헤럴드 아보트와는 오래 전부터 아는 사이다. 그는 미주리 주 웨브 시티에 살고 있다. 그는 오랫동안 내 강연 사업의 매니저로 있었다. 어느 날 나는 우연히 캔자스 시티에서 그를 만났다. 그는 나를 미주리 주 벨턴에 있는 나의 농장까지 태워다주었는데, 그 차 안에서 나는 그에게 어떻게 하여 고민을 물리치고 있는가 물어보았다. 그때의 그의 이야기는 실로 감명 깊은 것이었다. 그때의 이야기는 이렇다.

나는 고민을 많이 했다. 그런데 1934년 어느 봄 웨브 시티의 거리를 지나다가 어떤 광경을 목격했는데 그것이 나의 고민을 한꺼번에 내쫓았었다. 그것은 불과 10초 동안의 일인데, 그 10초 동안에 나는 지금까지 10년에 걸쳐 배운 것 이상으로 어떻게 살 것인가에 대해 배웠던 것이다.

나는 2년째 웨브 시티에서 식료 잡화상을 경영했는데, 그동안에 모아두었던 돈을 전부 잃었을 뿐 아니라, 남에게 빚까지 지게 되었다. 점포는 지난주 토요일에 문을 닫아버렸고, 캔자스 시티로 일자리를 구하러 갈 여비를 빌리려고 은행에 가는 길이었다. 나의 모습은 더할 수 없이 초라했으며, 의기소침해 있었다. 그때 문득 저쪽에서 다리가 없는 사람이 오고 있는 것이 눈에 띄었다. 그 사람은 롤러스케이트용 바퀴를 단 작은 나무판자 위에 앉아서 양손에 쥔 나무토막으로 땅을 찍어 당기며 오고 있었다. 내가 그 사람의 모습을 보았을 때, 그 사람은 마침 거리를 가로질러 보도 위로 올라오기 위해 자기 몸을 들어 올리려고 애를 쓰고 있었다. 그리고 판자를 비스듬히 들어 올리는 순간 나와 눈이 마주쳤다. 그는 빙긋 웃으며 쾌활한 목소리로 나에게 인사했다. "안녕하십니까. 날씨가 좋군요." 나는 그 사람의 모습을 물끄러미 바라보는 동안, 나 자신이 얼마나 많은 은혜를 입고 있는가를 깨달았다. 나에게는 두 다리가 있다. 걸을 수도 있다. 나는 오히려 자기 연민이 부끄러웠다. 만약 이 사람이 두 다리가 없으면서도 행복하고 명랑하며 자신감을 잃지 않고 있는 것이라면, 다리가 멀쩡한 내가 그러지 못할 이유가 없는 것이다.

그렇게 생각하자 절로 용기가 생겼다. 애초 나는 은행에서 100 달러를 빌릴 생각이었지만 200 달러를 차용할 자신이 생겼다. 나는 일자리를 찾으려고 캔자스 시티로 갈 생각이라고 말할 작정이었는데, 직장을 구했기 때문에 캔자스로 가는 거라고 분명히 말했다. 그러자 은행에서는 돈을 빌려주었다. 그리고 취직을 했다. 지금 나는 다음과 같은 말을 욕실 거울에 붙여두고 있다. 그리고 매일 아침 면도할 때마다 그것을 읽고 있다.

'구두가 없어 울적해지면 길에서 만난 다리 없는 사람을 기억하라.'

〈타임〉지에 과달카날에서 부상당한 어느 병사의 이야기가 실려 있었다. 그는 포탄의 파편으로 목에 부상을 입고 일곱 번이나 수혈을 받았다.

'나는 살 수 있겠습니까?' 하고 그는 쪽지에 적어 군의관에게 보였다. 그러자 군의관은 '살 수 있습니다'라고 했다. 그는 다시 군의관에게 적어 보였다. '나는 말할 수 있게 되겠습니까?' 이번에도 대답은 '예스'였다. 그러자 그는 다음과 같이 종이에 썼다. '그럼 나는 아무 걱정을 할 필요가 없는 것 아닙니까?'

당신도 '대체 나는 무엇을 걱정하는 것인가?' 하고 반문해보라.

여기서 자신을 반성해보면 틀림없이 걱정하고 있는 일이 비교적
별 것도 아닌 무의미한 일임을 알게 될 것이다.

우리 인생에 있어 거의 90퍼센트의 일은 문제가 없고, 나머지
10퍼센트는 문제가 있다. 그러므로 만일 우리들이 행복하기를 바란
다면, 90퍼센트의 문제가 없는 일에 마음을 집중하고, 10퍼센트의
문제가 있는 일을 무시하면 된다. 만일 우리가 고민하여 위궤양에
걸리고 싶다면, 마음을 10퍼센트의 문제가 있는 일에 집중시켜서
문제가 없는 90퍼센트 일을 무시하면 되는 것이다.


영국 크롬웰 시대의 많은 교회에는 '생각하고 또 감사하라'라는
말이 새겨져 있어 단순하게 문제를 처리함을 강조하고 있다.
우리는 감사해야만 할 온갖 것을 생각하고, 주어져 있는 은혜와 자비
에 대해 하나님께 감사드려야 할 것이다.

〈걸리버 여행기〉의 저자 조나단 스위프트는 영문학 사상 가장
철저한 염세주의자였다. 그는 이 세상에 태어난 것을 비관하여 생일
날에는 상복을 입고 단식을 했다. 그러나 결국 그도 쾌활함과 행복이
라는, 인간에게 건강을 주는 힘에 대해서는 찬미했다.

"세계에서 제일가는 의사는 닥터 식사, 닥터 평온, 닥터 명랑이다"

우리는 우리가 소유하고 있는 알리바바의 부보다 더 큰 재보에
대해 주의를 기울임으로써 하루 종일 '닥터 명랑'의 봉사를 공짜로
받을 수가 있다. 당신은 두 눈을 1,000만 달러에 팔겠는가? 두 다리
를 무엇과 바꾸겠는가? 당신의 손은? 청력은? 자식들은? 가족은?
모든 재보를 집계해보라. 그러면 당신은 록펠러나 포드, 모건 가문의
재산 전부를 준다 해도 당신이 가진 것을 팔려고 생각하지 않는다는

것을 알게 될 것이다.

그러나 우리는 이러한 모든 것들의 진가를 인정하느냐 하면 그렇지 못하다. 쇼펜하우어는 이렇게 말했다.

"우리는 이미 가지고 있는 것에 대해서는 조금밖에 생각하지 않고 언제나 없는 것만 생각한다."

이 말 그대로 '가지고 있는 것에 대해서는 조금밖에 생각하지 않고 없는 것만 생각하는' 경향은 이 세상에서 최대의 비극이다. 이것이 아마 역사상에 있었던 온갖 전쟁과 질병 이상으로 인간에게 불행을 가져오게 했을 것이다.

그래서 존 팔머 씨도 '일반적인 보통 사람에서 늙어빠진 불평가'가 되어 하마터면 가정을 엉망진창으로 만들 뻔했다. 나는 직접 그에게 이야기의 자초지종을 들어서 알고 있다.

군에서 돌아오자 나는 혼자 장사를 시작했다. 나는 밤낮을 가리지 않고 일을 했으며, 처음에는 만사가 순조로웠다. 그런데 뜻밖에도 골치 아픈 일이 생겼다. 그것은 부속품과 재료를 구입할 수 없게 된 일이었다. 나는 폐업하게 될지도 모른다고 걱정했다. 그리고 지나치게 고민을 했기 때문에 남들과 같은 일반적인 보통 사람에서 늙어빠진 불평가가 되어버렸다. 난 우울해지고 예민해져서, 가정의 행복까지 망칠 뻔한 상황까지 이르렀다.

어느 날, 내 밑에서 일하고 있는 젊은 상이용사가 내게 이런 말을 했다.

"여보시오, 부끄럽지도 않으시오? 당신은 고생하는 것이 자기 혼자라고만 생각하는 모양인데 잠시 가게를 닫았다고 해서 어떻다는 겁니까. 경기가 좋아지면 다시 할 수도 있지 않소. 그래도 당신의 경우는 아직 운이 좋은 셈이오. 그런데도 늘 투덜거리는군요. 나는 당신이 부럽소. 나를 보시오. 손은 하나밖에 없고 얼굴이 절반은 총알에 날아가서 형편없소. 그렇지만 나는 불평이 없소. 당신은 늘 불평만 하다간 가게도 날아갈 테고, 건강도 가정도 친구도, 전부 잃게 되고 말 거요."

이 말에 나락으로 떨어지던 나의 마음이 멈추어졌으며, 나는 나 자신이 얼마나 행복했던가를 알게 되었다. 나는 당장에 옛날의 나로 되돌아갈 것을 결심했다. 그리고 그 결심을 실행했다.

벌써 2백 년 전에 사무엘 존슨 박사가 깨달은 교훈이 있다.

"모든 일에 있어서 가장 좋은 면을 보는 습관은 1년에 1,000 파운드의 소득보다 낫다."

이 말은 철저한 낙천주의자의 입에서 나온 것이 아니다. 20년 동안이나 불안과 누더기 옷과 굶주림에 시달리면서도 그 시대에 가장 뛰어난 문학가의 한 사람, 고금을 통해 가장 저명한 논객으로 알려졌던 사람이 한 말이다.

로건 피어설 스미스가 말한 다음의 이야기는 짧으면서도 함축성이 있다.

"인생에는 목표로 삼을 바가 두 가지 있는데, 첫째는 갖고 싶은 것을 손에 넣는 일, 둘째는 그것을 즐기는 일이다. 그런데 현명한 사람들 중에서도 가장 현명한 사람들만이 제2의 일을 성취한다."

당신은 주방에서 접시를 닦는 일일지라도 짜릿함을 즐길 수 있다는 것을 알고 싶지 않은가? 만일 그렇게 생각한다면 불굴의 용기와 감동을 느낄 수 있는 버그힐드 사알의 〈나는 보고 싶었다〉라는 책을 읽어볼 것을 권한다.

이 책은 50년 동안을 거의 장님이나 다름없이 지낸 한 부인이 집필한 작품인데, 그 부인은 다음과 같이 쓰고 있다.

'나에게는 한쪽 눈밖에 없다. 한쪽 눈도 심한 상처로 왼쪽 눈 가장자리의 작은 틈새를 통해 보는 것이다. 그러므로 책을 읽을 때는 책을 얼굴에 바싹 대고 되도록 한쪽 눈을 왼편으로 돌려대야 한다.'

그러나 그녀는 남에게 동정받기를 거절했으며, '특별 취급' 당하는 것을 거부했다. 어렸을 때 그녀는 다른 아이들과 함께 돌차기 놀이를 하는 것을 좋아했다. 그러나 그녀에게는 표적이 잘 보이지 않았다. 그래서 다른 아이들이 놀다 돌아간 뒤, 땅바닥에 엎드려 표적을 찾아 헤맸다. 그리하여 그녀는 자기들이 놀았던 땅바닥 구석구석을 모두 기억해두었다. 그러는 동안 그녀는 뜀박질을 해도 남에게 지지 않게 되었다.

한편 그녀는 집에서 책을 읽을 때 큰 활자로 된 책을 보면서도 그 페이지가 눈썹에 닿을 만큼 가까이 갖다 대야만 했다. 그러면서도 그녀는 미네소타 대학의 문학사, 컬럼비아 대학의 문학석사 학위를 땄다.

그녀는 미네소타 주 트와인 벨리의 한 작은 시골 마을에서 교사가 되었다. 그리고 마침내 얼마 뒤에는 사우스다코타 주 스우펄스에 있는 아우구스트나 칼리지에서 신문학과 문학 교수가 되었다. 그녀는 그곳에서 13년 동안이나 강의를 하였으며, 부인 클럽에 나가서는 강연을, 라디오를 통해서는 서적과 그 저자에 관해 방송했다.

그녀는 이렇게 말했다.

"언제나 내 마음속에는 완전히 장님이 되지나 않을까 하는 공포심이 잠재해 있었다. 그런데 공포를 극복하기 위해 나는 쾌활하고도 경솔에 가까울 정도의 생활 태도를 취했었다."

1943년 그녀가 52세가 되던 해에 기적이 일어났다. 그것은 유명한 마요 병원에서 수술을 받은 결과, 그녀는 지금까지보다 40배나 눈이 잘 보이게 되었던 것이다. 새롭고도 아름다운 세계가 그녀 앞에 열렸다. 이제 그녀에게는 주방에서 접시를 닦는 일마저도 몸이 으쓱거릴 만큼 즐거운 일이 되었다.

그녀는 또 이렇게 쓰고 있다.

"나는 접시 위에 하얗게 이는 비누거품을 만지작거린다. 그리고 그 속에 손을 넣어 비누거품을 떠올린다. 그런데 이것을 햇빛에 비추어 보면, 그 거품 하나하나에서 작은 무지개의 찬란한 색채를 볼 수가 있다."

그녀는 주방 개수대 위의 창문을 통해 펄펄 내리는 눈 속을 잿빛 참새가 날개를 파닥거리며 날아가는 것을 보았다고도 써놓았다. 비누거품이나 참새를 보고도 이렇듯 기쁨에 찼던 그녀는, 자기가 쓴 책의 마지막 페이지를 다음과 같은 구절로 끝맺고 있다.

"사랑하는 주여, 하늘에 계신 우리 아버지시여, 나는 당신께 감사합니다. 접시를 닦을 수 있고, 거품의 무지개가 보이니까요. 눈 속을 날아가는 참새를 볼 수 있으므로 감사합니다."

우리는 자신을 돌이켜보고 부끄러워해야 한다. 우리는 태어나서 지금까지 이처럼 아름다운 이야기의 나라에 살면서도 눈뜬장님이어서 그것이 보이지 않고 그 기쁨을 느낄 수 없는 것이다.

그러므로 평화와 행복을 위한 정신 자세 제4 법칙
괴로움을 세지 말고 축복을 세어라!

# 5. 자신을 알고 자신의 모습대로 살라

나는 노스캐롤라이나 주 마운트 에이거에 살고 있는 에디스 얼렛 부인으로부터 다음과 같은 편지를 받았다.

어렸을 때 나는 몹시 신경질적이고 부끄러움을 타는 편이었습니다. 나는 몸이 뚱뚱하고 볼이 남달리 튀어나와 한층 더 뚱뚱보로 보였습니다. 어머니는 구식이어서 옷 치장하는 일을 바보스러운 일이라고 생각하고 계셨습니다. 그래서 어머니는 늘 '큰 것은 입을 수 있어도 작으면 찢어진다'고 하시며 옷을 크게 입혔습니다.

어쨌든 나는 한 번도 파티에 가지 못했고 즐거운 일이란 없었습니다. 학교에 가서도 여러 아이들과 함께 과외 활동, 운동조차 해본 일이 없었습니다. 나는 병적일 만큼 내성적이었고, 나 자신을 남들과는 다른 존재이며 언제나 따돌림을 당한다고 생각했습니다. 나는 성년이 되어 일곱 살 위인 사람과 결혼하였지만 이러한 나의 성격은 조금도 변하지 않았습니다. 남편의 친척들은 모두 자부심이 강한 사람들이었는데, 그들은 언제나 나의 이상이었습니다. 나는 그들처럼 되어보려고 노력했지만 소용이 없었습니다. 그들이 나를 가깝게 하려고 하면 할수록 나는 더욱 기가 죽어 내 자신 속으로 움츠러들고 마는 것이었습니다.

나는 신경과민이 되었으며 걸핏하면 화를 내게 되고 친구를 피했습니다. 점점 이 증세가 심해지자 현관에서 벨 소리만 울려도 겁을 먹게 되었습니다.

나는 확실히 모자라는 바보였습니다. 더구나 남편이 이 사실을 알게 될까 걱정이었습니다. 그래서 남들이 있는 앞에서는 억지로 쾌활한 듯이 행동한 결과 연기 파잉이 되었습니다. 그리고 이런 행동을 하고 나면 한동안 비참한 생각이 들었습니다. 마침내 나는 너무 비참해져서 산다는 것이 싫어졌으며 자살까지도 생각하게 되었습니다.'

그러면 대체 무엇이 이 불행한 여인의 삶을 바꾸어놓았을까? 그것은 우연한 말 한마디였다. 얼렛 부인의 이야기는 계속된다.

우연한 말 한 마디가 인생의 전부를 바꾸어놓았습니다.
어느 날 나의 시어머님은 그동안 어떻게 자식을 길러왔는가를 이야기하던 중 이런 말을 하였습니다. "어떤 경우일지라도 자신은 자신의 모습대로 살아야 한다." 이것이 나를 돌변케 했던 것입니다. 그 순간 나는 지금까지 자신이 순응할 수 없는 테두리 속에 나 자신을 집어넣으려고 하며 자신을 불행하게 만들어왔다는 것을 깨달았습니다.

나는 그날 밤부터 나 자신이 되고자 했습니다. 그리고 나 자신의 성격을 연구하여 나를 알고자 했고, 또 자신의 장점에 대해서도 생각해보았습니다. 색채와 스타일도 연구하여 나에게 어울리는 옷차림을 하고 친구도 사귀고자 했습니다. 그리고 부인회에도 가입했는데, 발표자로서 프로그램에 내 이름이 올랐을 때는 정말 당황하기도 했습니다. 그러나 여러 차례 이야기하는 동안에 자신이 생겼습니다.

어쨌든 내가 이렇게 되기까지는 오랜 시간이 걸렸지만, 지금은 전에 상상도 못했던 만큼 행복합니다. 지금 나는 자식들을 키우는 데도 그간의 쓰라린 경험을 겪으며 배운 교훈인 "어떤 경우일지라도 자신은 자신의 모습대로 살아야 한다"는 말을 가르치고 있습니다.'

이처럼 자신의 모습대로 살아야 한다는 문제는 '역사와 함께 오래이며 마치 인간의 생명과도 같이 당연한 것이다'라고 제임스 고든 길버트 박사는 말하고 있다. 이처럼 자신의 모습대로 살아가지 못하는 것은 많은 신경증, 정신이상, 강박관념이란 잠재적 원인이 있기 때문이다.

안젤로 패트리는 아동교육에 관한 많은 저서와 논문을 발표한 바 있는데, 그는 "자기의 마음과 육체를 버리고 자기 이외의 어떤 다른 사람, 자기 이외의 무엇이 되고 싶다고 하는 사람만큼 비참한 것은 없다'라고 말하고 있다.

자기 자신이 아닌 사람이 되고 싶다는 욕망은 특히 할리우드에 만연하고 있다. 유명한 영화감독 샘 우드는 자신이 무엇보다도 힘든 일은 야심만만한 젊은 배우들에게 자기 자신이 되라고 설득하는 일이라고 한다. 그들은 모두 라나 티터의 제이인자, 클라크 게이블의 제삼인자가 되고 싶어 한다는 것이었다.

샘 우드는 이렇게 덧붙여 말하고 있다. "세상 사람들은 그러한 배우들의 특성은 이미 보았기 때문에 이번에는 그와는 뭔가 다른 것을 바라고 있다."

우드는 〈칩스 선생이여 안녕〉, 〈누구를 위하여 좋은 울리나〉 등의 영화를 감독하기 전에 오랫동안 부동산 매매업에 종사해봤기 때문에 세일즈맨으로서의 요령을 알고 있었다. 그는 실업계이든 영화계이든 사업의 요령은 하나라고 말하고 있다. 원숭이처럼 흉내를 내는 것은 아무런 도움이 되지 않는다는 것이다. 인간은 결코 앵무새가 아닌 것이다.

그리고 이렇게 말하고 있다. "내 경험에 의하면 자기가 아닌 사람으로 위장하고 있는 사람은 되도록 빨리 해고하는 편이 안전하다."

나는 최근 소코니 바큐엄 석유회사의 인사담당 이사 폴 보인트에게 취직 지망자들이 범하는 가장 큰 잘못이 무엇이냐고 물어보았다. 그가 면접한 구직자는 6만 명을 헤아리며 〈일자리를 얻는 요령〉이라는 저서까지 있으니 누구보다도 잘 알 것이다. 그런데 그는 이렇게 대답했다.

"구직자가 범하는 최대의 잘못은 자기 자신을 내세우지 못한다는 것이다. 침착하고도 솔직해야 할 사람이 면접자의 비위에만 맞는 대답을 하려고 하는 것이다."

그렇다! 이렇게 말하는 것은 도움이 되지 않는다. 아무도 야바위꾼은 원치 않으며, 위조지폐를 탐내는 사람은 없다.

시내 어느 전차 기관사의 딸은 어렵게 이 교훈을 배웠다. 그녀는 원래 가수를 지망했는데 불행하게도 용모가 시원치 않았다. 입은 너무 컸으며 게다가 뻐드렁니였다. 그래서 뉴저지 주의 한 나이트클럽에서 처음으로 노래를 부르게 되었을 때, 그녀는 윗입술로 삐져나온 이를 감추려고 하였다. 그녀는 억지로 매혹적인 제스처를 써 보였지만 오히려 우스꽝스럽게 되고 말았다. 그녀의 앞길에는 실패가 기다리고 있었다.

그런데 그 나이트클럽에서 그녀의 노래를 듣고 있던 한 신사가 그녀의 재능을 인정했다.

"여보시오, 아가씨?" 그는 퉁명스럽게 말을 걸었다.

"나는 당신의 행동을 보고 있었는데, 당신이 감추려고 드는 것이 무엇인지를 알았소. 이가 마음에 걸리지요!"

그녀는 당황했으나 상대는 말을 계속했다. "뻐드렁니가 뭐가 어떻다는 거요? 구태여 감출 필요가 없어요. 마음껏 입을 벌리고 불러보아요, 모두 당신이 조금도 부끄러워하거나 머뭇거리지 않는 것을 보고 틀림없이 사랑하게 될 거요. 지금 당신이 감추려고 하는 이빨 덕분에 앞으로 더 잘될지도 몰라요."

캐스 다레이는 이 신사의 충고에 따라 뻐드렁니에 신경을 쓰지 않게 되었다. 그녀는 마음껏 입을 벌리고 목청껏 노래를 불렀다. 결국 그녀는 영화와 라디오의 대스타가 되었으며, 이제는 그녀를 흉내 내는 희극배우까지도 있다.

자기 자신이 되어야 한다는 문제에 관해서 나는 일종의 확신을 가지고 말할 수 있다. 나는 이에 대해 깊은 관심을 가지고 있고, 한때 쓰라린 경험도 맛보았기 때문이다.

나는 미주리 주의 옥수수밭에서 처음으로 뉴욕에 왔을 때, '아메리칸 예술학교'에 입학했다. 말하자면 나는 배우를 지망했던 것이다. 이처럼 간단명료하며, 확실한 성공에의 지름길은 없다고 생각했던 것이다. 어째서 야심을 품은 청년들이 나처럼 이것을 깨닫지 못하는지 그것이 이상하게 여겨질 정도였다. 어쨌든 나의 계획은 이러했다.

우선 당대의 명우 존 드류, 월터 함프덴, 오티스 스키너 등이 연기하던 방법을 연구하는 것이었다. 그리고 그들의 장점만을 흉내 내어 눈부신 그들의 총합체가 되려고 했던 것이다. 정말 어리석기 이를 데 없는 짓이었다. 그리고 나 같은 미주리 주 태생인 멍청이에게 '자기 자신으로 돌아가라, 절대로 다른 사람이 될 수 없다'는 반성이 들기기까지 나는 남을 흉내 내기에 오랜 시간을 낭비했던 것이다.

그 쓰디쓴 경험은 나에게 잊혀지지 않는 교훈을 주었어야 되는데 사실은 그렇지 않았다. 나는 너무도 우둔했다. 실업가들을 위한 대중 연설에 관한 책을 집필할 때 똑같은 행동을 반복했다.

우선 대중연설에 관한 다른 사람의 저작을 수십 권 사들였다. 그리고 그것을 정리하는 데 1년이 넘게 걸렸다. 그러나 그러는 동안 자신의 어리석음을 알아차리게 되었던 것이다. 여태껏 내가 만들고 있는 남의 아이디어의 뒤범벅은 지나치게 총합적이어서 재미가 없기 때문에 실업가들이 읽어줄 것 같지가 않았던 것이다. 그래서 나는 1년 동안 힘들게 작업한 것을 고스란히 휴지통에 쓸어 넣고 새로 시작했다. 나는 스스로에게 다짐했다.

'너는 데일 카네기가 되어라. 결점이나 한계를 염려할 것은 없다. 너는 어차피 너 자신 이외의 다른 사람은 될 수 없는 것이다.'

나는 다른 사람들의 총합체가 되기를 그만두고, 다시 분발하여 내가 처음부터 진작 그렇게 했어야 했던 일에 착수했다. 나는 자신의 체험과 관찰, 교사로서의 강의 경험을 기초로 하여 대중연설에 관한 교재를 집필했다. 나는 월터 롤리(진창길에 상의를 벗어 던져 여왕으로 하여금 그 위를 걷게 했다는 그 풍류 시인이 아니라, 1964년 옥스퍼드 대학 영문학 교수였던 동명이인) 경이 말한 교훈을 마음속에 깊이 새겨두고 있다. 그는 이렇게 말하고 있다.

"나는 셰익스피어와 같은 스타일의 문장을 쓸 수는 없을지라도, 나의 문장을 쓸 수는 있다."

자기 자신이 되어라. 어빙 버얼린이 조지 거신에게 했던 조언대로 행동하라. 이 두 사람이 처음으로 만났을 때 버얼린은 이미 유명해져 있었지만, 거신은 베를린의 뒷골목에서 주급 35달러라는 박봉으로 생활에 허덕이고 있는 젊은 작곡가였다. 그런데 버얼린은 거신의 재능에 감동하여, 그가 받고 있던 급료의 3배를 낼 테니까 자기의 음악 조수가 되지 않겠느냐고 제의했다. 그러면서도 다음과 같은 충고를 했다.

"그렇지만 내 밑에서 하는 일은 맡지 않는 편이 나을 거요. 당신이 내 밑에서 일을 하게 되면 버얼린의 제이인자가 될 수는 있소. 그러나 당신이 끝까지 자기 자신을 지킨다면 언젠가는 제일인자 거신이 될 거요."

거신은 그 충고를 잊지 않고 자기 자신을 그 세대에 있어 특색 있는 아메리카 작곡가로 다져 나갔던 것이다.

찰스 채플린, 윌 로저스, 진 오트리 그 밖에도 무수한 사람들은 내가 이 장에서 강조하고 있는 교훈을 깨달았다. 그들은 모두 나처럼 쓰라린 경험을 통해 깨달았던 것이다.

찰스 채플린이 처음 영화에 나오기 시작했을 때, 감독은 그에게 그 무렵 인기가 있던 독일의 희극 배우를 흉내 내도록 하였다. 그러나 채플린은 그 자신만의 독특한 연기를 하게 됨으로써 비로소 세상에 알려졌던 것이다. 보브 호프도 이와 비슷한 경험을 가지고 있다. 그도 처음에는 노래하면서 춤추는 연기를 했으나 마침내 헛고생으로 끝나고, 개그를 하게 된 뒤로 인기를 얻었다.

윌 로저스는 여러 해를 두고 무대 뒤에 나와 앉아서, 말 한마디 없이 로프만 비비꼬고 있었다. 그런데 이것이 유머에 대한 특수한 그의 재능을 발견케 하여, 로프를 요리조리 휘두르면서 지껄이게 된 뒤로 그는 인기를 얻었던 것이다.

진 오트리가 텍사스 사투리를 숨기고 제법 도시인처럼 뽐내면서,

'난 이래 뵈도 뉴욕 태생'이라고 큰소리쳤을 때 세상 사람들은 돌아서
서 냉소했다. 그러나 그가 밴조를 안고 카우보이의 노래를 부르기
시작하자, 그의 앞길은 저절로 열려서 그는 영화나 라디오에서 세계
제1의 카우보이가 되었던 것이다.

당신은 이 세상에서 새로운 그 무엇인 것이다. 그것을 기뻐해야
한다. 그러므로 자연이 당신에게 준 것을 최대한으로 활용해야
만 한다.

정서적으로 보면 모든 예술은 자서전적이다. 당신은 당신의 것밖
에는 노래할 수 없고, 당신의 것밖에는 그릴 수 없는 것이다. 당신은
당신의 경험, 환경, 유전에 의해 만들어진다. 당신은 좋든 나쁘든
당신 자신의 작은 정원을 가꾸어야 하고, 당신 인생의 오케스트라에
서 당신 자신의 악기를 연주해야만 한다.

에머슨은 〈자신〉이라는 칼럼에서 다음과 같이 말하고 있다.

누구에게나 교육에 있어서 다음과 같은 확신에 도달하는 시기가 있다.
즉 부러움은 무지이며, 모방은 자살이다. 그러므로 좋든 나쁘든 자기 자신을
주어진 운명으로 깨닫고, 광대한 우주에는 좋은 것들이 충만하여 있기는
하지만, 자기에게 돌아오는 곡식은 자기에게 주어진 좁은 토지에서 자신이
애써 가꾼 것밖에는 없다는 것을 알게 된다. 그러나 그의 육체 안에 잠재하는
힘은 자연에 있어서도 새로운 것이며, 그것이 무엇을 할 수 있는가를 아는
사람은 그 한 사람뿐이지만, 그것도 그가 이를 시험하기까지는 그 자신도
모르는 것이다.'

이미 세상을 떠난 시인 더글러스 마로크도 이렇게 쓰고 있다.

그대 만일 저 언덕의 소나무가 되지 못한다면,
산골짜기의 잡목이 되어라.
그러나 개울가의 가장 좋고 보기 좋은 나무가 되어라.
만일 나무가 되지 못하겠거든 관목이 되어라.
그대 만일 관목이 되지 못하겠거든 작은 풀이 되어라.
그리고 길거리를 보다 아름답게 하라.

그대 만일 머스키(가물치)가 되지 못하겠거든 배스가 되어라.
그러나 호수에서 가장 힘센 배스가 되어라.

우리 모두가 선장이 될 수는 없다. 선원이 되는 이도 있으리라.
그러나 모두가 무언가 할 일은 있을지니.
큰 일도 있을 것이며 작은 일도 있을 것이며,
해야만 하는 일은 모두 마찬가지다.

그대 만일 큰길이 되지 못하겠거든 아주 작은 오솔길이 되어라.
그대 만일 태양이 될 수 없으면, 별이 되어라.
실패와 성공은 크기에 있는 것이 아니며,
무엇이 되더라도 가장 좋은 것이 되어라.

그러므로 평화와 행복을 위한 정신 자세 제5 법칙
다른 사람을 따라하지 말라. 자기 자신을 발견하여 자신의
모습대로 살아라. 당신은 이 세상에 오직 당신뿐이다.

# 6. '신 레몬'이 있으면 레몬수를 만들라

이 책을 집필하고 있을 때, 나는 어느 날 시카고 대학을 찾아가서 로버트 메이나드 허친스 총장에게 어떻게 그가 고민을 처리하고 있는가를 물어보았다. 그러자 그는 다음과 같이 말했다.

"나는 시어스 로버크 컴퍼니의 사장 고 줄리어스 로젠왈드의 충언인 '레몬이 시면 레몬수를 만들라'라는 말을 명심하여 따르도록 하고 있습니다."

이것이 바로 위대한 교육자가 지표로 삼고 있는 일이다.

그런데 어리석은 이는 이와 정반대의 행동을 한다. 가령 인생이 그에게 '신 레몬'처럼 씁쓸함을 주면 그것을 내버리고는 "나는 지고 말았다. 이것도 운명이야. 이제 기회는 없다"라고 말한다. 그리고 세상을 원망하며 자기연민에 빠지고 마는 것이다.

그런가 하면 현명한 사람은 신 레몬을 받게 되면 스스로 이렇게 자문한다.

"이 불행으로부터 어떤 교훈을 배울 것인가? 어떻게 하면 이런 상태를 개량할 수 있을까? 또 어떻게 하면 이 레몬을 레몬수로 바꿀 수가 있을 것인가?"

한평생을 인간과 그 잠재능력에 대해 연구를 해온 위대한 심리학자 알프렛 아들러는 "인간의 가장 놀랄 만한 특성의 하나는 마이너스를 플러스로 바꾸는 힘이다"라고 주장했다.

내가 잘 아는 한 부인은 이것을 참으로 훌륭하게 처리했다. 그녀의 이름은 델마 톰슨인데 지금도 뉴욕에 살고 있다. 다음은 그녀가 이야기해 준 재미있는 경험담이다.

전쟁 중 제 남편은 캘리포니아의 모하비 사막 근처에 있는 육군훈련소에 배속되어 있었습니다. 그래서 남편을 따라 그곳으로 옮겨갔습니다만 그 지방이 싫었습니다. 아주 싫었습니다. 비참하기란 이루 말할 수도 없었지요. 남편이 모하비 사막으로 훈련을 가면 나는 오두막집에 혼자 남아 있었습니다. 선인장의 그늘까지도 섭씨 50도라는 심한 무더위이고,, 고작 이야기 상대라야 멕시코인과 인디언뿐인데다가 그것도 영어는 통하지 않았습니다. 그런가 하면 바람이 그치지 않아 음식은 말할 것도 없고 호흡하는 공기에도 모래가 서걱거릴 정도였습니다. 나는 자신이 너무나 비참하고 슬픈 생각이 들어, 부모님께 편지를 써서 '아무래도 참을 수 없으니 다시 집으로 돌아가겠다, 이런 곳에 있으려면 차라리 교도소가 낫겠다'고 호소했습니다.

그런데 아버지의 회답은 다음 두 줄의 문장이었어요. 하지만 나는 평생을 두고 잊지 못할 것입니다. 그것이 내 인생을 완전히 바꿔놓았으니까요.

'두 사나이가 교도소 창문으로 밖을 바라보았다.

한 사람은 진흙탕을, 다른 한 사람은 별을 보았다.'

나는 이 문장을 몇 번이나 되풀이 읽고는 나 자신이 부끄러워졌습니다. 나는 현재의 상태에서 무엇이든 좋은 점을 찾아내려고 결심했습니다. 별을 찾으려고 했지요. 그러는 사이 나는 토인들과 친구가 되었습니다. 그들의 반응은 나를 놀라게 했습니다. 내가 그들의 편물이라든가 도자기에 대해 흥미를 보이면, 그들은 여행자에게도 팔지 않는 소중한 것들을 이것저것 마구 나에게 선물로 주는 것이었습니다. 나는 또 선인장, 유카, 요슈아 나무

등의 기묘한 모양을 연구했습니다. 그리고 마르모트란 풀에 대해서도 조사를 해보고, 신의 일몰을 바라보기도 하고, 몇 백만 년 전 그 옛날 사막이 바다였었던 때에 남겨진 조개껍질을 찾아보기도 했습니다.

대체 무엇이 이렇듯 놀라운 변화를 나에게 가져왔을까요. 모하비 사막은 변하지 않았습니다. 인디언도 달라진 것이 없었습니다. 그런데 내가 변한 것입니다. 내가 마음가짐을 바꾼 것입니다. 이렇게 함으로써 나는 비참한 경험을 나의 생애의 가장 즐거운 모험으로 바꾸었던 것입니다.

나는 내가 발견한 새로운 세계에 자극되고 흥분되었습니다. 나는 너무도 흥분하여 그것을 소재로 해서 〈빛나는 성벽〉이라는 소설을 쓰기도 했습니다. 나는 자신이 만든 교도소에서 창문을 통해 별을 찾아냈던 것입니다.

나는 미국 전역을 여행하며 돌아다니기 때문에 이렇게 마이너스를 플러스로 바꾼 사람들을 만날 수가 있었다.

〈신을 배반한 열 두 사람의 저자〉고(故) 윌리엄 보리스는 이런 말을 하고 있다.

"인생에 있어 가장 중요한 일은 이익을 자본화하지 않는 일이다. 그런 일이라면 바보라도 할 수 있다. 진실로 중요한 일은 손실에서 이익을 올리는 일이다. 그러자면 지혜를 필요로 한다. 이 점이 현명한 사람과 바보의 차이를 만드는 것이다."

보리스가 이 말을 한 때는 철도 사고로 한쪽 다리를 잃은 후였으니 그 자신 손실에서 이익을 올린, 현명한 사람이었던 것이다.

지난 35년 동안을 나는 뉴욕에서 성인 강좌에 종사하면서 한 가지 이상한 사실을 발견했다. 그것은 강좌의 많은 사람들이 대학교육을 받지 못했다는 것을 유감스럽게 생각하고 있다는 것이다. 그들은 그것을 대단한 핸디캡으로 여기는 모양이었다. 그러나 나는 반드시 그렇다고는 생각하지 않는다. 세상에는 고등학교만 나오고도 성공한 사람들이 얼마든지 있기 때문이다. 그래서 나는 수강생들에게 내가 알고 있는 한 사람의 이야기를 들려주곤 한다.

그는 극빈한 가정에서 자라났다. 아버지가 돌아가셨을 때는 친구들이 돈을 모아서 관을 사 주었을 정도였다. 아버지가 세상을 떠난 뒤, 어머니는 어느 우산공장에서 하루 10시간 동안이나 일을 했다. 그리고 일감을 집으로 가지고 돌아와 밤 11시까지 밤일을 했다.

이러한 환경 속에서 자라난 소년은 가까운 교회 클럽의 연극에 출연하게 되었는데, 그것이 재미있어서 빠져들다가 대중연설을 하려고 결심했다. 이것이 그로 하여금 정치에 흥미를 갖는 인연이 되어, 30세 때 뉴욕의 주의원으로 뽑혔다.

그러나 그는 이 직책을 수행하기에는 준비가 모자랐다. 그는 솔직히 그 직책이 무슨 일을 하는지도 몰랐다고 나에게 말했다. 그는 찬반 투표를 해야만 되었고, 길고도 복잡한 안건을 읽기는 읽지만 도무지 무엇인지 알지 못했다. 그에게 있어서는 그것이 인디언 촉토족의 토어로 씌어진 것이나 다름없었다. 그는 숲속에 발을 들여놓은 적도 없었는데 산림법 위원에 뽑혔고, 은행에 거래도 없는데 주립 은행법위원회 위원으로 선출되었다. 그는 번민하지 않을 수 없었다.

그런데 그가 주의원을 사직하지 않았던 것은 어머니에게 쓰라린 패배를 고백하는 것이 부끄러웠기 때문이었다고 한다. 그래서 분발한 그는 하루에 16시간이나 공부하여, 무지라는 레몬을 지식이라는 레몬수로 바꾸어보려고 했다. 그리하여 그는 자신을 일개 지방 정치가로부터 국민적인 대인물로 바꾸었다. 〈뉴욕 타임스〉는 그를 가리켜 '뉴욕에서 가장 인기 있는 시민'이라고 했다.

나는 지금 알 스미스에 관한 이야기를 하고 있는 것이다.

그는 독학으로 정치학 연구를 시작한 지 10년 후에는 뉴욕 주에서 정치에 관한 최대 권위자가 되어, 네 번이나 뉴욕 주 지사로 선출되었다. 이는 아무도 이룩할 수 없었던 기록이다. 1928년, 그는 민주당의 대통령 후보에까지도 올랐으며 컬럼비아, 하버드 등을 포함하여 6개 대학이 초등학교밖에 졸업하지 않았던 그에게 명예 박사학위를 수여했다. 그는 나에게 만일 자기가 마이너스를 플러스로 바꾸기 위해 하루에 16시간이나 공부하지 않았다면, 오늘날의 자기는 없었을 것이라고 이야기했다.

니체는 초인(超人)에 관해서 "궁핍을 참고 견딜 뿐만 아니라, 그것을 사랑하는 자가 초인인 것이다"라고 정의했다.

나는 성공한 사람들의 경력을 연구하면 할수록 다음과 같은 사실들을 확신하기에 이른다. 실로 대다수의 사람들은 핸디캡을 갖고 있었기 때문에 성공하고 있다. 말하자면 핸디캡이 노력과 성공에의 자극제가 되었던 것이다. 윌리엄 제임스의 말에 의하면 "우리의 핸디캡 그 자체가 뜻밖에도 우리를 돕는다"는 것이다.

분명히 그렇다. 밀턴은 앞을 보지 못했기 때문에 보다 뛰어난 시를 썼으며, 베토벤은 귀가 멀었기 때문에 훌륭한 음악을 만들었는지도 모른다.

헬렌 켈러의 놀라운 생애 역시 앞을 보지 못하고 귀가 먼 데 자극을 받아 가능해졌는지도 모른다. 만일 차이코프스키가 의기(意氣)를 상실하지 않고 그의 비극적 결혼에 의해 자살 직전까지 쫓기지 않았다면, 그리고 만일 그의 생활이 슬픈 것이 아니었더라면, 아마도 그는 불후의 명작 교향곡 '비창'을 작곡할 수 없었을지도 모른다. 또 만일 도스토예프스키나 톨스토이가 고난의 생활을 겪지 않았더라면, 그들은 아마 그 불후의 소설들을 쓸 수 없었을지도 모를 일이다.

세상 사람들의 과학적 관념을 일변시켰던 학자는 다음과 같이 말하고 있다.

"만일 내가 심한 병약자가 아니었더라면 그토록 많은 일들을 성취할 수 없었을지도 모른다."

자기의 핸디캡이 오히려 도움이 되었던 사실을 고백한 찰스 다윈의 말이다.

다윈이 영국에서 출생한 것과 같은 날, 또 하나의 어린아이가 켄터키 주 숲속의 통나무집에서 태어났다. 그 또한 자기의 핸디캡이 자기 인생에 도움이 되었는데, 그의 이름은 에이브러햄 링컨이다.

만일 그가 상류 가정에서 자라났더라면, 그리고 하버드 대학의 학사학위를 받고 행복한 결혼생활을 보냈더라면, 그가 게티즈버그에서 연설한 불후의 명언은 그의 가슴속에 떠오르지 않았을지도 모른다. 또 재선되어 대통령 취임석상에서 행한 저 고귀한 문구를 입에 담지 못했을지도 모른다. 인간 통치자로서 입에 담았던 가장 고귀하고도 아름다운 말이다.

"누구에게도 악의를 품지 말며 만인에게 자애를……."

가령 우리가 의기를 모두 상실하여 신 레몬을 레몬수로 바꿀 만한 희망을 잃었다고 하자. 그러나 그런 때일지라도 노력해보아야 할 두 가지의 이유가 있다. 노력한 만큼은 얻고 잃을 것은 없다는 두 가지 이유이다.

이유의 하나, 우리는 성공할지도 모른다.

이유의 둘, 비록 성공하지 못한다 해도 마이너스를 플러스로 바꾸려고 시도하는 것만으로도 뒤를 보지 않고 앞을 보게 만든다. 그에 따라 부정적인 생각이 긍정적인 생각으로 대치되는 것이다. 그것이 창조적인 에너지를 해방시켜 우리를 분주하게 하며, 영원히 지나가 버린 일을 언제까지나 고민할 시간을 없애준다.

세계적인 바이올리니스트 오레 부르가 파리에서 연주하던 중 바이올린 현이 뚝 끊어진 일이 있었다. 그러나 부르는 세 줄로 그 곡을 마쳤다.

"그것이 인생이다. A현이 끊어져도 세 현으로 끝마치는 것이 인생인 것이다."

이것은 하리 에머슨 포스딕이 한 말이다. 그것은 단순한 인생이 아니다. 어쩌면 인생 이상이다. 빛나는 인생인 것이다.

만일 내가 할 수만 있다면 나는 다음과 같은 윌리엄 보리스의 말을 동판에 새겨 국내의 모든 초등학교 교실에 걸도록 하겠다.

'인생에 있어 가장 중요한 것은 유(有)에서 유를 만들어내는 일이 아니다. 그런 일이라면 바보라도 할 수 있다. 진실로 중요한 일은 무(無)에서 유를 창조해내는 일이다. 그러자면 지혜를 필요로 한다. 이 점이 현명한 사람과 바보의 차이를 만드는 것이다.'

그러므로 평화와 행복을 위한 정신 자세 제6 법칙
운명이 신 레몬을 주면
그것으로 레몬수를 만들도록 노력하라.

# 7. 14일 만에 고민을 해소하는 방법

워싱턴 주 시애틀의 프랭크 루프 박사는 '나는 이렇게 고민을 극복했다'라는 말에 대한 산증인이고, 가장 타인에게 모범이 되는 사람이었다.

그는 23년 동안이나 통풍(痛風)으로 누워 지냈다. 그런데 〈시애틀 스타〉 지의 스튜어드 화이트 하우스는 나에게 이런 편지를 보내왔다.

'나는 가끔 루프 박사를 만나서 이야기를 나누는데 그분처럼 이타적이며, 그렇게 활기차게 인생을 즐기는 사람은 또 없을 것이다.'

여러 해 동안 병상에 있으면서 어떻게 인생을 즐기고 있는 것일까?

두 가지로 추측해볼 수 있다. 그는 불평과 남의 결점을 찾는 것으로 즐기고 있는 것일까? 아니다. 자기 연민에 빠져 언제나 자신이 주목의 초점이 되어, 남들이 그의 뜻을 받들도록 하는 것으로 즐기는 것일까?

아니다. 그 어느 쪽도 아니다. 그는 영국의 황태자처럼 '나는 봉사한다'는 말을 좌우명으로 삼아 인생을 즐기고 있었다.

그는 병으로 고민하는 사람들에게 위문과 격려 편지를 보내 자기와 다른 사람이 모두 쾌활해지도록 만든 것이다. 그는 또한 환자들을 위한 서신 교환모임을 조직해서 서로 간에 편지를 쓰게 하였으며,

마침내는 국제조직으로까지 발전시켰다.

그는 병상에 있으면서도 1년에 평균 1,400통이나 되는 편지를 썼으며, 외출할 수가 없는 병자들을 위해서는 라디오며 서적을 보내 수천 명의 환자들에게 기쁨을 주었던 것이다.

루프 박사와 다른 많은 사람들과의 차이는 어떤 점일까? 그것은 다음과 같은 일이다. 즉 루프 박사에게는 목적과 사명감을 갖는 내면적인 정열이 있었다. 그는 자기 자신보다도 훨씬 고귀하며, 훨씬 더 의의 있는 관념에 따라 살아가고 있다는 깨달음에서 오는 기쁨을 느끼고 있었다. 이것은 버나드 쇼가 '세상이 자기의 행복을 위해서는 조금도 힘을 보태주지 않는다고 불평하며 편안한 날이 없는 자기중심적인 소인배들'이라고 평한 사람들과는 정반대인 것이다.


다음에 든 예는 위대한 정신병학자 알프렛 아들러가 발표한 놀라운 보고이다. 그는 언제나 환자에게, "내 처방대로만 하면 14일 안에 반드시 완쾌합니다. 그것은 날마다 어떻게 하면 다른 사람을 기쁘게 해줄 수가 있을까 하고 생각해보는 일입니다" 하고 말해왔다. 이 말만 가지고는 믿을 수 없을 것 같으므로, 그의 명저 〈인생이란 무엇인가〉에서 조금 인용해보기로 한다.

우울증이란 다른 사람에 대한 오랜 기간의 계속적인 분노와 비난 같은 것이다. 보호와 동정과 관심을 얻으려는 환자 자신의 잘못은 실망감만 따를 뿐이다. 보통 우울증 환자의 첫 번째 기억은 다음과 같은 것이다.

'나는 긴 의자에 눕고 싶었으나, 형이 그곳에 있었으므로 큰 소리로 울기 시작했습니다. 그랬더니 형이 의자를 양보해주었습니다.'

또 우울증 환자는 가끔 자살을 함으로써 자신에게 복수하는 경향이 있다. 그러므로 의사가 가장 주의해야 될 일은 그들에게 자살할 구실을 주지 않도록 하는 데 있다. 나는 그들의 긴장을 누그러뜨리기 위한 첫째 조처로 "하고 싶지 않은 일이라면 결단코 하지 말라"고 충고하고 있다. 이것은 매우 소극적인 것 같지만, 사실은 치료의 핵심을 찌른 것이라고 믿는다. 만일 우울증 환자가 하고 싶은 일을 하도록 한다면, 아무도 원망할 까닭이 없을 것이다. 그리고 자기 자신에 대해서도 분풀이를 할 수 없지 않겠는가. 나는 이렇게 말한다.

"연극을 보러 가고 싶으면 가도록 하세요. 놀러 가고 싶으면 놀러 가세요. 또한 도중에 싫어지면 그만두세요."

이것은 누구에게나 가장 좋은 상황이다. '나는 신에 가까운 존재이다, 하고 싶은 일을 마음대로 할 수 있다'는 식의 우월감은 이들을 만족시킨다. 그러나 한편으로 그것은 그의 생활 형태에 쉽게 들어맞지 않는다. 그는 다른 사람을 비난하고 싶지만, 다른 사람이 그에게 동의한다면 그들의 의견을 무시할 방법이 없는 것이다. 이 법칙은 그들의 불안을 제거한다. 그러므로 나의 환자 중에는 자살자가 한 사람도 없었다.

그러나 대개의 경우 환자들은, "나는 하고 싶은 일이 별로 없습니다" 라고 대답한다. 그래서 나는 이런 대답을 자주 들어왔기 때문에 이렇게 말한다. "그러면 그냥 있어요." 때로는 또, "나는 하루 종일 자고 싶습니다" 라고 말하는 사람도 있다. 그럴 때 내가 무작정 좋다고만 한다면 환자 쪽이 불만스러워지는 것을 알고 있다. 그리고 이것을 거부한다면 환자가 펄펄 뛰고 야단을 치는 것도 나는 잘 알고 있다. 그래서 나는 동의한다. 이것이 첫 번째 규칙이다.

다음에는 보다 직접적으로 그들의 생활방식에 파고든다. 즉 이렇게 말하는 것이다. "내 처방대로만 하면 14일 안에 반드시 완쾌됩니다. 어떻게 하면 남을 기쁘게 해줄 수 있을까 하고 생각해보는 것입니다."

이것은 그들에게 있어 중대한 의미가 있다. 그들은 '어떻게 하면 다른 사람을 괴롭힐 수 있을까? 하는 것만을 생각하고 있었기 때문이다. 어쨌든 그들의대답은 매우 재미있다. 어떤 사람은 "그런 일이라면 문제없습니다. 난 한평생을 그렇게 해왔으니까요"라고 대답한다. 그렇지만 그들은 결코 해오지 않았다. 그래서 좀 생각해보라고 한다. 그들은 생각해보지 않는다. 그래서 나는 그들에게 이렇게 말한다.

"밤에 잠이 오지 않을 때를 이용하여, 어떻게 하면 다른 사람을 기쁘게 해줄 수 있을 것인가를 생각해보십시오. 그것이 건강을 회복하는 첫걸음입니다."

다음날 나는 다시 그들에게 물어본다. "어제는 내 말대로 하셨습니까?" 그러면 그들은 이렇게 대답한다. "잠자리에 눕자마자 잠이 들었어요."

물론 이러한 대화는 모두 평온하고도 매우 정다운 태도로 해야 되며 고압적이어서는 안 된다. 어떤 환자는 또 이렇게 대답한다. "아무래도 안 되겠더군요. 머릿속이 고민으로 가득 차 있어서요." 이에 대해 나는 이렇게 말한다. "고민이 많아서 그럴 것입니다. 그래도 한편으로는 다른 사람에 관한 일도 생각해보도록 하세요."

나는 언제나 그들에게 다른 사람에 대해 관심을 가지도록 권장하고 있다. 또 어떤 이는 이렇게 말한다. "어째서 다른 사람을 기쁘게 해주어야 하는 건가요? 그들은 조금도 나를 기쁘게 해주려 하지 않는데요."

그러면 나는 이렇게 대답한다. "그것은 당신의 건강에 도움이 되기 때문입니다. 그렇게 하지 않는 사람들은 앞으로 후회합니다." 그러나 "말씀하신 것을 잘 생각해보겠습니다" 하고 대답하는 환자는 실로 드물다. 나의 모든 노력은 환자의 사회적인 관심을 증대시키는 일에 기울이고 있다. 그들 병의 근본적인 원인은 협동 정신이 모자라는 데 있다는 것을 알고 있기 때문에 그들에게 이것을 의식케 하자는 것이다. 그들이 사람들과 평등하고도 협동적인 입장에서 결합할 수 있다면 그때야말로 그들은 완쾌된다. 종교에 의해 부과된 가장 중요한 것은 언제나 '너의 이웃을 사랑하라'는 것이다. 이웃에 대해 관심을 갖지 않은 인간이 인생에 있어 최대의 피해를 입게 되는 것이다. 인생의 실패는 모두 이런 사람들에게서 일어난다. 그러므로 인간 최고의 찬사는 '보다 좋은 협동자가 되라', '모든 사람의 친구가 되라', '연애와 결혼에 있어서는 참다운 반려자가 되라'는 것이다.

아들러 박사는 하루 한 가지씩의 선행을 역설하고 있다. 선행이란 무엇인가? 예언자 마호메트에 의하면 '선행이란 다른 사람의 얼굴에 미소를 띠게 하는 행위다'라고 했다. 어째서 매일 선행을 하는 것이 그 행위자에게 놀랄 만한 영향을 주는 것일까. 그것은 다른 사람을 기쁘게 해주려는 것으로 오뇌, 공포, 우울증의 원인이 되는 자기 자신의 일을 생각하지 않게 되기 때문이다.

뉴욕에서 비서 양성학원을 운영하고 있는 윌리엄 T. 문 부인은 자기의 고민을 몰아내기 위해 다른 사람을 기쁘게 해준다는 방법을 생각해내는 데 2주일도 걸리지 않았다고 하였다. 그녀는 아들러 박사보다도 한 걸음, 아니 열세 걸음이나 빨랐다. 그녀는 14일만이 아니라, 단 하루에 두 고아를 기쁘게 해줄 것을 생각해내어 자신의 고민을 몰아냈던 것이다. 이에 대한 문 부인의 이야기는 다음과 같다.

5년 전 12월, 나는 슬픔과 자기 연민의 감정에 싸여 있었다. 수년 동안의 행복한 생활이 남편을 잃고 끝난 것이다. 크리스마스가 가까워짐에 따라 나의 슬픔은 더해갈 뿐이었다. 나는 지금껏 혼자서 크리스마스를 지내본 일이 없었으므로 크리스마스가 다가오는 것이 두려웠다. 친구들은 크리스마스를 함께 축하하고자 초대해주었으나, 나는 그럴 기분이 아니었다. 어쨌든 크리스마스이브가 닥쳐옴에 따라 나는 점점 더 자기 연민에 빠졌다.

그런데 누구든지 감사할 일은 있는 것이지만, 정말 나는 많은 일에 감사했어야 되었는지도 모른다. 크리스마스 전날, 나는 오후 3시에 사무소를 나와 이렇다 할 생각도 없이 5번 거리를 걷고 있었다. 지금 생각하니 자기 연민과 우울함을 털어보려는 심산이었다. 그런데 큰 거리는 명랑하고 행복한 사람들로 가득 차 있었다. 그러자 나에게는 과거의 즐거웠던 모든 추억이 되살아나는 것이었다.

쓸쓸하고 공허한 아파트로 돌아가자니 생각만 해도 견딜 수가 없었다. 나는 어찌해야 좋을지 몰랐다. 눈물이 그치지 않았다. 1시간가량이나 정처 없이 걷는 동안에 문득 정신을 차려보니 어느 틈에 버스 종점에 와 있었다. 전에도 나는 가끔 남편과 함께 야릇한 모험심에서 어디로 가는 것인지도 모르는 버스에 탔던 일이 있었던 것을 생각해냈다. 그래서 나는 맨 먼저 눈에 띄는 버스에 올라탔다.

허드슨 강을 건너 한참 가니까 차장이 "종점입니다, 아주머니" 하는 바람에 차에서 내렸다. 나는 그 마을의 이름조차 몰랐지만, 조용하고 아늑한 곳이었다. 어쨌든 다음 돌아가는 버스를 기다리는 동안, 나는 주택가를 걸어보았다. 그러다가 교회 앞을 지나치려는데 '고요한 밤'의 아름다운 선율이 들려오는 것이었다. 나는 무심코 안으로 들어갔다. 교회 안에는 오르간을 치는 사람이 혼자 있을 뿐이었다.

나는 조용히 의자에 앉았다. 찬란하게 꾸민 크리스마스트리의 광채는 그 주위의 장식들을 달빛에 춤추는 무수한 별인 것처럼 생각되게 했다. 그리고 은은하게 흐르는 음악소리는, 아침부터 아무것도 먹지 않은 탓도 있어서 나에게 졸음을 가져왔다. 나는 몸도 마음도 모두 지쳐 있었으므로 잠이 들고 말았다.

그러다가 문득 눈을 떴을 때 나는 자신이 어디 있는지 알지 못했다. 나는 깜짝 놀랐다. 내 눈앞에는 크리스마스트리를 보러 온 듯한 두 아이가 서 있었다. 그런데 한 여자아이는 나를 가리키며 "산타클로스 할아버지가 데리고 왔는지도 몰라" 하는 것이었다. 내가 눈을 뜬 것을 보자, 두 아이는 깜짝 놀라는 표정이었다. 나는 "괜찮아" 하고 말하여 그들이 마음을 놓게 했다. 그들은 모두 허름한 옷을 걸치고 있었다. 그래서 나는 "아빠와 엄마는?" 하고 물어보았다. "우린 엄마도 아빠도 없어요"라고 대답하는 것이었다. 그렇다면 여기에, 나보다도 훨씬 불쌍한 두 어린 고아가 있었던 것이다.

나는 그 아이들에게 크리스마스트리를 보여주고, 백화점에 데리고 가서 캔디와 선물을 사 주었다. 그러다보니 나의 쓸쓸함은 마법에라도 걸린 듯이 사라졌다.

두 고아는 수개월 만에 나에게 행복과 망아(忘我)의 감정을 가져오게 했다. 그들과 이야기를 나누는 동안에 나 자신이 얼마나 행복했던가를 알게 되었다. 나는 어린 시절의 크리스마스가 부모님의 사랑과 자애로움에 넘쳤던 것을 하나님께 감사했다. 그 두 고아들은 내가 그들에게 해준 것보다 훨씬 많은 것을 나에게 베풀어주었다.

이런 경험으로 미루어 나는 우리를 행복하게 하기 위해서도 다른 사람들을 행복하게 해줄 필요가 있다는 것을 알게 되었다. 나는 행복이란 전염되는 것임을 깨달았다. 그러므로 '준다는 것은 곧 받는다'는 것임을 알게 되었다. 나는 남을 돕고 사랑을 줌으로써 고민과 슬픔과 자기 연민을 극복하고 전혀 다른 사람이 되었던 것이다. 이제 나는 새로운 인간이 되었다. 그때뿐만 아니라 그로부터 줄곧 그렇다.

나는 자신을 잊어버림으로 건강과 행복을 찾은 사람들의 이야기로 책 한 권을 엮을 수도 있다. 예를 들어 미 해군 내에서 가장 인기 있는 부인 중의 한 사람인 마거릿 테일러 예이츠의 경우를 생각해보자.

예이츠 부인은 소설가인데, 그녀의 어느 소설보다도 일본군이 진주만을 공격하던 그 끔찍한 날 아침, 그녀의 신변에 일어났던 실화가 더 재미있다. 예이츠 부인은 워낙 심장이 나빠서 약 1년 전부터 자리에 누워 있었다. 그녀는 하루에 12시간을 침대에서 지냈다. 그리고 일광욕을 하러 뜰까지 나오는 것이 그녀의 최대의 여행이었다. 그때조차도 그녀는 옆에서 도와주는 여자의 팔에 의지해서 걸어야만 했다. 그 무렵 그녀는 죽을 때까지 그런 환자로 지내야 될지도 모른다고 생각했노라고 나에게 이야기했다.

만약 일본이 진주만을 공격함으로써 나의 자기만족을 동요시키지 않았던들, 나는 지금과 같은 새로운 삶을 살 수가 없었을 것이다. 그 사건이 일어나자 도무지 모든 것이 뒤죽박죽이고 무질서했다. 바로 우리 집 근처에도 폭탄 하나가 떨어졌기 때문에 그 진동으로 나는 침대에서 내동댕이쳐졌다. 군 트럭들이 육해군의 군인 가족들을 학교로 피란시키기 위해 히캄 비행장, 스코필드 기지 등지로 오고갔다. 적십자사에서는 피란민을 수용할 수 있는 여분의 방을 가진 사람들에게 전화를 걸었다. 그런데 적십자사 직원들은 내가 침대 머리맡에 전화를 두고 있다는 것을 알고 있었으므로, 나에게 정보 교환수가 되어달라고 부탁했다.

그래서 나는 육해군의 가족들이 어디 수용되어 있는가를 알 수 있게 되었다. 한편 군인들은 적십자사로부터 그들의 가족에 관한 소식은 나에게 문의하라는 통지를 받고 있었다. 나는 그러는 동안 남편인 로버트 롤리 예이츠 함장이 무사하다는 것을 알았다. 나는 자신들 남편의 안부를 걱정하고 있는 부인들을 격려하는 한편, 수많은 전사자들의 미망인을 위로했다.

아무튼 그때의 전투로 2,117명의 해군 장병이 전사했으며, 960명이 행방불명이 되었다.

나는 처음에는 침대에 누운 채 전화에 응답했지만 몹시 바빠져 정신을 못 차릴 정도가 되자 내가 아프다는 사실조차 잊어버리고 일어나 책상 앞에 앉아 있었다. 나는 나보다 더 불쌍한 사람들을 돕는 데 정신이 팔려 자신의 일을 잊어버렸던 것이다. 나는 그 이후로 매일 밤 정해진 8시간의 수면 시간 이외에는 두 번 다시 침대에 눕지 않았다. 만일 일본군의 진주만 공격이 없었더라면 나는 아마 평생을 반 폐인으로 끝냈을지도 모른다. 전의 침대생활은 옆에서 누가 정성껏 보살펴주었기 때문에 별로 힘들지 않았다. 그러나 이제 와서 생각해보니 그 때문에 나도 모르는 사이에 다시 일어날 기력을 잃어가고 있었던 것이다.

진주만 피습은 미국 역사상 최대 비극의 하나였으나, 나 개인으로서는 행운이었다고 생각한다. 그렇게 무서운 위기는 나로 하여금 스스로 지니고 있으리라고는 상상조차 못했던 힘을 찾아주었다. 그리고 살아가야 할 중대한 목적을 찾아주었다. 이제 나에게는 자신의 일에 대해 머리를 쓰거나 생각할 시간이 전혀 없어져 버렸다.

정신병 전문의를 찾아가는 사람의 3분의 1은 마거릿 예이츠가 했던 대로만 한다면 아마 완쾌될 것이다. 그것은 다른 사람을 돕는 일에 흥미를 갖는 일이다. 이것은 나의 개인적인 의견이 아니라 세계적인 정신과 전문가 칼 융이 한 말이다.

"나의 환자의 3분의 1은 임상적으로는 진정한 신경증이 아니다. 그들의 병은 인생의 공허함과 무의미함이 원인이다."

바꾸어 말하면 그들은 엄지손가락을 내밀고 인생을 공짜로 태워 달라고 하지만 차는 그것을 무시하고 그대로 지나쳐버리는 것이다. 그래서 그들은 보잘것없고 무의미하고 공허한 인생을 이끌면서 정신과 전문의에게로 가는 것이다. 배를 놓치고 부두에 멍하니 선 채, 그들은 자기 이외의 모든 사람들을 비방하면서 세상을 향해 자기중심적 욕망을 만족시키는 것이 당연하다고 계속 주장하는 것이다.

당신은 지금 이런 혼잣말을 하고 있는지도 모른다.

'이 이야기엔 별로 관심이 없다. 나는 그냥 평범한 생활을 보내고 있으며 하루 여덟 시간을 흥미 없는 지루한 일에 종사하고 있다. 극적인 일이라곤 하나도 없다. 어떻게 남을 돕는 일에 흥미를 갖게 되겠는가? 어째서 그렇게 해야만 하는가? 그렇게 하면 나에게 어떤 이익이 있단 말인가?'

당연한 질문이다. 이제 대답을 해보겠다. 보다 큰 행복! 보다 큰 만족과 자존심의 감정! 아리스토텔레스는 이러한 태도를 가리켜 '계발된 이기주의'라고 불렀다. 또 조로아스터교에서는 '타인에게 선을 행하는 것은 의무가 아니라 환희다. 그것은 베푸는 사람의 건강과 행복을 증진시킨다'라고 했다. 벤저민 프랭클린은 이를 간단히 요약하여 '남에게 선을 행할 때 인간은 자기에게 최선을 다하고 있는 것이다'라고 설명하고 있다.

만일 당신이 남성 독자라면 다음 이야기는 그냥 넘어가는 것이 좋겠다. 별로 흥미를 느끼지 않을 것이다. 고민이 많은 불행한 한 소녀가 어떻게 하여 여러 남자로부터 구애를 받을 수 있었던가에 대한 이야기이다.

그 소녀는 지금은 이미 노파가 되었지만, 수년 전에 나는 이 노부부의 집에서 하룻밤 묵은 적이 있었다. 나는 그녀가 사는 마을에서 강연을 했는데, 다음날 아침 그녀는 자동차를 몰아 나를 50마일이나 떨어진 뉴욕 센트럴 철도의 본선 역까지 전송해주었다.

우리의 대화는 어떻게 하면 친구를 잘 사귈 수 있느냐에 대해 의견을 주고받았다. 그녀는 "카네기 씨, 난 아무에게도, 심지어는 남편에게까지도 고백한 일이 없는 이야기를 하겠습니다"라고 하면서 다음과 같은 이야기를 시작했다.

나는 필라델피아 사교계 인명록에도 올라 있는 집안에서 태어났습니다. 그런데 소녀 시절서부터 철들 나이에 이르기까지 내가 무엇보다도 슬펐던 것은 우리 집이 가난한 것이었습니다. 우리 집에서는 다른 친구네처럼 훌륭한 파티 같은 것을 열 수가 없었습니다. 내 옷은 언제나 싸구려뿐이라 부끄럽고 창피해 밤에 잠자리에서 울기도 했습니다. 그래서 내가 어쩔 수 없이 생각해 낸 것은, 파티 같은 데서 파트너에게 그의 경험, 의견, 장래에 대한 플랜 등에 대하여 물어보는 것이었습니다. 나는 그들의 이야기에 특별한 흥미를 느끼고 있었던 것은 아니었습니다. 오로지 상대방으로 하여금 나의 보잘것없는 몸치장에 관심을 기울이지 않게 하려는 것이 목적이었습니다.

그런데 한 가지 이상한 일이 일어났습니다. 그들의 이야기를 듣고 그들을 차츰 알게 됨에 따라 그들의 이야기에 흥미를 갖게 되었으며, 자신의 보잘것없는 몸치장 같은 것은 잊어버리게 되었습니다. 그리고 나 자신도 놀랄 만한 일이 일어났던 것입니다. 즉 내가 남의 말동무가 되어 그들의 말을 열심히 들어주기 때문에 상대방도 유쾌해지고, 그 결과 나는 사교 그룹에서 가장 인기를 끌게 되었습니다. 그리고 세 청년으로부터 구혼을 받았습니다."

(여성 독자여, 바로 이것이다!)

그러나 이 장을 읽은 독자 중에는 이런 말을 하는 사람이 있을지도 모른다.

"다른 사람에게 흥미를 가지라는 것은 말도 안 되는 소리다. 그건 '배 주고 배 속 빌어먹는 꼴이다.' 나는 그렇게 안 한다. 나는 돈을 벌어 내가 갖고 싶은 것을 가질 거야. 그 따위 공염불 같은 건 개나

먹어라!"

그것이 당신의 의견이라면 그것도 괜찮다. 그러나 당신의 주장이 옳다고 하면, 역사적으로 위대한 철학자나 현인- 즉 예수, 공자, 석가, 플라톤, 아리스토텔레스, 소크라테스, 성 프란체스코의 말은 모두 잘못이었다는 이야기가 된다. 어쩌면 당신은 종교적 지도자들의 교의(敎義)를 비웃을 수도 있으니 무신론자의 교설을 들어 보기로 하자. 우선 케임브리지 대학 교수인 A. E. 하우스먼 교수라면 당대 석학 중의 한 사람이었는데, 그가 1936년 그 대학에서 행한 '시의 제목과 성격'이라는 강연 가운데 다음과 같은 구절이 있다.

"고금동서를 통해 가장 심원한 도덕적 발견은 예수의 다음과 같은 말이다. '자기 생명을 얻으려는 자는 잃을 것이고, 나를 위해 생명을 버리는 자는 이것을 얻을 것이다.'"

우리는 태어나서 오늘에 이르기까지 성직자가 하는 이 말을 죽 들어 왔다. 그러나 하우스먼은 무신론자이며 염세주의자여서 자살하려고까지 한 사람이다. 하지만 그런 사람조차도 자신만을 생각하는 사람은 인생에서 많은 것을 얻을 수 없다고 하였다. 그런 사람은 반드시 비참해진다. 그러나 다른 사람에게 봉사함으로써 자기 자신을 잊을 수 있는 사람은 틀림없이 인생의 기쁨을 발견할 것이다.

당신이 하우스먼의 말에도 감명을 받지 않는다면 20세기에 가장 저명한 미국의 무신론자 데오도 드라이저의 이야기를 들어보기로 하자. 그는 모든 종교를 동화 같은 이야기라며 냉소하고, 인생은 "어리석은 자의 이야기다. 잡소리와 격정뿐인 전혀 무의미한 것이다"

라고 단정했다. 그러면서도 그는 예수가 말한 '남을 먼저 생각하라'는 교지를 지지하고 있는 것이다. 그는 또 이렇게 말했다.

"인간이 짧은 인생에서 기쁨을 얻고자 한다면 그는 자기보다도 타인을 잘되게 할 것을 생각하고 계획해야 한다. 왜냐하면 자기의 기쁨은 그들 속의 기쁨에 이어져 있고, 그들의 기쁨은 그 자신 속의 기쁨에 이어져 있기 때문이다."

만일 우리가 드라이저가 주장했듯이 '남을 잘되게 해주기 위해' 노력할 생각이라면, 바로 시작해야 한다. 시간은 쉼 없이 흘러간다.

'나는 두 번 다시 이 길을 지나가지 않는다. 그러므로 내가 할 수 있는 선행이나 내가 표현할 수 있는 친절은 지금 당장 실행하자. 망설이거나 미루지 말자. 나는 이 길을 두 번 다시 지나지가 않는 것이다.'

그러므로 평화와 행복을 위한 정신 자세 제7 법칙
다른 사람에게 흥미를 가짐으로써 자기를 잊으라.
매일 다른 사람의 얼굴에
기쁨의 미소를 짓게 착한 일을 해라.

# 평화와 행복을 위한 정신 자세 7가지

제1 법칙: 우리의 마음을 평화와 용기와 건강과 희망으로 가득 채우자. '우리 인생은 우리의 사고가 만든다.'

제2법칙: 적에 대해 보복하려 해서는 안 된다. 그렇게 하면 적을 상하게 하는 것보다 더 많이 자기 자신을 상하게 하는 결과가 된다.

제3 법칙: ① 감사할 줄 모른다고 화를 내거나 고민하기보다는 아예 기대하지 마라. 예수는 하루에 열 명의 나병 환자를 고쳐주었지만, 감사를 표한 사람은 하나뿐이었다는 것을 기억하라. 예수 이상으로 감사받기를 기대한다는 것은 무리가 아니겠는가?

② 행복을 발견하기 위한 유일한 방법은 감사를 바라지 말고, 주는 기쁨을 위해 베푸는 것이다.

③ 감사는 몸에 밴 하나의 특성이다. 그러므로 아이들에게 감사한 생각을 갖게 하기 위해서는 그것을 가르쳐주어야만 한다.

제4 법칙: 괴로움을 세지 말고 축복을 세어라!

제5 법칙: 다른 사람을 따라하지 말라. 자아를 발견하여 자기 자신이 되어라. 왜냐하면 '질투는 무지이며 모방은 자살'이기 때문이다.

제6 법칙: 운명이 신 레몬을 주면 그것으로 레몬수를 만들도록 노력하라.

제7 법칙: 다른 사람을 위해 조그마한 행복을 만들어주도록 노력하면 자신의 불행은 잊어버린다.'당신이 다른 사람에게 베풀 때 당신은 자신에 대해 최선인 것이다.'

# 제5부 고민을 이겨내는 방법

나의 부모는 고민을 어떻게 극복했을까?

# 나의 부모는 고민을 어떻게 극복했을까?

앞에서 말했듯이 나는 미주리 주의 농장에서 자라났다. 그 무렵의 어느 농민과 마찬가지로 부모는 가난한 생활을 하고 있었다. 어머니는 시골학교 교사였고, 아버지는 한 달에 12달러를 받고 남의 집 밭에 가서 일해주고 있었다. 어머니는 우리 옷을 만들었을 뿐만 아니라, 우리 식구들의 옷을 빠는 비누도 만들어 썼다.

우리 집에는 1년에 한 번씩 돼지를 팔 때가 아니고는 돈이 없었다. 버터나 계란을 가지고 가 식료품점에서 밀가루며 설탕이며 커피와 바꾸었다. 내가 12살 때 받은 한 해의 용돈은 50센트도 안 되었다. 독립 기념일의 축제여서 아버지가 10센트를 주었을 때, 나는 세계에서 으뜸가는 부자가 된 것 같은 기분이 들었다.

나는 날마다 1마일씩이나 걸어서 교실이 하나밖에 없는 학교에 다녔다. 큰 눈이 내려서 기온이 영하 28도쯤 내려갔을 때에도 걸어서 학교에 다녔다. 열네 살이 될 때까지는 고무신이나 장화를 신어보지 못했다. 길고 추운 겨울 동안 나의 발은 늘 젖어서 차가왔다. 어린 마음에 나는 겨울에는 으레 누구나 그런 것이라고 생각했다.

아버지와 어머니는 하루에 16시간이나 열심히 일했지만 항상 빚에 쪼들려 허덕였다. 아주 어렸을 때, 대홍수로 옥수수밭과 마초

풀밭이 물에 잠겨 엉망진창이 되어서 5, 6년 동안이나 농사를 망친 일을 나는 기억하고 있다. 또 해마다 콜레라로 돼지가 죽어 그것을 태우는 냄새로 속이 메스꺼웠던 일이 지금도 생각난다.

수해(水害)를 입지 않았던 한 해가 있었다. 옥수수가 풍작이었다. 우리는 송아지와 새끼돼지를 사서 옥수수로 그놈을 살찌게 했다. 그러나 결과는 수해 때나 마찬가지였다. 시카고의 가축시장에서 가축 시세가 폭락되어 우리는 애써 키웠지만 겨우 30달러를 벌었을 뿐이었다. 꼬박 1년을 일해서 겨우 30달러를!

무엇을 해도 손해를 보았다. 아버지는 새끼 노새를 사들여 3년 동안 사람까지 고용해서 길러 잘 키웠다. 그런 다음 배에 싣고 테네시 주의 멤피스로 갔다. 그런데 노새는 3년 전에 산 값 이하로 팔렸다.

10년 동안 온 가족이 열심히 일했지만 돈은 한 푼도 생기지 않고 빚만 늘었다. 밭은 저당 잡혔고, 갚아야 할 이자도 밀리기가 일쑤였다. 저당 잡은 은행은 아버지에게 욕설을 해대며 밭을 압류하겠다고 위협까지 했다. 아버지는 47세였는데, 30년 동안 피땀 흘려 부지런히 일한 결과는 빚과 굴욕감뿐이었다. 그것은 너무 가혹한 일이었다. 아버지는 고민했다. 그래서 건강을 잃었다. 날마다 밭에서 육체노동을 하는 데도 식사를 잘 못해 약을 드셔야만 했다. 그래서 아버지는 날로 여위어 갔다.

의사는 어머니에게 이러다가는 앞으로 반년도 더 살지 못할 것이라고 말했다. 아버지는 몹시 고민한 나머지 더 오래 살기가 싫어지기까지 했다고 한다. 아버지가 말에게 먹이를 주거나 암소의 젖을 짜기 위해 외양간에 갔다가 돌아오시는 시간이 늦어지면, 어머니는 아버지가 혹시나 외양간에서 목을 매어 자살이라도 하지 않을까 하고 염려하시며, 외양간으로 아버지를 찾으러 가곤 했다는 이야기를 어머니가 들려주셨다. 그리고 어느 날은 밭을 압류하겠다고 위협하는 은행이 있는 메르빌에 갔다가 돌아오는 길에, 아버지는 다리 위에서 말을 세우고 마차에서 내려 오랫동안 흐르는 강물을 굽어보다가 차라리 그냥 뛰어들어 모든 것을 끝내버릴까 하고 생각한 적도 있었다고 하였다.

뒷날 아버지는 왜 그때 뛰어들지 않았는지 그 까닭을 나에게 말해주었다. 그것은 어머니가 늘 인간은 하나님을 사랑하고 그 십계를 지켜가기만 하면, 모든 일이 잘되어갈 것이라고 진심으로 믿고 있었기 때문이었다고 했다. 과연 어머니는 옳으셨다. 나중에는 모든 일이 잘되어 나갔다. 아버지는 그 뒤 42년 동안을 행복하게 살다가 99세에 돌아가신 것이다.

이 고투와 가슴 아프던 기간 중에도 어머니는 결코 고민하지 않았다. 어머니는 그 마음의 괴로움을 하나님께 호소하고 있었던 것이다. 매일 밤마다 우리가 잠자리에 들기 전에, 어머니는 〈성경〉의 한 장을 낭독하셨다. 어머니와 아버지 중 어느 한 분이, 그 마음을 따뜻이 위로해주는 예수님의 말씀을 읽을 때도 있었다.

'내 아버지의 집에는 거할 곳이 많이 있느니라……. 나 거기에 가서 너희들을 위하여 있을 곳을 마련하리라……. 내가 있는 곳에 그대 또한 있으리라.'

그런 다음에 우리는 무릎을 꿇고 하나님의 가호를 비는 것이었다.

윌리엄 제임스가 하버드 대학의 철학교수로 있을 때 그는 "고민에 대한 최대의 처방은 신앙의 믿음이다"라고 했다.

독자들은 이 사실을 발견하기 위하여 하버드 대학까지 갈 필요는 없다. 나의 어머니는 미주리 주의 농장에서 이 사실을 발견했다. 홍수든 빚이든 재앙이든, 어머니의 행복스럽고 씩씩한 영혼을 굴복시킬 수는 없었다. 나는 어머니가 일하면서 부르던 찬송가를 선명히 기억하고 있다.

평화, 평화, 마음이 뛰는 평화여,
하늘에 계신 아버지에게서 흘러 떨어져
내 영혼을 영원히 채워주시길 기도하노니,
끝없는 사랑의 파도로 나를 감싸네.

어머니는 내가 한평생을 종교적인 일에 바치기를 희망했다. 나는 해외 선교사가 되기를 진지하게 생각하고 있었다. 그래서 대학에 들어갔지만 해가 지남에 따라 내 생각은 바뀌어 갔다. 나는 생물학, 과학, 철학, 비교 종교학을 배웠고 또 어떻게 해서 〈성경〉이 씌어졌는가에 관한 책을 읽었다. 그리고 나는 성경 논리에 의문을 품게 되었다. 그 무렵 시골 목회자들이 말하는 편협한 교리(敎理)에 의문을 품기 시작했던 것이다. 나는 어찌할 바를 몰랐다. 나는 월트 휘트먼처럼 자신 속에 기묘하고도 당돌한 의문이 움직이기 시작하는 것을 느꼈다.

나는 무엇을 믿어야 좋을지 몰랐다. 인생의 목적을 가질 수가 없었다. 나는 기도하기를 그만두었다. 나는 무신앙론자가 되었다. 나는 삶이 계획도 없고 목표도 없는 것이라고 믿었다. 인간은 2억 년 전에 이 땅 위를 기어 다닌 공룡이나 마찬가지로 어떤 목적도 없는 것이라고 믿었다. 언젠가는 인류도 공룡과 마찬가지로 멸망해 버릴 것이 틀림없다고 믿었다. 과학은 우리에게 태양이 조금씩 식어 간다는 것과, 그 온도가 10퍼센트 떨어지면 지구상에는 어떠한 생물도 살 수 없다는 것도 배워 알고 있다. 나는 또한 은혜로운 하나님께서 자신의 모습을 닮게 하여 인간을 창조했다는 관념에도 냉소했다. 나는 검고 차가움, 생명 없는 공간을 빙글빙글 돌고 있는 태양은 맹목적인 힘에 의해 만들어진 것이라고 믿었다. 아니, 창조된 것이 아니라 시간과 공간이 영겁으로 존재하듯이 처음부터 존재했는지도 모르는 것이다.

이 모든 의문을 지금은 풀었느냐고 질문한다면 나는 '아니오'라고 대답한다. 우주의 신비, 생명의 신비를 설명할 수 있는 사람은 아무도 없다. 인간은 신비에 싸여 있다. 당신의 신체 작용이나 당신 집의 전기, 금이 간 벽에 핀 꽃, 창밖의 푸른 잔디, 이 모두가 신비이다.

제너럴 모터스 연구소의 지도자로 천재인 찰스 F. 캐터링은 '왜 풀은 녹색인가'의 연구비로 한 해에 3만 달러의 돈을 자기의 개인 돈에서 안티옥 대학에 기부하고 있다. 그는 풀이 어떻게 하여 햇빛과 물과 일산화탄소를 당분으로 변하게 하는가를 알 수 있게 되면 문명에 일대 혁신을 가져오리라고 단언하고 있다.

자동차 엔진의 작동도 완전히 신비인 것이다. 제너럴 모터스 연구소는 오랜 시일과 거액의 돈을 투입하여, 왜 실린더 속의 조그마한 불꽃이 차를 움직이게 하는 폭발을 시키는가에 대해 연구하고 있는데, 아직 그 해답은 나오지 않았다.

우리가 자기의 몸이나 전기, 또는 가솔린 엔진의 신비를 이해하지 못한다고 그것을 사용하고 이용하는 것에 문제가 생기지 않는다. 기도나 신앙의 신비를 이해하지 못한다고 행복한 생활을 누리지 못하는 것도 아니다. 마침내 나는 '인간은 인생을 이해하기 위해서가 아니라 살기 위해서 태어났다'는 산타냐가 한 말을 깨달았다.

나는 다시 종교로 되돌아갔다. 아니, 종교의 새로운 개념에 파고들었다. 나는 이미 교회를 분립케 한 교리의 차이에는 별 관심을 갖지 않았다. 나의 흥미는 오로지 종교가 나에게 해주고 있는 사실에 있는 것이다. 그것은 마치 전기나 좋은 음식물, 또는 물이 내게 베풀어주는 혜택에 대해 관심을 갖는 것과 마찬가지다. 그것들은 나에게 보다 풍부하고 보다 충실한, 행복한 생활을 하도록 도와주고 있다. 그러나 종교는 그 이상의 것을 베풀어주고 있다.

종교는 나에게 정신적인 가치를 가져다준다. 윌리엄 제임스의 말을 빌리면 그것은 나에게 '인생의 새로운 열정, 보다 큰 인생, 보다 풍부하고 더 만족할 만한 인생'을 베풀어준다. 신념과 희망과 용기를 가져다줌으로써 긴장과 불안과 두려움과 고민을 해소하게 한다. 나의 인생에 목적과 방향을 가리켜준다. 나의 행복을 키워주고 건강을 증진시켜준다. 그것은 나에게 '인생의 소용돌이치는 사막 속에 평화스런 오아시스를 창조'해준다.

프란시스 베이컨이 350여 년 전에 "천박한 철학은 사람의 마음을 무신론으로 기울게 하고, 심원한 철학은 사람의 마음을 종교로 인도한다"고 한 것은 옳은 말이다.

과학과 종교의 논쟁이 벌어진 일도 있었으나 그런 논쟁은 지금은 없다. 오늘날의 과학인 정신의학은 예수가 가르친 것과 같은 것을 가르치고 있다. 왜냐하면 그것은 정신의학자가 기도와 강한 신앙이 질병을 일으키는 가장 큰 고민이나 불안, 또는 긴장이나 공포를 몰아 낸다는 것을 알고 있기 때문이다. 그들은 그들의 지도자 가운데 한 사람인 A. A. 브릴 박사가 "정말로 종교심이 깊은 사람은 정신병에 걸리지 않는다"고 말한 것을 알고 있다.

만일 종교가 진실이 아니라고 한다면 인생은 무의미하다. 인생은 비극적인, 속이 빤히 들여다보이는 연극인 것이다.

나는 헨리 포드와 그가 죽기 몇 해 전에 회견했었다. 나는 회견 에 앞서 오랫동안에 걸쳐 세계 최대 사업체를 창립하여 경영하 고 있는 형상이 그의 얼굴에 새겨져 있으려니 하고 생각했기 때문에, 막상 78세 노인의 침착하고 온화한 모습을 대했을 때는 정말 놀랐다. 내가 괴로움을 느낀 적은 없었느냐고 그에게 물었더니, 그는 다음과 같이 대답했다.

"없어요. 무슨 일이든 하나님께서 관장하고 계십니다. 하나님께서 는 나의 의견을 필요로 하지 않습니다. 하나님께서 책임을 져주시는 한 모든 일은 가장 좋게 된다고 믿고 있어요. 무엇을 고민할 게 있겠습니까?"

오늘날에는 정신의학자까지도 새로운 복음의 전도자가 되었다. 그들은 우리에게 내세 지옥의 업화(業火)를 모면하기 위해 종교적 인 생활을 보내라는 것이 아니라, 현세 지옥의 업화-위암이라든지, 협심증이나 신경쇠약, 또는 광기를 피하기 위해 종교적 생활을 하라 고 권하고 있는 것이다. 심리학자나 정신의학자의 대표적 의견을 알고 싶은 사람은 헨리 C. 링크 박사의 〈종교로의 복귀〉를 읽으면 좋을 것이다.

기독교는 확실히 인간에게 자극과 건강을 가져다주는 가르침의 종교이다. 예수는 "나는 그대들에게 생명을 주기 위해서 왔다. 그대들의 생명을 풍족하게 하기 위하여 왔느니라"고 강론했다. 예수는 그의 시대에 종교라고 지목되어 있었던 형식적인 의식이나 무의미한 형식을 비난하고 공격했다. 그는 반역자였다. 그는 새로운 종교, 세계를 뒤엎을 위험성을 지닌 종교를 설파했다. 그는 그 때문에 십자가에 못 박혔던 것이다.

그는 강론하기를, 종교는 인간을 위해 있는 것이지 인간이 종교를 위해 있는 것이 아니라는 것, 안식일은 인간을 위해 만들어진 것이지 안식일을 위해 인간이 만들어진 것은 아니라고 했다.

그는 죄에 관해서보다 두려움에 관해 많은 이야기를 했다. 그릇된 종류의 두려움은 건강에 거역하는 죄이며, 예수가 역설하고 있는, 보다 풍족하고 보다 행복하고 보다 용기 있는 인생에 거역하는 죄이다. 에머슨은 '환희의 과학'을 가르치는 선생이라고 자칭하고 있었다. 예수 역시 '환희의 과학'을 가르치는 선생이었다. 예수는 제자들에게 "기뻐하라. 그리고 즐거워하라"고 명령했다.

예수는, 종교는 두 가지의 중요한 일이 있는데, 하나는 진심으로 하나님을 사랑할 것과, 또 하나는 이웃을 자기 자신과 마찬가지로 사랑할 것을 말하고 있다. 자기 자신이 알거나 모르거나 간에 그것을 실행하는 사람은 신앙인이다. 예를 들어 오클라호마에 사는 나의 양부(養父) 헨리 프라이스 같은 분이 그렇다. 그는 황금률을 생활의 금과옥조로 삼고 비열한 짓이나 이기적인 짓, 또는 정직하지 못한 짓은 하지 않는다. 그러면서도 교회에 나가지 않는 무신앙론자로 자처하고 있었다. 이게 무슨 일인가! 도대체 크리스천이란 무엇인가! 이 대답은 존 베일리에게 부탁하기로 하자. 그는 에든버러 대학의 신학교수였던 석학(碩學)인데, 이렇게 말하고 있다.

"사람을 크리스천으로 만드는 것은 어떤 관념을 지적으로 받아들이는 것도 아니고, 어느 교리를 떠받드는 일도 아니다. 어떤 '정신'을 소지하는 일, 어떤 '생명'에 관여하는 일이다."

그것이 크리스천의 자격이라고 한다면 헨리 프라이스는 훌륭한 크리스천의 한 사람이다.

근대 심리학의 아버지 윌리엄 제임스는 그의 친구 토머스 데이비드슨에게 다음과 같은 말을 써 보냈다. '나이를 먹어 감에 따라 하나님 없이는 하루하루를 지내기가 더욱 어려워졌다는 것을 깨달았네.'

필자가 운영하는 성인강좌에서 모집한 체험담 가운데 당선의 영예를 차지한 글을 소개한다. 마침 하나님 없이는 생활할 수 없다는 것을 기이하게도 경험한 어느 부인의 실화다.

나는 그 부인을 메리 커슈먼이라고 부르기로 한다. 그녀의 아들이나 손자들이 발표된 그녀의 이야기를 보고 당혹할 염려가 있기 때문에 가명으로 하는 것이다. 그러나 그 부인은 실재했던 인물이라는 것을 미리 밝혀둔다. 나는 몇 달 전에 그녀의 입을 통해 직접 들었다. 그 이야기는 다음과 같다.

대공황 시기에 내 남편의 평균 주급은 18달러였는데, 남편은 신병 때문에 자주 결근했다. 그런 때에는 수입이 거의 없었다. 남편은 몸이 허약해 자주 자리에 눕곤 했다. 성홍열이나 이하선염이니, 게다가 감기에 잘 걸렸다. 사정이 이렇다 보니 우리는 우리가 직접 지은 작은 집도 남의 손에 넘겨주었고,

식료품 가게에는 50달러의 빚까지 지게 되었다. 아이들은 다섯이나 거느리고 있었다. 나는 이웃 사람들의 빨래도 맡아 해주고 다림질도 맡아 해주었다. 구세군 상점에서 헌옷을 사다가 고쳐서 아이들에게 입히기도 했다. 나는 마침내 스트레스가 심해져서 건강을 해쳤다.

그러던 어느 날, 11살 된 우리 아이가 잡화상에서 연필 두 자루를 훔쳐 그 주인에게 꾸지람을 받았다고 울며 말했다. 그 아이는 정직하고 감수성이 많은 성품이었는데, 많은 사람들 앞에서 모욕을 받고 창피를 당한 것이다. 나에게는 이것이 치명상이었다. 지금까지의 숱한 고생이 한꺼번에 덮쳐와 장래에 아무런 희망도 찾을 수가 없었다. 아마도 나는 그 고민 때문에 순간적으로 정신이 이상해졌던 모양이다.

나는 세탁기를 멈추고 다섯 살 된 여자아이를 침실로 데리고 가서, 창문을 닫고 문틈마다 헝겊 조각이며 종이 따위로 틀어막았다. 딸은 "엄마, 왜 그래. 자고 일어난 지 얼마 안 되었잖아"라고 말했다. "아니다. 낮잠을 조금만 자자." 나는 이렇게 대답하고 눈을 감고는 히터에서 새어나오는 가스소리를 듣고 있었다. 그때의 가스 냄새를 나는 한평생 잊을 수 없다!

그런데 그때였다. 내 귀에 갑자기 음악이 들려오는 것 같았다. 나는 귀를 기울였다. 주방에 있는 라디오 스위치를 깜빡 잊고 끄지 않았다. 그러나 그런 것은 아무래도 좋다. 그런데 음악은 여전히 계속되고 있었다. 누군가가 찬송가를 부르고 있었다.

자애 깊으신 우리의 벗 예수님은
우리의 죄와 슬픔을 씻어주시나니,
마음속의 피로움 숨김없이 말하여
왜인가는 말하지 않는 무거운 짐을
자애 깊으신 우리의 벗 예수님은
우리의 약함 알고 가엾어하시니,
피로움과 슬픔 속에 빠져들 때도

기도를 들으시와 위로해주시네.

이 찬송가에 귀를 기울이고 있는 동안, 나는 내가 비극적인 잘못을 저지르고 있다는 것을 깨달았다. 나는 나 혼자서 온갖 무서운 투쟁과 싸우려고 해왔다. 나는 기도로써 모든 것을 주님의 뜻에 맡기려고 하지 않았다. 벌떡 일어나 가스를 끄고 문과 창문을 열었다.

나는 그날 하루 종일 눈물에 젖어 기도를 드렸다. 주님의 도움만을 구한 것은 아니었다. 내게 주어져 있는 주님의 축복에 대해 진심으로 감사를 드렸다. 몸도 마음도 굳세고 튼튼한 아이를 다섯이나 주신 데 대해서이다. 나는 두 번 다시 이런 감사함을 모르는 짓은 하지 않겠노라고 주님 앞에 맹세했고, 그리고 나는 그 맹세를 지켜왔다.

우리는 집을 잃고 조그만 시골 학교로 월세 5달러로 세를 들어 옮겨야 했지만, 나는 그때도 주님께 감사했다. 비바람과 추위를 막을 수 있는 장소가 생긴 것에 감사를 드렸다. 나는 더 이상 나빠지지 않은 것을 주님께 감사했다. 그리고 주님께서 나의 기도를 들어주셨다는 것을 믿고 있었다. 왜냐하면 당장은 아니었지만, 상황이 조금씩 좋아졌고 경기가 회복됨에 따라 형편이 조금은 나아졌기 때문이다.

나는 어느 컨트리클럽의 모자 예치실에 고용되어 틈틈이 양말도 팔게 되었다. 아들 하나는 고학할 각오로 대학에 들어가 농장에 일자리를 얻어서 아침저녁으로 13마리나 되는 젖소의 젖을 짜게 되었다. 지금 내 아들들은 모두 잘 자라 결혼도 했다. 내게는 귀여운 손자가 셋이나 있다.

그 끔찍스러운 날, 가스 스위치를 틀었던 지나간 일을 돌이켜 생각할 때마다 나는 그 아슬아슬한 위기의 순간에 용케도 내 눈을 뜨게 해주신 주님께 감사를 드린다. 그때 만약 그런 끔찍한 짓을 저지르고 말았다면 오늘날의 이 기쁨을 누릴 수도 없었을 것이고, 행복스러운 많은 세월을 영원히 잃어버렸을 것이 틀림없다.

나는 죽고 싶다고 입버릇처럼 말하는 사람의 이야기를 들을 때마다 '죽어서는 안 돼! 절대로 안 돼요!라고 외치고 싶어진다. 어떻게 해서든지 참아야 하는 캄캄한 어둠의 순간은 결코 길지 않다. 그 다음 밝은 미래가 펼쳐지니까……

미국에서는 평균 35분마다 한 사람이 자살하고 120초마다 한 사람 꼴로 정신이상자가 생기고 있다.

이들 자살자의 대부분과 그리고 또한 정신이상이 된 사람의 반수는, 만일 그들이 종교와 기도에서 얻는 평화와 위안을 갖고 있었다면 방지할 수가 있었을 것이다.

현대의 가장 훌륭한 정신분석학자의 한 사람인 칼 융 박사는 그의 저서 〈영혼을 탐구하는 현대인〉에서 다음과 같이 말하고 있다.

"과거 30년 동안 나는 전 세계 문명국 사람들로부터 진찰해줄 것을 요청받아 몇 백 명의 환자를 진료했다. 내가 진찰한 환자 가운데서 인생의 제2기, 즉 35세 이상인 사람들 모두가 종교적 인생관에 최종적인 구원을 받아야 할 상태에 있었다고 진단하였다. 그들 모두가 지금까지 종교가 그 신자들에게 준 것을 잃었기 때문에 정신이상에 걸렸다고 해도 과언은 아니다. 그리고 그들의 종교적 인생관을 회복하지 못한 사람들은 제대로 치유되지 않는다."

윌리엄 제임스도 거의 같은 말을 하고 있다.

"신앙은 인간이 살아가는 데 필요한 하나의 힘이다. 신앙이 전혀 없다는 것은 허탈을 의미한다."

석가 이후에 있어서 인도의 최대 지도자인 고 마하트마 간디도 기도라는 힘에 격려받지 않았다면 의기를 소진해버렸을 것이다. 이것은 그가, "기도가 없었다면, 나는 벌써 미쳐버렸을 것이다"라고 말한 것으로도 알 수 있다.

이와 같은 사실에 대해서는 수천 명의 사람들이 같은 증언을 하고 있다. 나의 아버지도 만약에 어머니의 기도와 신앙이 없었더라면 물에 빠져 자살하고 말았을 것이다. 아마도 오늘날 정신병원에서 고래고래 고함을 지르며 많은 괴로움을 받는 사람들도, 만일 그들이 자력만으로 인생의 거친 파도를 넘으려 하지 않고, 보다 높은 힘에 도움을 구하기만 했다면 그들도 구원을 받았을 것이다.

우리는 자기 자신의 힘의 한계에 도달하면 너무나 고통스러운 나머지, 대부분 절망하여 신의 힘에 매달린다. '일인용 참호에 무신론자는 없다.' 그러나 어째서 우리는 절망에 빠질 마지막 순간까지 기다리는 것인가? 왜 나날의 힘을 새롭게 하지 않는가? 왜 일요일까지 미루는가?

오래 전부터 나는 평일 오후에 사람들이 별로 없는 교회에도 찾아 들어가곤 한다. 마음이 급해 단 2, 3분 동안도 차분하게 사색할 겨를이 없을 때, 나는 나 자신에게 이렇게 타이르곤 한다.

'잠깐만 기다려, 데일 카네기, 잠깐만 기다려. 어째서 그렇게 조급하고 초조해하는가? 잠깐 걸음을 멈추고 사물의 가치에 대해 정리할 필요가 있다.'

나는 이럴 때 으레 맨 처음에 눈에 띄는 교회로 들어간다. 나는 개신교도이지만 5번 거리의 성 패트릭 성당에도 들르곤 하였다. 그리고는 생각에 잠긴다. 나는 앞으로 30년쯤 후면 죽을 것이지만, 모든 교회에서 가르치고 있는 위대한 정신적 진리는 영원불멸이라고 생각한다. 나는 눈을 감고 기도를 드린다. 그렇게 하면 마음이 차분해지고 육체도 편안해진다. 판단력도 명확해져서 사물의 가치를 정리하는 데 확신이 선다는 것을 알 수 있었다. 당신도 이렇게 해보면 어떨까?

이 책을 쓰던 지난 6년 동안 어떻게 해서 기도에 의해 두려움이나 고민을 극복했는가에 관한 실례 또는 실화를 나는 몇 백 건이나 수집했다. 그 전형적인 예로 끔찍한 비극에 맞부딪쳤을 때 무릎을 꿇고, "오오, 주여, 주의 뜻대로 하옵소서"라고 기도함으로써 평화와 안정을 찾은 일리노이 주 하일랜드의 L. G. 베어드 부인을 소개한다. 그녀에게 온 편지에는 이렇게 씌어 있다.

어느 날 밤, 전화벨이 울렸습니다.

14번이나 울렸을 때 나는 겨우 용기를 내어 수화기를 들었습니다. 나는 틀림없이 병원에서 걸려온 것으로 짐작하여 두려웠던 것입니다. 나의 어린아이가 죽어가고 있다고 근심했던 것이지요. 뇌막염으로 이미 페니실린 주사를 맞고 있었는데 체온에 변화가 일어난 것입니다. 의사는 "균이 뇌에까지 침투해 있는지도 모른다, 만약 그렇다며 뇌종양으로 발전할 위험이 있다. 그렇게 되면 살려낼 수 없다"고 말했던 것입니다.

전화는 내가 걱정한 대로 병원으로 곧 오라는 것이었습니다. 대기실에서 기다리는 우리 부부가 어떤 심정이었겠는가는 짐작하실 겁니다. 다른 사람들은 모두 아기를 안고 있었습니다만, 우리만은 예외였습니다. 우리는 다시 한 번 아기를 안게 되는지 근심이 되어 미칠 것만 같았습니다.

한참 만에 우리는 부름을 받고 담당의사 진료실로 들어갔습니다만, 의사의 표정을 보고 우리는 가슴이 덜컥 내려앉았습니다. 의사의 말은 더욱 무서운 것이었습니다. 그의 말에 따르면 우리 아기가 살아날 확률은 사분의 일밖에 안 되니 만약 다른 의사의 진찰을 받아보고 싶거든 불러오는 게 좋겠다는 것이었습니다.

집으로 돌아오면서 남편은 흥분해서 주먹을 불끈 쥐고 핸들을 쾅쾅 두드리며 소리를 지르는 것이었습니다. "베츠, 난 우리 애를 절대 포기 못하겠소!" 선생님께서는 남자가 우는 것을 보신 일이 있습니까? 결코 즐거운 경험은 아닙니다. 우리는 자동차를 세워놓고 여러 가지를 의논한 끝에 교회에 가서 기도를 드리기로 결심했습니다. 만약 우리의 아기를 데려가는 것이 주님의 뜻이라면 주님의 뜻대로 하시라고 했습니다. 나는 무릎을 꿇고 울면서 "주님 뜻대로 하옵소서" 하고 기도했습니다.

그렇게 기도를 끝내자 나의 마음은 좀 밝아졌습니다. 오랫동안 느껴보지 못한 평화로움이 솟아났습니다. 나는 돌아오면서 계속 '주님의 뜻대로 하옵소서' 하고 되풀이했습니다. 그날 밤에는 오래간만에 푹 잠을 잤습니다. 그런 며칠 뒤에 의사로부터 아기가 위기를 벗어났다는 전화가 걸려왔습니다. 저는 지금 4살 된 건강한 어린아이가 우리 집에 있다는 것을 늘 주님께 감사하고 있습니다.

세상에는 종교를 마치 부녀자나 설교자를 위한 것처럼 보는 사람들이 있다. 그들은 제 힘으로 싸워 나갈 수 있는 '사나이다운 사나이'라는 것을 자랑으로 삼고 있다.

만약 그들이 세계에서 가장 유명한 '사나이다운 사나이'가 날마다 기도하고 있다는 사실을 안다면 몹시 놀랄 것이다. 이를테면 잭 템프시 같은 사람이 그렇다. 그는 밤마다 자리에 들기 전에 기도를 드린다고 말하고 있다. 그는 먼저 주님께 감사드린 뒤에야 식사를 하고, 시합을 앞두고 연습하는 중에도 날마다 기도를 하며 또한 시합 중에도 매회 시합이 시작되고 벨이 울리기 전에 기도한다고 말했다. 그는 이렇게 말하고 있다.

"기도는 나에게 용기와 자신을 갖게 하고 싸울 힘을 준다."

'사나이다운 사나이' 코니 맥은 매일 밤마다 기도를 드린 뒤가 아니면 잠잘 수 없다고 내게 이야기했다.

'사나이다운 사나이' 에디 리켄베이커는 그의 인생이 기도에 의하여 구원되었다고 믿고 있다. 그는 날마다 기도를 드리고 있다.

'사나이다운 사나이' 에드워드 R. 스테튜어스(전 제너럴 모터스의 최고 간부였고, 전 국무장관)는 매일 아침저녁으로 성스러운 지혜와 지도를 베풀어달라고 주님께 기도하고 있다는 말을 나에게 했다.

'사나이다운 사나이' J. 피어폰트 모건은 그 당시에 있어 최대의 재력가였는데, 그는 토요일 오후에는 가끔 혼자서 월가의 모퉁이에 있는 트리니티 교회에 가서 기도를 드리곤 했다.

'사나이다운 사나이' 아이젠하워는 미·영 연합국 최고 사령관으로 부임하기 위해 비행기를 타고 영국으로 갈 때 책 한 권을 휴대했다. 그것은 〈성경〉이었다.

'사나이다운 사나이' 마크 클라크 장군도 전시 중에 날마다 〈성경〉을 읽고 또한 기도했다고 나에게 말한 적이 있다. 장제스나 몽고메리 장군도 기도했다. 넬슨 제독도 트라팔가 해전 때 기도했다. 워싱턴이나 로버트 리나 스톤월 잭슨 같은 장군들을 비롯해 수많은 군 지도자가 그러했다.

이들 '사나이다운 사나이'들은 윌리엄 제임스의, "인간과 하나님 사이는 서로 밀접한 관계를 갖고 있다. 따라서 우리 자신을 하나님에게 맡기면 가장 심원한 운명이 성취된다"고 한 말의 진리를 깨닫고 있었던 것이다.

수많은 '사나이다운 사나이'가 똑같이 이 진리를 깨닫고 있다. 미국의 기독교 신자는 7천2백만 명에 이르고 있다. 이것은 지금까지 최고의 기록이다. 앞에서도 말한 바와 같이 과학자도 종교에 귀의해 가고 있다. 예를 하나 들면 〈인간 - 그 신비한 존재〉의 저자로 노벨상 수상자인 알레시스 카렐 박사가 있다. 그는 〈리더스 다이제스트〉 지의 기고문에서 다음과 같이 말하고 있다.

기도는 인간이 낼 수 있는 가장 강한 형식의 에너지이다. 그것은 지구의 인력과 같은 현실적인 것이다. 의사인 나는 수많은 사람들이 온갖 요법이 실패한 뒤에 기도라는 엄숙한 노력에 의해 질병이나 우울에서 구제를 받은 예를 목격하고 있다. 기도는 라듐처럼 빛나는 자기 발생 에너지원이다. 인류는 기도에 의해 그들 자신을 온갖 에너지의 무근원에 제소함으로써 그들의 유한의 에너지를 증대시키기를 바란다. 우리가 기도할 때, 우리는 우주를 움직이는 무한한 원동력과 우리와 결부시킨다. 우리는 이 힘의 일부가 우리의 필요에 주어지도록 기도한다. 이렇게 구함으로써만 우리의 인간적 결함은 충족되고 우리는 강화되고 치유되어 일어서게 되는 것이다. 우리가 진심어린 기도로 주님께 호소하면 우리의 정신과 육체는 질병에서 벗어난다. 짧은 한순간의 어떤 좋은 일일지라도 반드시 기도한 사람에게 가져다주는 결과물인 것이다.

바드 제독은 '우주를 움직이는 무한한 원동력에 우리를 결부시킨다'는 것이 무슨 의미인가를 깨닫고 있었다. 그의 깨달음이 그의 생애 중 가장 힘들었던 시련을 이겨 나가게 했던 것이다. 이 사실은 그의 저서 〈나 홀로〉에서 술회되고 있다.

1943년, 그는 남극의 오지인 로스 바리어의 만년 빙하에 묻힌 오두막에서 다섯 달 동안이나 살았다. 그는 남위 78도선 이남에서 유일한 생물이었다.

사나운 눈보라가 오두막 위로 무섭게 휘몰아치고 있었다. 추위는 영하 63도까지 내려갔다. 그는 끝없는 어둠에 완전히 포위되었다. 또한 그는 난로에서 새나오는 일산화탄소 때문에 점점 심하게 중독되어가고 있다는 것을 깨달았다. 어떻게 할 것인가? 가장 가깝게 구조를 받을 수 있는 곳도 198킬로나 떨어져 있었다. 구조대는 몇 개월 뒤가 아니면 도착할 가망성이 없다.

그는 난로와 환기장치를 수리했지만, 새나오는 가스는 멈추지 않았다. 그는 가끔 그 가스 중독 때문에 의식을 잃고 바닥에 쓰러져 있곤 했다. 그는 먹을 수도 없고 잘 수도 없었다. 그는 거의 침대를 떠날 수 없을 정도로 몸이 쇠약해졌다. 다음날 아침까지 생명이 붙어 있을 것 같지 않다고 두려워한 때도 자주 있었다. 그는 이 오두막에서 죽을 것이다. 그리고 시체는 내리퍼붓는 눈에 파묻혀 버리고 말 것이라고 생각했다.

그럼 무엇이 그의 목숨을 구했는가?

어느 날 그는 절망한 나머지 일기장을 꺼내 자기의 인생관을 써 내려갔다. 그는 이렇게 썼다. '인간은 우주에서 고독하지 않다.' 그는 머리 위 별자리와 행성의 규칙적인 운행에 대해 생각했다. 또한 영원히 빛나는 태양이 언젠가는 남극지방의 구석구석까지도 비쳐주기 위해 돌아올 것이라고 생각했다.

그는 일기장에 '나는 고독하지 않다'라고 썼다. 이 고독하지 않다, 지구 끝의 얼음구덩이 속에 있으면서도, 나는 고독하지 않다는 깨달음이 리처드 바드를 구한 것이다. 그는 이렇게 말했다.

"이 생각이 나를 지탱해주었던 것이다." 그리고 또 이렇게 말했다. "극소수의 사람들만이 일생 동안 그들 안에 있는 능력의 한계점까지 사용한다. 인간에게는 결코 아직 꺼내 쓰지 않은 깊은 힘의 우물이 있다."

리처드 바드는 하느님께 호소함으로써 이 힘의 우물을 길어내는 방법을 배웠고, 그 자원을 이용하는 방법을 깨달았던 것이다.

왜 종교적 신념이 우리에게 그러한 평화와 안정과 불굴의 정신을 가져다주는 것일까? 윌리엄 제임스의 대답을 들어보기로 하자. 그는 이렇게 말한다.

"미친 듯 날뛰는 바다 위의 거친 파도도 바다 밑바닥을 시끄럽게 하지 못한다. 광대하고 영원한 현실에 기초한 사람에게는 사소한 문제는 무의미한 것이다. 따라서 진실로 종교적인 사람은 동요됨이 없이 평정으로 가득 차 있다. 그리고 언제 닥쳐올지도 모르는 온갖 책무에 대해서도 침착하게 준비를 하고 있다."

우리가 고민하고 불안을 느낀다면 어째서 하나님께 의지하지 않는가? 임마누엘 칸트가 말했듯이 "왜 하느님에 대한 믿음을 받아들이지 않는가, 우리에게는 이러한 믿음이 필요하다."

그런데 우리는 왜 '우주를 움직이는 무한한 원동력'에 우리 자신을 연결시키지 않는가?

만일 당신이 태어났을 때부터, 또는 가정교육에 의한 종교적 인간이 아니라 하더라도, 그리고 철저한 무신론자라 할지라도, 기도는 당신이 생각하고 있는 이상으로 당신을 돕는다. 그것은 실용적인 것이기 때문이다. 실용적이란 무슨 뜻인가? 그것은 신자이든 신자가 아니든 간에 모든 사람들이 공유하는 3가지의 지극히 근본적인 심리적 욕구를 성취케 해준다는 의미이다.

첫째, 기도는 우리를 괴롭히고 있는 것이 무엇인가를 정확하게 언어로 표현하도록 도와준다.

앞에서도 말한 바와 같이 실체가 애매하고 뚜렷하지 않은 문제와 대결하는 것은 불가능하다. 기도는 문제를 종이에 적어보는 것과 비슷하다. 우리가 문제 해결에 도움을 받고 싶다면 상대자가 비록 하나님이라도 그것을 말로 표현해야 한다.

둘째, 기도는 우리에게 자기 혼자가 아니라 어느 누구와 무거운 짐을 나누어 지고 있는 듯한 느낌을 준다.

인간은 너무 무거운 짐이나 또는 견디기 어려울 만한 고민을 자기 힘만으로 감당할 만큼 강하지 못하다. 때로는 우리의 괴로움이 내밀한 것이어서 친척이나 친구에게도 털어놓기 어려운 경우가 있다. 그럴 때에는 기도가 있을 뿐이다. 정신과의사는 우리가 압박이나 긴장 또는 정신적 고민으로 괴로워할 때, 그것을 다른 사람에게 털어놓는 것이 치료에도 효과가 있다고 말하고 있다. 누구에게도 말할 수 없을 때에도 언제고 하나님께는 호소할 수가 있는 것이다.

셋째, 기도는 문제 해결을 위해 적극적으로 행동하게 한다. 기도는 행동의 첫걸음인 것이다.

날마다 무슨 일이든 그 성취를 위해 기도하는 것은 반드시 어떠한 은혜를 입게 되거나, 적어도 성취를 향해 노력하고 있다는 뜻이다.

알렉시스 칼렐 박사는 말한다. "기도는 인간이 발생케 할 수 있는 가장 강력한 에너지다." 그런데도 왜 좀 더 그것을 이용하지 않는가? 자연의 신비로운 힘이 우리를 지배하고 있는 한 그것을 신이라고 부르든 알라라고 부르든, 또 정령이라 부르든, 그 정의를 다툴 필요는 없다.

지금 곧 이 책을 덮고 침실로 들어가 문을 닫고 무릎을 꿇고 마음의 무거운 짐을 내려놓아라. 당신이 종교를 갖고 있지 않더라도 전능하신 하나님에게 기도해보라. 그리고 7백여 년 전 성 프란체스코에 의해 씌어진 다음과 같은 아름다운 기도문을 외워보라.

'주여, 저로 하여금 당신의 평화의 도구가 되게 하소서. 미움이 있는 곳에 사랑의 씨를 뿌리게 하소서. 다툼이 있는 곳에는 사면을, 의혹이 있는 곳에는 믿음을, 절망이 있는 곳에는 희망을, 암흑이 있는 곳에는 광명을, 비애가 있는 곳에는 환희를 있게 하소서. 위로 받기보다 위로하도록, 이해 받기보다 이해하도록, 사랑 받기보다 사랑할 수 있도록 하여주소서. 우리는 줌으로써 받고, 용서함으로써 용서받고, 죽음으로써 영생으로 태어난다는 것을 알기 때문입니다.'

# 제6부 부당한 비판을 이겨내는 방법

1. '죽은 개'를 걷어차는 사람은 없다
2. 비판을 무시하고 최선을 다하라
3. 자신이 저지른 어리석은 행동을 기록해두자

# 1. '죽은 개'를 걷어차는 사람은 없다

미국 교육계에 물의를 일으킨 사건이 1929년에 일어났다. 온 나라의 학자들이 그 사건을 확인하기 위해 시카고로 몰려들었다. 이보다 수 년 전에 로버트 허친스라는 젊은이가 급사며 벌목 노동자, 가정교사, 빨랫줄 판매원 등을 하면서 예일 대학을 졸업했다. 그로부터 고작 8년 뒤에 그는 미국에서 네 번째로 재력 있는 대학인 시카고 대학 학장으로 취임했다. 30세라는 젊은 나이로! 그보다 나이가 많은 교육자들은 고개를 저었다. 요란한 비판이 이 '신동'에게 집중되었다. 너무 젊다, 경험이 없다, 교육관이 너무 외곬이다 등 신문까지도 거기에 동조했다.

그의 취임식이 거행되던 날 친구 하나가 로버트 허친스의 아버지에게, "나는 오늘 아침 신문에 아드님을 공격하는 사설이 실려 있는 것을 읽고 분개했습니다"라고 말했다.

그러자 그의 아버지는 이렇게 대답했다.

"그렇습니까? 꽤 가혹하더군요. 그렇지만 아무도 '죽은 개'를 걷어차지는 않으니까요."

후일 에드워드 8세가 된 영국의 황태자(지금의 윈저 공)는 어린나이에 이것을 체험했다. 당시 그는 데븐셔의 다이트스 대학(이것은 미국의 아나폴리스 해군사관학교에 해당한다)의 학생으로서 겨우

14세였다. 어느 날 한 해군 장교가 그가 울고 있는 것을 보고 어찌된 일이냐고 물었다. 그는 처음에는 좀처럼 대답하지 않았으나 자꾸 캐물었더니 해군 후보생들에게 걷어차였다고 대답했다. 교장은 후보생들을 모이게 하여, 황태자가 불평을 하는 것이 아니라 다만 왜 자기 하나만 특별히 이런 봉변을 당했는지 그 까닭을 알고 싶어 한다고 말했다.

헛기침도 해보고, '음, 에……' 하며 어물어물 넘겨보려고도 하고, 방정맞게 다리를 까불며 딱한 처지를 면해보려고 하더니 후보생들은 마침내 털어놓았다. 그들의 말에 의하면, 그들이 영국 해군 사령관이나 함장이 되었을 때 "나는 옛날 우리 국왕을 걷어찬 일이 있다!"고 말하고 싶었기 때문이라고 하는 것이다.

그러므로 당신이 다른 사람에게 걷어차였다든지 비판을 받았을 때는, 당신을 걷어찬 사람은 그것으로 자기가 잘난 것 같은 느낌을 맛보고 있다는 것을 당신은 기억하는 것이 좋다. 그것은 흔히 당신이 무엇이든 남의 주목을 끌 만한 일을 하고 있다는 것을 뜻한다.

세상에는 자기보다 높은 교육을 받은 사람이나 성공한 사람을 나쁘게 말하여 야만적인 만족을 느끼는 사람이 많다. 예를 들면 내가 이 장을 집필하는 도중 한 부인으로부터 구세군 창시자인 윌리엄 부스 장군을 비난하는 편지를 받았다. 나는 전에 부스 장군을 칭송하는 방송을 한 일이 있었는데, 그 부인은 부스 장군이 가난한 사람들을 구제하기 위해 모은 돈 800만 달러를 가로챘다고 쓰고 있었다.

이 고발은 매우 어이없는 일이었고, 그 부인은 진실을 구하고 있었던 것은 아니었다. 그녀는 자기보다도 훨씬 나은 누군가를 비난함으로써 얻어지는 만족감을 구하고 있었던 것이다. 나는 이 악의에

찬 편지를 휴지통에 던져버리고 내가 그녀의 남편이 아님을 하나님께 감사했다. 그녀의 편지는 부스 장군에 관해서는 아무것도 내게 말하지 않았지만, 그녀 자신에 관해서는 많은 것을 소개했다. 쇼펜하우어는 "저속한 사람은 위인의 결점이나 실수에 대해 대단한 기쁨을 느낀다"고 말했다.

예일 대학의 학장을 저속한 사람이라고 생각하는 사람은 아마 없을 것이다. 그러나 전 학장이었던 티모시 드와이트는 미합중국 대통령에 입후보하고 있는 사람을 비난하는 것에 커다란 기쁨을 느끼고 있었던 것 같다.

예일 대학의 학장은 다음과 같이 경고했다.

"만일 이 사람이 대통령에 당선되면, 우리의 아내나 딸은 공인 매춘제도의 희생자가 되어 심하게 모욕을 받고 타락하게 되며, 우아함과 도덕으로부터 추방자로 변하여 하나님과 사람들에게 미움을 받고 배척당할 것이다."

이것은 히틀러에 대한 탄핵과 퍽 닮지 않았는가? 아니, 그렇지 않다. 이것은 토머스 제퍼슨을 탄핵한 것이다. 어느 토머스 제퍼슨이냐? 설마 독립선언을 기초했던 민주주의의 수호자 토머스 제퍼슨은 아닐 테고? 그렇다, 바로 그 제퍼슨인 것이다.

미국인으로 '위선자', '사기꾼', '살인범보다 조금 나은 사나이'라고 공공연히 욕을 얻어먹은 것이 누구였다고 생각하는가? 어느 신문의 만화는 단두대를 그의 옆에 세워놓고, 그를 거리로 끌고 다니며 그에게 군중이 욕설을 퍼부으며 꾸짖는 광경을 그렸다. 그게 누구인가? 바로 조지 워싱턴이다. 그것은 오래 전 일이다.

오늘날은 인간성이 향상되어 있을 것이라고 말할는지도 모른다. 그럼 생각해보자. 페리 제독의 예를 보자.

그는 1907년 4월 6일, 개썰매를 타고 북극을 밟아 세계를 깜짝 놀라게 한 탐험가이다. 이 북극 결승점에 이르려고 몇 세기에 걸쳐 용감한 사람들이 갖은 고초로 생명을 잃었던 것이다. 페리 자신도 추위와 굶주림 때문에 거의 죽을 뻔했다. 그의 발가락 여덟 개는 심각한 동상 때문에 잘라내야만 했다. 그는 계속되는 고난 속에서 미칠 것 같았다.

그럼에도 불구하고 워싱턴에 있는 그의 해군 상관들은 페리가 인기를 독차지하고 있는 것을 시기했다. 그들은 그가 과학적 탐험이라며 모금해놓고 북극에서 빈둥거리며 놀고 있다고 비난했다. 그들은 정말 그렇게 믿었는지도 모른다. 믿고 싶은 것을 믿지 않는 것은 불가능하기 때문이다.

페리를 골탕 먹이고 그의 계획을 무산시키려고 하는 그들의 결의는 대단했지만 매킨리 대통령의 명령으로 그는 북극탐험을 간신히 계속할 수 있었다. 페리가 워싱턴 해군성에서 업무를 보고 있었어도 그렇게 비난을 받았을까? 아니다, 그런 일은 그들의 질투를 살 만큼 중요하지 않기 때문이다.

그랜트 장군은 북부를 기쁨에 들끓게 한 최초의 대승리를 거뒀다. 반나절 전투에 의한 승리, 그랜트로 하여금 하룻밤 국민의 우상이 되게 한 승리, 멀리 유럽에까지 엄청나게 큰 반향을 일으키게 한 승리, 대서양 연안부터 미시시피 강에 이르는 모든 교회의 종을 울리게 하고 축하의 횃불을 들게 한 승리였다.

그런데 북군의 영웅 그랜트는 대승리를 거둔 지 6주일도 되기 전에 체포되어 군대의 지휘권을 박탈당했다. 그는 굴욕과 절망 속에서 오열했다. 그랜트 장군은 왜 그 승리의 절정에서 체포되었는가? 그 주된 이유는 오만한 상관들의 질투와 선망을 불러일으켰기 때문이었다.

그러므로 부당한 비판을 이겨내는 제1 법칙
부당한 비판은 흔히 위장된 찬사이다.
그것은 보통 당신이 다른 사람에게 질투나 선망의
대상이었다는 것을 의미하고 있다.
'죽은 개를 걷어차는 사람은 없다'는 것을 기억하라.

## 2. 비판을 무시하고 최선을 다하라

나는 스메들리 버틀러 소장과 대화를 나눈 일이 있다. '천리안'이니 '저승사자'니 하는 별명을 지닌 희대의 인물이다. 그는 미국 해군 중에서 가장 화려한 경력과 심한 질시를 받은 사령관이다.

그는 나에게 이런 말을 했다. 젊었을 때 그는 인기를 얻고 싶었다. 무엇보다도 세상 사람들의 좋은 평판을 얻고 싶었다. 그래서 극히 사소한 비판에도 신경이 날카로워져 흥분하곤 했다. 그러나 30년 동안의 해군 생활은 그러한 그의 얼굴 피부를 무디게 했다. 그는 이렇게 말했다.

"나는 자주 욕설을 들었고 모욕도 당했습니다. '겁쟁이', '독사', '스컹크'라고요. 나는 윗사람들에게도 형편없는 말을 들었습니다. 영어의 온갖 욕설을 모두 나에게 퍼부었습니다. 분해서 화가 났느냐고요? 아뇨! 요즘은 내게 욕을 퍼붓는 소리가 들려도 욕하는 자의 얼굴을 보지 않습니다."

아마도 '천리안'은 비판을 졸업해버린 모양이다. 그러나 우리 대부분은 우리에게 던져지는 조소나 욕설에 너무 신경을 쓰고 있다.

나의 성인강좌 공개수업에 찾아온 〈뉴욕 선〉지의 기자가 나와 내가 하는 일에 비판적이고도 조롱하는 기사를 쓴 일이 있었다. 내가 분개했을까? 물론이다. 나는 그것을 개인적인 모욕이라고 생각했다. 나는 〈뉴욕 선〉 지의 독자운영위원회 회장 길 하지스에게 전화를 걸어, 조롱 섞인 기사에 대한 정정 기사를 지상에 게재해 달라고 요청했다. 나는 기사의 집필자에 대해 끝까지 책임을 지게 할 생각이었다.

나는 지금 그때 내가 취한 행동을 부끄럽게 생각하고 있다. 구독자의 반은 그 기사를 읽지 않았을 것이고, 읽은 나머지 반의 구독자도 단순한 웃음거리로밖에는 받아들이지 않았을 것이다. 그리고 그들도 몇 주일 안에는 깨끗이 잊어버리고 말았을 것이 틀림없었다.

나는 요즘 인간은 남의 일을 생각하거나 다른 사람의 비판에 무관심하다는 것을 알고 있다. 그들은 아침부터 밤 12시가 넘어서도 끊임없이 자기 일만을 생각하고 있다. 그들은 다른 사람이 죽었다는 뉴스보다도 자신의 가벼운 두통에 대해 천 배, 만 배로 신경을 쓰고 있는 것이다.

우리가 속임을 당하거나 비웃음을 당하거나 배반을 당하거나, 또는 가장 절친한 친구에게 허를 찔리는 배신을 당하더라도 자기 연민에 빠지는 것은 어리석다.

우리는 그보다도 예수가 겪은 일을 생각해야 할 것이다. 예수로부터 최대의 신임을 받고 있던 열두 사도 가운데 한 사람은 오늘날의 돈으로 치면 겨우 19달러가 될 정도의 돈 때문에 예수를 배반했다. 또 다른 한 사람은 예수가 어려운 처지를 당하자 그를 버리고 달아나서 세 번이나 자기는 예수를 모른다고 단언하며 선서까지 했다.

예수에게도 이런 일이 있었다면 우리가 그 이상을 기대한다는 것은 무리가 아니겠는가?

나는 오래 전부터 다른 사람에게서 부당한 비판을 받지 않도록 할 수 있다는 것은 불가능한 일이지만, 그러한 비판에 정신을 쓰지 않도록 한다는 것은 가능하다는 것을 깨달았다. 그 점을 명확하게 밝혀두겠는데, 모든 비판을 무시하라고 주장하는 것은 아니다. 부당한 비판을 무시하라고 말하고 있는 것이다.

나는 엘리너 루스벨트 여사에게 부당한 비판에 대한 당신의 마음가짐은 어떠하냐고 물어본 적이 있다. 백악관에 살았던 여성 가운데서 그녀만큼 열렬한 동지와 맹렬한 적을 가진 사람은 별로 없을 것이다.

소녀 시절의 그녀는 거의 병적이라고 할 만큼 내성적이어서 다른 사람이 뒤에서 험담하는 것을 무서워했다고 내게 말했다. 그래서 어느 날 그녀는 숙모에게 고민을 털어놓았다.

"숙모님, 전 이 일을 하고 싶은데 남들이 뭐라고 할까봐 겁이 나요."

데이 루스벨트의 누이동생은 조카딸의 얼굴을 뚫어지게 지켜보더니 이렇게 말했다.

"네 마음속으로 그것이 옳다는 것을 알고 있거든, 남이 하는 말 따위에는 신경 쓰지 않도록 해라."

엘리너 루스벨트는 나에게 이 충언이 그녀가 뒷날 백악관의 여주인이 되었을 때 정신적 지주가 되었다고 이야기했다. 그녀는 또한 온갖 비판에서 벗어나는 유일한 방법은 드레스덴의 도자기 인형처럼 선반 위에 자리잡고 앉아 있는 일이라고도 이야기했다.

"자기 마음속에서 옳다고 믿는 일을 하면 된다. 해도 비판을 듣고 하지 않아도 비판을 듣는다. 어차피 비판에서 벗어날 수는 없는 것이다." 이것이 그녀의 충고다.

매슈우 C. 브러시가 아메리칸 인터내셔널 코퍼레이션의 사장으로 있었을 때, 나는 그에게 남들의 비판에 마음을 썼느냐고 물어보았다. 그러자 그는 이렇게 대답했다.

그렇소, 젊었을 때는 그것이 몹시 마음에 걸렸죠. 회사의 모든 종업원들에게 완전한 인물로 인정되기를 바랐죠. 그래서 그들이 그렇게 생각하지 않으면 나는 고민했습니다. 나는 나에게 가장 심하게 반감을 가지고 있는 듯한 사람을 달래려고 했는데, 그것은 도리어 다른 사람을 분노하게 만드는 결과가 되었습니다. 그래서 이번에는 그 사람과 타협하려 하자, 이번에는 또 다른 무리들이 기분나빠하더군요. 나는 마침내 나에 대한 비판을 피하기 위해 수습하려고 노력하면 할수록 적이 늘어간다는 것을 깨달았습니다.

그래서 내 자신에게 타일렀습니다. '남의 윗사람 노릇을 하는 한, 남의 비판에서 벗어난다는 것은 불가능하며 신경을 쓰지 않도록 하는 수밖에 없다.' 이 생각은 놀라울 만큼 효과가 있었습니다. 그때부터 나는 내가 옳다고 생각하는 일을 실행하고, 실행한 뒤에는 낡은 우산을 받쳐 비판이라는 이름의 비가 어깨를 적시지 않도록 하고 있습니다.

찰스 슈와브는 프린스턴 대학 학생들에게 한 연설 가운데서 그가 지금까지 배운 가장 중요한 교훈의 하나는 슈와브의 제철공장에서 일하고 있는 늙은 독일인에게 배운 것이라고 고백했다.

늙은 독일 사람은 전쟁 중에 흔히 일어나는 끔찍한 전쟁 논쟁에

휘말려 흥분된 노동자들의 손에 의해 강에 내던져졌는데, 슈와브는 그 사실에 대해 이렇게 말했다.

"그가 진창투성이의 물에 빠진 생쥐 같은 꼴로 내 사무실에 나타났을 때, 나는 그에게 자기를 강물에 처넣은 사람들에게 뭐라고 말해주었느냐고 물었습니다. 그는 대답하기를 '그냥 웃었을 뿐이죠'라고만 했습니다."

슈와브 씨는 그런 일이 있은 뒤로 그 늙은 독일 사람의 말인 '그냥 웃어라'를 좌우명으로 삼고 있다고 단언했다.

이 좌우명은 우리가 부당한 비판의 희생자가 되었을 때 특히 도움이 된다. 덤벼드는 상대에게 공격할 수는 있지만 '그냥 웃는' 상대에게 어떻게 손을 댈 수가 있겠는가?

링컨이 만약 그에게 쏟아지는 신랄한 비난에 대꾸하는 것이 어리석다는 것을 깨닫지 못했다면, 그는 아마도 남북전쟁의 과로 때문에 쓰러지고 말았을 것이다. 그가 어떤 방식으로 그에 대한 비난을 헤쳐나갔는가에 관한 그의 기록은 문학사의 주옥(珠玉)으로서 고전이 되어 있다.

맥아더 장군은 전쟁 중에도 그 사본을 자기 책상 위에 놓아두고 있었다.

윈스턴 처칠은 그 사본을 액자에 넣어 그의 서재 벽에 걸어놓고 있었다. 그것은 다음과 같은 문장이다.

나에게 가해지는 공격에 대해 대답하기는 고사하고 다만 읽기라도 하려고 생각했다면, 나는 이 사무실을 폐쇄해버리고 무엇이든지 다른 사업을 시작하는 것이 좋다. 나는 내가 아는 한 가장 옳은 일을 최선을 다해 실행하고 있다. 나는 그것을 끝까지 해 나갈 것이다. 그리고 그 마지막 결과가 좋으면 나에게 가해진 비판쯤은 문제가 되지 않는다. 그러나 마지막 결과가 좋지 않다면, 열 명의 천사가 내가 옳았다고 증언해주더라도 그것은 아무런 쓸모없는 것이다.

> **그러므로 부당한 비판을 이겨내는 제2 법칙**
> 무시하고 최선을 다하라.
> 그리고 낡은 우산을 받쳐서라도 비판이라는 이름의 비가
> 어깨로 흘러 떨어지는 것을 막아라.

# 3. 자신이 저지른 어리석은 행동을 기록해두자

나는 내가 지금까지 해온 어리석은 행동을 일일이 기록한 서류를 보존하고 있다. 그리고 나는 때때로 이런 메모를 비서에게 구술해 기록하고 있는데, 그 가운데서 특히 개인적이고 지나치게 바보스러운 것은 부끄럽기 때문에 내가 직접 적는다.

나는 지금도 15년 전의 나에 대한 비판을 기억하고 있다. 만일 내가 나 자신에 대해 매우 정직했다면 메모는 상당히 많아졌을 것이다. 3,000여 년 전 구약성서에 나오는 사울 왕이, "나는 어리석었느니라. 나는 참으로 많은 잘못을 저질렀도다!"라고 한 말은 나에게 그대로 들어맞는 말이다. 나의 어리석은 행동을 기록한 메모를 꺼내들고 자기가 쓴 자기에 대한 비판을 다시 읽는다는 것은 앞으로 내가 직면하게 될 문제를 처리하는 데 도움이 된다.

나는 자신의 고민을 남의 탓으로 돌렸던 일이 있었는데, 나이를 먹어감에 따라 현명해져 결국 모든 나의 불행은 나의 책임이라는 것을 깨닫게 되었다. 많은 사람들도 나이를 먹어감에 따라 그것을 깨닫는다.

"나의 몰락은 누구의 탓도 아니다. 나 자신의 탓이다. 내가 나 자신의 최대의 적이며 나 자신의 비참한 운명의 원인이었다."

나폴레옹도 세인트헬레나에서 이렇게 말했던 것이다.

내가 아는 사람 가운데 자기 평가와 자기 지배에 있어서 입신(入
神)의 경지에까지 이르러 있던 사람의 이야기를 하겠다. 그의
이름은 H. P. 하우엘이다. 그가 1944년 7월 31일에 뉴욕에 있는
호텔 앰버서더 약국에서 급사했다는 뉴스가 전국에 보도되었을 때
월가는 깜짝 놀랐다. 그도 그럴 것이 그는 미국 재계의 지도자였으니
까. 그는 미국상업신탁은행의 회장을 비롯해 몇몇 큰 회사의 이사이
기도 했다.

그는 정식교육은 거의 받지 못했다. 시골 상점 점원으로 시작하여
US 철강의 외판부 지배인이 되어 지위와 능력을 넓혀가고 있을
때였다. 내가 그에게 성공 비법을 물었을 때 그는 이렇게 대답했다.

나는 여러 해 동안, 그날그날의 약속에 대한 일정표를 작성하고 있습니다.
내 가족은 토요일 밤의 예정표를 작성할 때 나를 빼놓곤 했습니다. 그것은
내가 토요일 밤을 나 자신의 분석과 그 주일에 한 일의 평가에 소비한다는
것을 알고 있기 때문입니다.

저녁식사를 한 뒤 나는 자리에서 일어나 약속 비망록을 펼쳐놓고 월요일
이후에 일어난 모든 토의와 회합에 대해 재분석해봅니다. 그리고 자문합니
다. '나는 그때 어떤 잘못을 저질렀는가?' '어떤 옳은 일을 했는가, 어떻게
하면 내가 한 일을 개선할 수 있었을까?' '그 경험으로 어떤 교훈을 배울
수 있는가?' 하고요. 이 매주의 재분석은 때로는 나를 몹시 후회하게 만든
일도 있었습니다. 또한 자기가 저지른 얼빠진 실수에 대해 어처구니없어
한 때도 있었습니다.

그러나 해가 지남에 따라 이러한 실패도 점점 줄어들었습니다. 이 '자기

분석법'은 지금도 계속되고 있는데, 내가 지금까지 시도한 방법 가운데 이것 이상으로 내게 도움이 된 것은 없었습니다.


H. P. 하우엘은 아마도 이 아이디어를 벤저민 프랭클린에게서 빌려온 것 같다. 프랭클린은 다만 토요일 밤까지 기다리지 않았을 뿐이다. 그는 매일 밤마다 자기반성을 했다. 그리하여 그는 13가지의 중대한 과실을 발견했다.

그 가운데 3가지를 들면 시간의 낭비, 사소한 일에 언제까지나 마음을 쓰고 괴로워한다는 것, 다른 사람과 논쟁을 하거나 다른 사람의 주장을 반박하는 것 등이다. 현명한 프랭클린은 그것을 깨달았다. 그리고 자신이 이러한 핸디캡을 없애지 않는 한 크게 발전할 수 없다는 것을 알았다.

이리하여 그는 먼저 첫째 결점을 1주일 동안에 극복하려고 노력했다. 그리고 이 나날의 격렬한 싸움으로 어느 쪽이 이기는가를 기록했다. 둘째 주일에는 두 번째 결점을, 셋째 주일에는 세 번째 결점을, 그는 이렇게 하여 그 싸움을 2년 동안이나 계속했던 것이다. 그가 미국이 낳은 가장 사랑받고 가장 영향력 있는 인물이 된 것도 결코 이상한 일이 아니다.

앨버트 허버드는 이렇게 말했다.

"누구나 하루에 적어도 5분 정도는 진짜 바보가 된다. 지혜란 그 한계가 있는 것이다."

소인배는 아주 사소한 비판에 대해서도 흥분하여 성내지만, 현명한 사람은 자기를 비난하고 공격하고 논쟁한 사람에게서도 무언가를 배우려고 한다. 월트 휘트먼은 그것을 다음과 같이 말하고 있다.

"당신은 당신을 칭찬하고 당신에게 부드럽고 상냥하게 대하고, 당신 편을 들어준 사람에게서만 교훈을 배웠는가? 당신은 당신을 배척하고 당신에게 반대하고 당신과 논쟁한 사람에게서는 귀중한 교훈을 배우지 못하였는가?"

우리의 적이 우리나 우리의 일에 가하는 비판을 기다리지 말고 그들을 앞질러서 우리들 자신이 우리에 대한 냉혹한 비판자가 되자. 우리의 적이 한마디라도 발언할 기회를 잡기 전에, 우리 자신이 우리의 약점을 발견하여 고치도록 하자.

찰스 다윈은 바로 이렇게 했다. 실제로 그는 15년 동안을 자신의 비판자로 보냈다. 다윈이 그의 불후의 저작 〈종의 기원〉을 탈고했을 때, 그는 창세(創世)에 관한 그의 혁명적 개념이 사상계와 종교계를 뒤흔들게 할 것을 알고 있었다. 그래서 그는 자기 자신의 비판자가 되어 15년간을 사실의 재조사와 추리의 재검토와 결론의 비판으로 소비한 것이다.

만약 누가 당신에게 '이 바보 같은 놈아'라고 욕설을 퍼부었다고 한다면 당신은 어떻게 하겠는가? 성을 내겠는가, 분개하겠는가?

링컨은 다음과 같이 했다.

링컨이 대통령이었을 때 국방장관 에드워드 M. 스탠튼은 링컨이 그의 소관 업무에 간섭하는 것에 분개했다. 링컨이 어느 이기적인 정치가의 부탁을 들어 두서넛의 연대에 대한 이동명령에 서명했다. 스탠튼은 링컨의 명령을 거부하고, 그런 명령에 서명하다니 링컨은 멍청이라고 욕설을 한 것이다. 그 뒤에 어떻게 되었겠는가?

스탠튼의 말이 링컨에게 전해졌을 때 링컨은 평온한 태도로 "만약 스탠튼이 나를 멍청이라고 말했다면 나는 멍청이겠지. 그 친구가 말한 것은 대부분 틀림없으니까. 내가 직접 가서 확인하고 와야겠군" 하고 대답했다고 한다.

링컨은 스탠튼을 찾아갔다. 스탠튼은 그 명령이 잘못되었다는 것을 링컨으로 하여금 납득케 하였고, 링컨은 그것을 취소했다. 링컨은 올바른 동기에서 나온 비판이라면 기꺼이 받아들인 것이다.


우리도 이러한 종류의 비판은 환영해야 한다. 왜냐하면 우리는 네 번 가운데 세 번 이상은 잘못을 저지르지 말아야겠다고 해도 그렇게 되기 어려운 것이다.

데어도 루스벨트도 재임시절 잘해야 그 정도라고 말하고 있다. 현대에 있어서 가장 심원한 사상가 중 한 사람인 아인슈타인도 그의 결론의 99퍼센트는 잘못된 것이었다고 고백하였다. 또 로쉬푸코는 이렇게 말했다. "우리 반대편의 의견은 그것이 우리에 관한 것인 한, 우리의 의견보다도 진실에 가깝다."

나는 이 말이 대부분의 경우 진실이라는 것을 알고 있다. 그러나 누군가가 나를 비판하기 시작하면, 나는 상대가 무엇을 말하려하는지 알기도 전에 자동적으로 방어 태세를 취하고 만다. 이럴 때에는 나 자신에게도 정이 떨어진다. 우리는 비판이나 칭찬이 합당하든 부당하든 간에 관계없이 비판에는 분개하고 칭찬에는 기뻐하는 경향이 있다. 우리는 논리적인 동물이 아니라 감정적인 동물인 것이다. 우리의 논리는 감정이라는 깊고도 어두운 폭풍의 바다에 떠 있는 자작나무 껍질로 만든 카누와 같은 것이다.

만일 누군가가 우리를 비판하고 있을 때에는 자기를 변호하지 않기로 하자. 그것은 어리석은 사람이나 하는 행동이다. 우리는 보다

독창적으로 겸허하고 훌륭하게 행동하자! 그리고 "만약 나를 비판하는 사람이 나의 다른 온갖 결점을 알고 있었다면 더 통렬하게 나를 비판하였을 것입니다" 하고 말함으로써 우리를 비판한 사람을 어리둥절하게 하고 다른 사람을 감탄하도록 하자.

🪝  나는 앞에서 부당한 비판을 받았을 때 어떻게 할 것인가에 대해 말했는데, 여기 또 하나의 아이디어가 있다. 당신이 부당하게 비판받았다고 느껴져 화가 치밀어 올랐을 때, 당신은 그 화를 자제하고 이렇게 말하기로 하자.

"잠깐만…… 물론 나도 완전무결한 사람은 아니다. 만약 아인슈타인이 99퍼센트나 잘못되었다고 고백하였다면, 나는 적어도 80퍼센트는 잘못되어 있을지도 모르겠군. 어쩌면 이 비판은 맞았는지도 모르겠다. 그렇다면 도리어 감사해야겠는걸. 그리고 거기서 나는 뭔가를 얻도록 노력해야겠어."

펩소던트 회사 사장 찰스 럭먼은 보브 호프를 방송에 출연시키기 위해 한 해에 100만 달러나 쓰고 있다. 그런데 그는 그의 출연에 대해 칭찬하는 편지는 보려고 하지 않고 비판적인 편지만을 골라보고 있다고 했다. 그것이 참고가 된다는 것을 알고 있기 때문이다.

포드 회사는 모든 종업원들에게 회사를 비판하는 투서를 하게 했다. 관리와 작업에 무언가 결함이 있지 않을까를 꼭 알고 싶어였던 것이다.

한번은 나의 의견을 말해 달라고 부탁하는 비누 판매원이 있었다. 그가 처음 콜게이트 비누를 팔기 시작했을 때, 그는 주문을 거의 받지 못했으므로 혹시 직업을 잃지나 않을까 걱정이 태산이었다.

그는 비누의 품질이나 가격에는 아무런 이상이 없다는 것을 알고 있었으므로, 문제는 자기에게 있는 것이라고 생각했다.

그래서 판매를 나갔다가 실패하면 도대체 무엇이 잘못이었는가를 곰곰이 생각하면서 자주 그 주변을 서성거리곤 했다. 그는 요령이 없었던 것이었을까? 열성이 부족했던 것이었을까? 그는 때로는 매장에 다시 가서 말했다.

"저는 비누를 팔려고 다시 온 것이 아닙니다. 선생님의 비판과 의견을 좀 듣고 싶어서 돌아왔습니다. 제가 아까 비누를 팔아달라고 했을 때, 제가 어떤 실수를 했는지 그것을 가르쳐주시면 고맙겠습니다. 선생님은 저보다도 훨씬 경험이 있으시고 성공하신 분이니 거절하지 마시고 저에게 무엇이 문제가 있는지 비판을 해주십시오."

이런 행동에 의해 그는 많은 친구를 만들었고 아주 귀중한 충고를 들을 수 있었다. 그 사람이 그 후에 어떻게 되었다고 생각하는가? 그는 지금 세계 최대의 비누 제조회사인 콜게이트 파몰리브 비누 회사의 사장이다. 그의 이름은 E. H. 리틀이다. 그는 미국의 전년도 고액 수입자 순위 열다섯 번째이다.

그러므로 부당한 비판을 이겨내는 제3 법칙

자신이 저지른 어리석은 행동을 기록해두었다가
스스로 비판하자. 우리가 완전해질 수는 없다.
편견을 버리고 건설적인 비판을 자진해서 받아들이자.

# 부당한 비판을 이겨내는 방법

제1 법칙: 부당한 비판은 흔히 위장된 찬사이다. 그것은 보통 당신이 다른 사람에게 질투나 선망의 대상이었다는 것을 의미하고 있다. '죽은 개를 걷어차는 사람은 없다'는 것을 기억하라.

제2 법칙: 무시하고 최선을 다하라. 그리고 낡은 우산을 받쳐서라도 비판이라는 이름의 비가 어깨로 흘러 떨어지는 것을 막아라.

제3 법칙: 자신이 저지른 어리석은 행동을 기록해두었다가 스스로 비판하자. 우리가 완전해질 수는 없다. 편견을 버리고 건설적인 비판을 자진해서 받아들이자.

# 제7부 에너지와 정신을 건강하게 유지하는 6가지 방법

1. 활동 시간을 하루에 1시간 늘리는 방법
2. 무엇이 사람을 지치게 하는가?
3. 가정주부가 고민에서 벗어나고 젊음을 유지하는 방법
4. 피로와 고민을 추방하는 4가지 좋은 작업습관
5. 피로, 고민, 원한을 불러오는 권태를 몰아내는 방법
6. 불면증에 대한 고민을 없애는 방법

# 1. 활동 시간을 하루에 1시간 늘리는 방법

🐉 고민을 해결하는 방법에 관한 책을 쓰면서
왜 피로 예방법에 관해 쓰고 있는 것일까?
그것은 피로가 걱정을 불러일으키며 적어도 걱정에 감염되기 쉽기
때문이다. 또한 피로는 흔히 감기를 비롯하여 다른 온갖 질병에 대한
육체적 저항력을 약하게 한다. 정신과의사는 피로가 공포나 근심이
라는 감정에 대한 저항력을 저하시킨다고도 한다. 그러니까 피로를
예방하는 것은 고민을 예방하는 데 도움이 된다. 도움이 된다고 말했
는데 이것은 매우 소극적인 표현이다.

에드먼드 제이콥슨 박사는 이보다 훨씬 더 강하게 표현한다. 그는
긴장 완화에 관한 두 권의 저서를 내놓았다. 〈적극적인 긴장 완화〉
와 〈긴장 완화가 필요한 이유〉 두 권이다. 시카고 대학 임상생리학
연구소장으로서 그는 다년간 치료의 한 방법으로 긴장에 대한 연구
를 지도해왔다.

그는 어떠한 이성적 또는 감정적 상태도 '완전한 긴장 완화가 있기
전에는 존재할 수 없다'고 단언하고 있다. 이것은 '당신이 긴장을
푼 상태에 있다면 계속 고민할 수가 없다'라는 말이 된다.

그러니까 피로와 고민을 예방하는 제1 법칙은 - 자주 휴식하라.
피로하기 전에 휴식하라는 것이다.

어째서 그것이 그토록 중요한가? 왜냐하면 피로는 놀라운 속도로 축적되기 때문이다. 미합중국 육군은 수차례의 실험에서 오랜 훈련으로 단련된 병사들도 한 시간에 10분가량 배낭을 내려놓고 휴식하는 것이 행군도 더 잘되고 지구력도 강해진다는 사실을 알았다. 그래서 미합중국 육군에서는 휴식을 강조하고 있다.

인간의 심장은 매일 철도 탄수차(炭水車)를 채우기에 족할 정도로 혈액을 온몸에 순환시키기 위해 활동하고 있다. 심장은 24시간에 20톤의 석탄을 높이 1m의 높이로 들어 올릴 만한 에너지를 소비하고 있다. 이 믿을 수 없을 정도의 중노동을 50년, 70년, 90년이나 하는 것이다. 어떻게 그것을 견딜 수 있을까?

하버드 의과대학의 월터 캐논 박사의 설명을 듣기로 하자.

"일반 사람들은 심장이 항상 활동하고 있다고 생각하지만, 실제로는 수축할 때마다 일정한 휴지 기간이 있습니다. 1분에 70회라는 알맞은 속도로 고동칠 때, 심장은 실제로는 24시간 중에서 겨우 9시간밖에 활동하고 있지 않습니다. 다시 말해 하루에 15시간 정도 넉넉히 쉬고 있는 셈입니다."

제2차 세계대전 때 윈스턴 처칠은 60대 후반에서 70대 초반이었지만, 전쟁 중 하루에 16시간을 일하며, 영국 육해군의 활동을 지휘할 수 있었다.

그 비결은 무엇인가? 그는 아침마다 11시까지는 잠자리에 누운 채 보고서를 읽고 명령을 말로 전달하며 전화를 걸어 중대한 회의를 열기도 했다. 저녁때가 되면 또다시 침대에 누워 8시 저녁식사 때까지 두 시간 잤다. 그 두 시간 동안 피로를 회복한 것이 아니다. 회복할 필요가 없었던 것이다. 그는 피로를 예방했던 것이다. 수차례 휴식을 취하여 활동적이고 기운차게 깊은 밤까지 일할 수가 있었던 것이다.

존 록펠러 Ⅰ세는 특별한 기록을 두 가지 세웠다. 그는 당시에 일찍이 그 유례를 찾아볼 수 없을 정도의 거부가 되었고, 게다가 98세까지 오래 살았다. 어떻게 그처럼 해냈는가? 주요한 이유는 그가 장수할 유전자를 이어받았기 때문이지만 또 하나의 이유는 매일 오후 사무실에서 30분 동안 낮잠을 자는 습관이 있었기 때문이다. 그는 매일 사무실 소파에서 낮잠을 잤다. 그리고 그가 코를 고는 동안은 미합중국의 대통령이라고 할지라도 그를 전화통 앞에 불러낼 수가 없었다.

유명한 저서 〈왜 피로할까〉에서 다니엘 W. 조스링은 '휴식이란 전혀 아무것도 하지 않는다는 것이 아니다. 휴식은 회복이다'라고 말하고 있다. 짧은 시간 동안의 휴식일지라도 그 회복력은 매우 크다. 5분간의 낮잠이라도 피로를 예방하는 효과가 있다.

야구계의 대스타 코니 맥은 시합 전에 낮잠을 자두지 않으면 5회 쯤에는 녹초가 된다고 나에게 이야기한 일이 있다. 그러나 5분간이라도 낮잠을 자면 거뜬히 더블헤더라도 해치울 수가 있었던 것이다.

에디슨은 그의 놀라운 에너지와 지구력은 자고 싶을 때 자는 습관 덕분이라고 말했다.

나는 헨리 포드가 80세의 생일을 맞이하기 직전에 그와 회견했는데, 매우 젊고 정정한 데 놀랐다. 그에게 비결을 물었더니 그는 "나는 앉을 수 있을 때는 절대로 서 있지 않으며, 누울 수 있으면 결코 앉아 있지 않습니다"라고 대답했다.

어떻게 하면 이것을 당신에게 적용시킬 수 있을까? 만약 당신이 속기 기자라면 에디슨이 했듯이 사무실에서 낮잠을 잘 수 없을 것이고, 경리 사원이라면 누운 채 부장에게 회계보고를 할 수도 없을 것이다.

그러나 만약 당신이 소도시에 살며 점심식사를 하러 집으로 갈 수 있다면, 점심식사를 한 다음 10분쯤 낮잠을 잘 수 있을 것이다.

조지 C. 마샬 장군은 그렇게 했었다. 그는 전시 중 군을 지휘하는 데 너무 바빴기 때문에 점심시간에 반드시 휴식을 취했다. 만약 당신이 50세가 지났어도 그럴 겨를이 없다고 한다면 가장 빨리 들 수 있는 생명보험에 들어야 한다. 요즈음 장례식 비용도 싸지 않고 갑작스럽게 죽는 일도 많다. 부인께서는 당신의 보험금을 받아 젊은 사람과 결혼을 준비하고 있는지도 모른다.

만약 당신이 점심식사 후 낮잠을 잘 수가 없다면 저녁식사 전에 한 시간은 누워 쉬도록 해야 한다. 그것은 칵테일 하이볼 한 잔보다도 싸며 장기적으로 보아 5,467배나 효과가 있다. 만약 5시에서 6시 또는 7시에 한 시간 잘 수가 있다면, 당신은 깨어 있는 동안의 생활에 한 시간 덧붙인 것이 된다. 왜? 어째서? 왜냐하면 저녁식사를 하기 전 1시간에 밤 6시간의 수면을 합한 7시간의 수면은 연속 8시간의 수면보다도 훨씬 당신에게 유익하기 때문이다.

육체노동자는 만약 휴식시간을 늘릴 수 있다면 보다 많은 일을 할 수 있다. 프레데릭 테일러가 과학적 경영의 전문가로서 베들레헴 스틸 컴퍼니에서 공동으로 연구하고 있었을 때, 이 사실을 실제로 입증해 보였다.

그는 작업자 한 사람에게 하루에 12톤 반의 선철을 화차에 싣는 작업을 시키면, 정오에는 녹초가 되어버리는 것을 알았다. 그는 모든 피로의 요소를 과학적으로 연구한 결과, 작업자들에게는 하루에 12톤 반이 아니라 47톤의 선철 싣기 작업을 시켜야 한다고 단언했다. 그의 주장에 의하면 지금까지의 약 4배의 작업을 시켜도 지치는 일은 없다는 것이다. 그것을 증명할 수 있을까?

테일러는 슈미트라는 작업자를 선택해 스톱워치에 의해 일하게 했다. 슈미트는 스톱워치를 들고 있는 사람의 명령대로 일했다. "자아, 선철을 들어 올리고 걷는다…… 자, 앉아서 쉰다…… 자아, 걷는다…… 자아, 쉰다" 하는 식이다.

그래서 어떤 일이 일어났는가. 다른 사람들은 한 사람이 12톤 반밖에 운반하지 못하는데, 슈미트는 매일 47톤의 선철을 운반했다. 그리고 그는 테일러가 베들레헴에 있는 3년 동안 이 속도로 일을 계속했다. 슈미트가 이렇게 할 수 있었던 것은 지치기 전에 쉬었기 때문이다. 그는 1시간 동안에 약 26분을 일하고 34분을 쉬었다. 그는 일하는 시간보다도 쉬는 시간이 많았지만, 그래도 다른 사람들보다 거의 4배의 일을 했던 것이다. 이것은 단순한 풍문인가? 아니다, 의심스러운 사람은 프레데릭 윈스로 테일러가 쓴 〈과학적 경영법〉을 한 번 읽어보라.

다시 한 번 반복하겠다. 군대에서 하고 있는 방식을 실행하라. 자주 휴식을 취하라. 당신의 심장과 똑같이 일하자. 지치기 전에 쉬어라. 그렇게 하면 당신이 깨어 있는 인생에 하루 한 시간을 덧붙이게 될 것이다.

# 2. 무엇이 사람을 지치게 하는가?

여기에 놀라우면서도 중요한 사실이 있다. 사람은 정신노동만으로는 지치지 않는다는 것이다. 바보 같은 소리로 들릴지도 모른다. 그러나 수년 전 과학자들은 사람의 두뇌가 피로하지 않고 얼마나 오랫동안 일할 수 있는가를 찾아내려고 연구했다. 놀랍게도 그들은 뇌를 통과하는 혈액이 활동 중에는 전혀 피로한 기색을 보이지 않는다는 것을 발견했다. 일용노동자의 혈액에서 채취한 혈액에는 피로 독소며 피로 생성물이 가득 차 있지만, 앨버트 아인슈타인의 뇌에서 뽑아낸 피 한 방울에는 그것이 하루 일과가 끝날 때라도 피로 독소는 볼 수 없다는 것이다.

뇌에 관한 한 그것은 8시간 혹은 12시간을 활동한 뒤라도 맨 처음과 마찬가지로 활발하게 일할 수가 있는 것이다. 뇌는 전혀 피로를 알지 못한다. 그럼 무엇이 사람을 지치게 하는가.

정신의학자는 피로의 대부분은 우리의 정신적, 감정적 현상에 원인이 있다고 단언하고 있다. 영국의 유명한 정신의학자 J. A. 하드필드는 그의 저서 〈힘의 심리〉 속에서 '우리를 괴롭히는 피로의 대부분은 정신적 원인에서 오고 있다. 순수하게 육체적 원인에서 오는 피로는 극히 드물다'라고 말하고 있다.

미국의 가장 뛰어난 정신의학자 중의 한 사람인 A. A. 부릴 박사는 한 걸음 더 나아가 "앉아서 일하는 건강한 사무직 노동자의 피로는 100 퍼센트 심리적 요소, 즉 감정적 요소가 원인이다"라고 단정하고 있다.

어떤 종류의 감정적 요소가 사무직 노동자를 피로하게 하는 것일까. 기쁨인가? 만족감인가? 물론 결코 아니다. 지루함, 원한, 정당하게 평가받고 있지 않다는 기분, 초조, 불안, 번뇌, 이러한 감정적 요소가 사무직 노동자를 피로케 하고 감기의 원인이 되며 생산을 감퇴시키고, 신경성 두통을 느끼게 하여 집으로 돌아가게 하는 것이다. 우리는 자신의 감정이 신체 내에 신경의 긴장을 만들게 하기 때문에 피로하게 되는 것이다.

메트로폴리탄 생명보험회사는 피로에 관한 작은 책자 속에서 이 사실을 지적하고 있다.

'과격한 일 자체에서 오는 피로는 대개의 경우 충분한 수면이나 휴식으로 회복된다. …… 고민, 긴장, 감정의 혼란이 피로의 3대 원인이다. 육체적, 정신적에 기인한 것으로 생각되는 것도 그것들이 원인이 되는 경우가 많다. …… 긴장한 근육은 일하고 있는 근육이라는 것을 잊어서는 안 된다. 편히 쉬라! 중요한 업무를 위한 에너지를 축적하라.'

지금 당장 자기 자신을 돌아보라. 이 부분을 읽어갈 때 당신은 책을 노려보고 있지는 않은가? 눈과 눈 사이에 어떤 긴장감을 느끼지는 않는가? 느긋하고 편안하게 의자에 앉아 있는가? 어깨를 떡 벌리고 있지 않은가? 얼굴을 굳히고 있지는 않은가? 만약 당신의 온몸이 낡은 헝겊으로 만든 인형처럼 축 늘어져 있지 않다면, 당신은 이 순간 정신적 긴장과 육체적 긴장을 발생케 하고 있는 것이다.

어째서 우리는 정신노동을 하면서 이런 불필요한 긴장을 생기게 하는가? 조스링은 "힘든 일은 노력의 감정을 필요로 하고, 그것이 없으면 잘되지 않는다고 일반적으로 믿어버리는 것이 큰 장애다"라고 말하고 있다. 그래서 우리는 정신을 집중할 때에 얼굴을 찡그리고 어깨를 으쓱대며 노력의 동작을 일으키기 위해 근육에 힘을 넣지만, 그것은 우리 뇌의 활동에 도움이 되지 않는다.

여기에 놀랍고도 비극적인 진리가 있다. 그것은 금전이라면 단 한 푼도 낭비하지 않겠다고 생각하는 수많은 사람들이 술 취한 선원처럼 엉망으로 그들의 에너지를 낭비한다는 것이다.

이 정신적 피로에 대한 대책은 무엇인가. 휴식, 휴식, 휴식! 일을 하면서 휴식하는 방법을 배우는 것이다!

쉬운 일은 아니다. 아마 당신은 지금까지의 습관을 바꿔야만 할 것이다. 그러나 그것은 노력할 가치가 있다. 그로 인해 당신의 생애에 일대 혁명을 가져오게 될지도 모르니까.

윌리엄 제임스는 그의 〈휴식의 복음〉이라는 제목의 에세이 속에서 다음과 같이 말하고 있다. '미국인의 과도한 긴장, 고르지 못한 기분, 숨참, 강렬함, 격동의 표정…… 이것들은 참으로 나쁜 습관이며 전혀 취할 필요가 없다.'

긴장은 습관이다. 휴식도 습관이다. 나쁜 습관은 타파할 수가 있고 좋은 습관은 취할 수가 있는 것이다.

어떻게 하면 휴식을 편안히 취하는가? 마음에서부터 시작하는가, 아니면 신경에서부터 시작하는가? 그 어느 쪽도 아니다. 언제나 근육을 편안하게 하는 것에서부터 시작하는 것이다!

당신은 언제 어디에서라도 몸을 편안히 할 수가 있다. 그러나 편안히 하려고 애써서는 안 된다. 편안히 한다는 것은 온갖 긴장과 힘이 안 들어가는 것이다. 무아무심의 상태로 들어가는 일이다.

우선 눈과 얼굴의 근육을 쉬게 하는 것부터 시작하여 몇 번이든 '쉬어라…… 쉬어라…… 몸을 편안하게 하라'고 타이르는 것이다. 그렇게 하면 에너지가 안면 근육에서 신체의 중심부로 흘러가는 것을 느낄 수 있을 것이다. 그리고 갓난아이처럼 긴장에서 해방될 것이 틀림없다.

유명한 소프라노 가수인 가리 쿨치도 이렇게 힘을 뺐다. 헬렌 제퍼슨은 막이 오르기 전 가리 쿨치를 만난 적이 있었는데, 그녀는 의자에 힘없이 앉아 아랫입술은 축 늘어뜨리고 있더라고 나에게 이야기한 적이 있다.

다음은 몸에 힘을 빼는 방법을 배우는 데 도움이 되는 5가지 방법이다.

1. 이 문제에 관한 가장 좋은 저서 중의 하나인 데이비드 헤럴드 핑크 박사의 〈신경 긴장으로부터의 해방〉을 읽어보라.

다니엘 W. 조스링의 〈왜 피로할까〉도 한 번 읽어볼 가치가 있다.

2. 언제든지 몸을 편안하게 하라.

몸을 헌 양말처럼 흐늘흐늘하게 한다. 나는 낡아빠진 양말 한 짝을 책상 위에 놓아둔다. 언제나 흐늘흐늘하게 하고 있다는 것을 잊지 않기 위해서다. 양말이 없다면 고양이라도 좋을 것이다. 양지바른 곳에서 자고 있는 새끼 고양이를 집어 올린 적이 있을 것이다. 그러면 앞뒤의 다리가 물에 젖은 신문지처럼 축 늘어진다. 이제까지 나는 지친 고양이, 신경쇠약에 걸린 고양이, 불면증이나 고민이나 위암에 걸려 있는 고양이를 본 적이 없다. 당신이 고양이처럼 몸을 편안하게 할 줄 안다면 틀림없이 이러한 불행을 면할 수가 있을 것이다.

3. 될 수 있는 대로 편안한 자세로 일하라.

신체의 긴장은 어깨의 뻐근함과 신경의 피로를 불러일으킨다는 것을 잊지 말라.

4. 하루에 네댓 번 자신을 돌아보라.

'나는 일을 필요 이상으로 힘들게 만들고 있는 것은 아닐까? 나는 이 일에 관계없는 근육을 쓰고 있는 것은 아닐까? 하고 스스로 물어보는 것이다. 이것은 틀림없이 몸에 힘을 빼는 습관에 도움이 될 것이다.

5. 하루의 모든 일이 끝났을 때 다시 자신에게 물어본다.

'얼마나 나는 피로한가? 만약 피로해 있다면 그것은 나의 정신노동 때문이 아니라 그 일을 하는 방법 때문이다.'


다니엘 조스링은 말하고 있다.

"나는 하루 일과가 끝났을 때 일의 결과를 얼마나 피로한가로 계산하지 않고, 얼마나 피로하지 않은가로 계산한다. 하루가 끝나고 몹시 피로를 느낄 때는 일의 양과 질에 관해 전혀 효과가 오르지 않은 날이었음을 안다."

만일 미국의 모든 실업가가 이와 같은 교훈을 배운다면 과도한 긴장에 의한 사망률은 격감될 것이다. 그리고 피로나 고민으로 지친 사람들로 요양소나 정신병원이 만원이 되는 일은 없을 것이다.

# 3. 가정주부가 고민에서 벗어나고
## 젊음을 유지하는 방법

지난해 가을 어느 날, 내가 잘 아는 한 사람
이 세상에서 아주 보기 드문 의학강좌를 듣
기 위해 보스턴으로 갔다. 그렇다, 의학강좌다. 그것은 보스턴 의료
원에서 일주일에 한 번씩 열리는 것으로 참가가 허용되는 환자는
미리 정기적으로 철저한 건강진단을 받아야만 한다.

그러나 이 강좌는 실제로는 심리 치료인 것이다. 정식으로는 응용
심리학 강좌라고 불리고 있지만, 그 실제 목적은 고민으로 질병에
걸린 사람들을 치료하는 데 있다. 그리고 환자의 대다수가 감정적으
로 이상이 있는 가정주부들이다.

어떻게 이런 강좌가 시작된 것일까? 1930년 윌리엄 오슬러 경의
제자인 조셉 프라트 박사는, 보스턴 의료원에 오는 환자의 다수가
겉으로 보면 육체적으로는 아무런 이상이 없는데 실제로는 온갖
질병의 증상을 나타내고 있음을 알았다.

어떤 부인의 손은 관절염으로 몹시 구부러져 있는데 거의 움직일
수가 없었다. 또 다른 부인은 위암의 징후로 통증을 호소하고 있었다.
또 다른 부인은 어깨가 아프고 두통으로 피로를 느끼며 아프지 않은
곳이 없다고 호소하였다. 그들은 실제로 이러한 고통을 느끼고 있었
다. 그런데 정밀 건강진단을 한 결과는 몸에 아무런 이상도 발견할

수 없었다. 옛날 의사들이었다면 틀림없이 심리적이거나 상상이라고 진단해버렸을 것이다.

그러나 프라트 박사는 이런 환자들에게 집에 가서 잊어버리면 낫는다고 말하는 것은 쓸데없는 일이라는 것을 알고 있었다. 이런 부인들은 병에 걸리고 싶지 않은 것이다. 간단하게 병을 잊어버릴 수 있다면 벌써 그렇게 했을 것이다. 그럼 어떻게 하면 좋은가?

9년 동안이나 강좌에 계속 출석한 부인이 나와 조수에게 털어놓은 고백담이다. 그녀는 40살을 조금 넘은 정도로밖에 보이지 않았으나 손자를 안고 있었다.

"나는 가정불화로 너무도 괴로워서 차라리 죽어버리고 싶었을 정도였습니다. 그러나 이 강좌에서 괴로워해도 소용이 없다는 것을 알았습니다. 저는 괴로워하지 않는 방법을 깨달았습니다. 지금의 생활은 정말로 평온합니다."

이 강좌의 의학 고문인 로즈 힐퍼딩 박사는 고민을 줄이기 위한 가장 좋은 방법은 "누군가 신뢰하는 사람에게 괴로움을 털어놓는 일입니다. 우리는 이것을 '카타르시스'라고 부릅니다. 환자들은 여기에 와서 자기들의 고민을 털어놓고 그것을 마음속에서 몰아낼 수가 있습니다. 혼자 걱정하며 자기의 가슴에만 품고 있으면 정신적 긴장을 불러일으킵니다. 우리는 자신의 걱정을 서로 나누어야만 합니다. 이 세상에 자기의 고민을 들어주고 이해해주는 사람이 있다고 느껴야만 합니다"라고 말하고 있다.

나의 조수는 한 부인이 자신의 괴로움을 털어놓음으로써 고민에서 벗어난 것을 실제로 보았다. 그녀의 고민은 가정문제였다. 처음에 그녀가 이야기하기 시작했을 때는 긴장으로 분위기가 딱딱했으나, 이야기가 진행됨에 따라 부드러워져 갔다. 이야기가 끝나갈 무렵에는 미소까지 띠고 있었다.

그러면 문제는 해결되었는가. 그렇게 간단하게는 되지 않았다. 그녀의 마음을 바꾸게 한 것은 누구에겐가 털어놓았다는 것, 약간의 충고와 위로를 받았다는 것이다. 그녀의 심경을 바꾸게 한 큰 치료적 효과는 말 속에 포함되어 있었던 것이다.

정신분석에서는 이 말의 치유력을 상당 부분 인정하고 있다. 프로이트 이래로 정신의학자는 만약 환자가 이야기할 수만 있다면, 그의 내부의 불안에서 안정을 찾아낼 수 있다는 것을 알고 있다. 어째서인가? 우리는 이야기함으로써 자신들의 괴로움을 분명하게 할 수가 있으며 사물의 경중을 판단할 수가 있기 때문일 것이다. 정확한 대답은 아무도 할 수 없다. 그러나 우리는 모든 사람에게 '털어놓는 것', '가슴의 덩어리를 토해내는 것'이 곧 안정감을 준다는 것을 알고 있다.

그러므로 앞으로 우리에게 무언가 걱정이 생기면 그것을 털어놓고 말할 사람을 찾아내야 되지 않겠는가? 물론 나는 닥치는 대로 사람을 붙잡고 우는 소리를 늘어놓거나 불평을 늘어놓거나 하여 모든 사람에게 따돌림을 받는 사람이 되라는 것은 아니다. 신뢰할 수 있는 사람을 찾아 의논을 하는 것이다. 그리고 그 사람에게 말하는 것이다.

"나는 당신에게 조언을 바라고 있습니다. 저에게 문제가 있는데 좀 들어주십시오. 조언을 해주실 것으로 기대합니다. 당신에게는 나 자신이 깨닫지 못하는 면이 보일지도 모릅니다. 비록 당신에게 보이지 않더라도 당신이 내 이야기를 처음부터 끝까지 들어주시는 것만도 나에게는 정말 고마운 일입니다."

고민을 숨김없이 다 털어놓는 것이 보스턴 의료원 강좌에서 활용하고 있는 주요한 방법인데 그 외에도 방법이 있다. 다음은 가정주부인 당신이 가정에서도 실행할 수 있는 방법이다.

1. 감명을 줄 만한 책을 만들기 위해 노트나 스크랩북을 준비하라.

그 속에 당신을 감동시키고 향상시키는 시, 짤막한 기도의 말, 인용문을 붙여놓는다. 그렇게 하면 비오는 오후 마음이 울적할 때, 이 노트 가운데서 마음을 활짝 개게 해줄 만한 시나 기도의 말을 찾아낼 수 있을 것이다. 보스턴 의료원 환자 중에는 오랜 세월 이러한 노트를 만들고 있는 사람이 많다. 그들은 그것을 활력소라고 부른다.

2. 다른 사람의 결점에 계속 집착하지 말라.

당신 남편에게도 분명히 단점은 있을 것이다! 그가 성인(聖人)이었다면 당신과 결혼하지 않았을 것이다. 그 강좌의 한 부인은 자신이 잔소리 많고 불평투성이에 깡마른 얼굴의 마누라가 되어가는 것을 깨닫게 되었다. 그러다가 "남편께서 돌아가시면 어떻게 하시겠습니까?"라는 질문을 받고 단번에 정신이 번쩍 들었다고 하였다. 그녀는 깜짝 놀라 남편의 장점을 종이에 죽 적어 보았더니 꽤 많았다. 당신이 전제적인 폭군과 결혼했다는 후회가 들기 시작하거든 당신도 이런 방법을 한번 써보는 것은 어떨까? 남편의 좋은 점을 모두 써보면 그가 이상적인 남성이었다고 느끼게 될지도 모른다.

3. 이웃에 관심을 가져라. 당신과 같은 고장에서 인생을 함께하고 있는 사람들에 대해 우호적이고도 건강한 관심을 가져라.

매우 배타적이어서 자신에게는 친구가 한 명도 없다고 믿고 있는 어느 부인이, 만나는 사람에 대해 무언가 이야기를 만들어보라는 조언을 받았다. 그래서 그녀는 시내 전차 안에서 만난 사람들의 배경, 주위 상황을 상상해 보았다. 그리고 가는 곳마다 다른 사람에게 이야기를 걸어보았다. 그 결과 지금은 외로움이 없어지고 남과 사귀기를 좋아하여 행복하게 살아가고 있다.

4. 오늘밤 잠자리에 들기 전에 내일의 계획을 세워라.

보스턴 의료원에서 조사한 바에 의하면 많은 주부들이 끝없이 반복되는 일에 쫓기고 있음을 발견했다. 일을 다 끝냈다고 생각한 적이 없는 것이다. 언제나 시간에 쫓기고 있는 것이다.

이 쫓기고 있는 기분과 번민을 고치기 위해 매일 밤 다음날 일정표를 만들도록 하였다. 그래서 어찌 되었는가? 보다 많은 일을 마쳤고 피로는 줄고 자랑스러움과 성취감을 느껴 쉬는 시간과 화장하는 시간도 생겼다(여성이라면 매일 화장하는 시간을 가져야 한다. 자신을 아름답다고 생각하고 있는 부인은 신경쇠약 같은 것에 걸리지 않는 법이다).

5. 마지막으로 긴장과 피로를 피하라. 몸을 편하게 하라. 쉬어라.

긴장과 피로만큼 당신을 빨리 늙게 하는 것은 없다. 이것처럼 당신의 싱싱한 아름다움을 해치는 것은 없다. 나의 조수는 보스턴의 사고 조절 강좌에서 폴 E. 존슨 박사의 지도 아래 유연체조를 했는데 10분 뒤, 의자에 바른 자세로 앉은 채 잠이 들었더라고 한다. 고민을 몰아내기 위해서는 몸을 편하게 하는 것이 무엇보다도 중요한 것이다.

당신은 주부로서 몸을 편하게 해야만 한다. 당신은 언제라도 마룻바닥에도 누울 수 있다. 이상한 일이지만 딱딱한 마루는 탄력 있는 침대보다 몸을 편히 쉬게 하는 데 더 좋다. 저항이 강하기 때문에 척추에 좋은 것이다.

그럼 가정에서 할 수 있는 몇 가지 운동법을 들기로 하겠다.

① 피로하다고 느꼈을 때는 마룻바닥에 누워 최대한 기지개를 켠다. 뒹굴어도 좋다. 하루에 두 번 한다.

② 눈을 감는다. 그리고 다음과 같은 말을 해보는 것도 좋다. '태양이 머리 위에서 빛나고 있다. 하늘은 파랗고 맑다. 자연은 평온하지만 세계를 지배하고 있다. 나는 자연의 아이로서 우주와 조화하고 있다.' 아니 그보다는 기도하는 편이 더 좋을지도 모른다.

③ 만약 누울 수 없으면, 다시 말해서 고기를 불에 올려놓고 요리하는 중이어서 시간이 없다면, 의자에 앉아서도 거의 같은 효과를 올릴 수가 있다. 몸을 편하게 하는 데는 딱딱하고 똑바로 앉을 수 있는 의자가 좋다. 이집트의 좌상처럼 똑바로 의자에 앉아, 손바닥을 아래로 하여 넓적다리 위에 놓는다.

④ 그리고 천천히 손끝을 긴장시켰다가 힘을 뺀다. 다리의 근육을 긴장시켰다가 힘을 뺀다. 온몸의 모든 근육을 아래로부터 위로 같은 운동을 되풀이한다. 그리고 목에 이른다. 머리를 풋볼처럼 힘 있게 돌린다. 그러는 동안 내내 '쉬어라…… 쉬어라'하고 계속 말한다.

⑤ 천천히 안정된 호흡으로 신경을 가라앉힌다. 심호흡을 한다. 인도의 요가 고행자가 하는 것같이 따라한다. 리드미컬한 호흡은 신경을 가라앉히는 데 좋은 방법 중의 하나이다.

⑥ 당신 얼굴의 주름살과 가시 돋친 듯한 표정에 마음을 써서 없앤다. 이마에 그려진 여덟팔자나 입가의 주름을 편다. 하루에 두 번 그렇게 하면 미장원에 가서 마사지를 할 필요가 없어질 것이다. 주름살은 말끔히 없어져 버릴 것이다.

# 4. 피로와 고민을 추방하는 4가지 좋은 작업습관

🐉 좋은 작업습관 1- 당장 해결해야 할 서류
외에는 모두 책상에서 치워라.

시카고 노스웨스턴 철도회사 사장 롤란드 L. 윌리엄스는 이렇게
말하고 있다.

"여러 가지 잡다한 서류를 책상 위에 산더미처럼 쌓아놓은 사람이
있는데, 지금 당장 필요하지 않은 것을 모조리 치워버리면, 좀 더
쉽고 정확하게 일할 수 있다는 것을 알게 될 것이다. 나는 이것을
능률적인 살림살이라고 부르고 있다. 이렇게 하는 것이야말로 능률
을 올리는 첫걸음이다."

워싱턴의 국회도서관 천장에는 '질서는 하늘의 으뜸가는 법칙이
다'라는 글귀가 씌어 있다. 질서는 일의 첫째 법칙이어야 한다. 그러
나 대개의 비즈니스맨 책상 위에는 몇 주일 동안이나 보지도 않았을
것 같은 서류로 어지럽혀져 있다. 실제로 뉴올리언스의 어느 신문사
발행인이 나에게 한 말인데, 비서가 자신의 책상 하나를 정리하였더
니 2년 전에 잃어버렸던 타이프라이터가 나왔다고 한다.

답장을 보내지 않은 편지, 보고, 메모지로 어질러져 있는 책상은
보기만 해도 혼란, 긴장, 번민을 일으키기에 충분하다. 그보다도

더 좋지 않은 일이 생길 수 있다. 그것은 '꼭 해야만 할 많은 일, 그것을 할 시간이 없다'는 강박관념으로 인해 긴장과 피로를 몰고 와 고혈압, 심장병, 위암으로 발전시키는 것이다.

펜실베이니아 의과대학 교수인 존 H. 스토크 박사는 미국의학협회에서 '장기의 합병증으로서의 기능적 노이로제'라는 제목의 연구보고에서 '환자의 심리상태에서 찾아내야 하는 것'으로서 11가지 조건을 들고 있는데, 그 첫째 항목이 다음과 같다.

'해야만 한다는 책임감 또는 의무감, 그로 인해 그칠 줄 모르는 긴장.'

그러나 책상 위를 정돈하고 결단을 내린다는 그러한 기본적인 방법으로 고혈압, 의무감, 해야만 하는 일로 인한 끝없는 긴장 따위를 방지할 수 있을까? 유명한 정신의학자 윌리엄 새들러 박사는, 이 간단한 방법을 사용함으로써 신경쇠약을 방지할 수 있었던 한 환자의 이야기를 들려주었다. 그 사람은 시카고의 큰 회사 중역이었는데 새들러 박사를 찾아왔을 때는 이미 긴장, 초조, 번민으로 인해 거의 쓰러지기 직전 상태에 있었다. 그래도 일을 떠날 수는 없었다. 그래서 의사에게 도움을 구했던 것이다. 새들러 박사는 이렇게 말하고 있다.

그 사람이 내게 자신의 이야기를 하고 있을 때 전화벨이 울렸습니다. 그것은 병원에서 온 전화였습니다. 나는 그 일을 그 자리에서 처리했습니다. 그것은 나의 방식이었던 것입니다. 그것이 끝나자 곧 또 전화가 걸려 왔습니다. 긴급을 요하는 문제였으므로 잠시 이야기를 나누었습니다. 세 번째 방해는 나의 동료 의사가 찾아온 것이었습니다. 중태에 빠진 환자의 처치에 대해 나의 의견을 들으려고 온 것이었습니다.

그 일이 끝나서야 나는 그 환자에게 오래 기다리게 한 것을 사과했습니다.

그런데 그는 활짝 밝은 표정을 짓고 있었습니다.

"천만의 말씀입니다. 선생님!"

이 환자는 새들러 박사에게 말했다.

"방금 10분 동안에 나는 내가 잘못되었던 것을 안 것 같습니다. 나는 사무실로 돌아가 일하는 습관을 바꿔야겠습니다. ……그 전에 선생님, 실례입니다만 책상 속을 좀 보여주실 수 있겠습니까?"

새들러 박사는 책상 서랍을 열었다. 텅 비어 있었다. 환자가 물었다.

"처리되지 않은 일거리는 어디에 두셨습니까?"

"모두 처리가 끝났습니다."

새들러 박사가 대답했다.

"답장을 하지 못한 편지 같은 것은 없습니까?"

"그런 것은 한 통도 없습니다. 나는 편지를 받는 즉시 답장을 씁니다."

6주일 후, 이 중역은 새들러 박사를 그의 사무실로 초대했다. 그는 변해 있었다. 그리고 그의 책상도 달라져 있었다. 그는 책상서랍을 열어 책상 속에는 처리되지 않은 일은 아무것도 없다는 것을 보여주었다.

중역은 말했다.

"6주일 전에 나는 두 개의 사무실에 세 개의 책상을 갖고 있었습니다. 책상은 처리되지 않은 일거리로 파묻혀 있었습니다. 일이 끝나는 것이라곤 없었습니다. 당신과 이야기를 나누고 돌아와, 보고서며 묵은 서류를 모조리 없애버렸습니다. 지금 나는 책상 하나로 일하고 있으며 일이 생기면 당장에 처리하여, 처리하지 못한 일거리 때문에 초조하거나 긴장하거나 고민하거나 하는 일은 전혀 없습니다. 그러나 더 놀라운 것은 내 건강이 완전히 회복된 일입니다. 내게는 이제 아무 데도 아픈 곳이 없습니다!"

미국 대법원장을 지냈던 찰스 에반스 휴즈는 이렇게 말했다.

"사람은 과로가 원인이 되어 죽지는 않는다. 에너지의 낭비와 고민이 원인이 되어 죽는 것이다."

그렇다. 에너지의 낭비와 일을 끝내지 못할 것 같은 고민이 원인이 되는 것이다.

### 좋은 작업습관 2 - 중요도에 따라 일을 처리해 나가라.

시티즈 서비스 컴퍼니의 창립자 헨리 L. 도허치는 사람에게는 월급을 아무리 많이 주더라도 찾아낼 수 없는 재능이 두 가지 있다고 말했다.

이 극히 귀중한 능력이란 하나는 생각하는 능력, 또 하나는 중요도에 따라 일을 처리해 는 능력이다.

빈털터리 신세에서 12년 만에 펩소덴트 회사의 사장으로 출세한 찰스 럭먼은 자신은 헨리 도허치가 말한 두 가지 재능을 키운 덕택으로 성공했다고 단언하고 있다. 찰스 럭먼은 이렇게 말했다.

"나는 실로 오래 전부터 아침 5시에 일어난다. 왜냐하면 이른 아침에는 생각을 잘 정리할 수 있기 때문이다. 하루의 계획을 세우고 일의 중요도에 따라 처리하는 순서를 이른 아침에 세운다."

미국에서 크게 성공한 보험 설계사 중 한 사람인 프랭클린 베드거는 하루의 계획을 세우는 데 아침 5시까지 기다리지 않는다. 그는 그 전날 밤에 그것을 계획한다. 다음날 팔 보험 액수를 정하는 것이다. 만약 다 못 팔면 그 금액을 그 다음날 목표에 덧붙이는 것이다.

나는 오랜 경험에서 일을 그 중요도에 따라 처리하기가 쉽지 않다는 것을 알고 있다. 그러나 가장 중요한 일부터 처리한다는 계획이 형편에 따라 처리하는 방법보다는 훨씬 좋다는 것도 알고 있다.

만일 조지 버나드 쇼가 중요한 일을 맨 먼저 한다는 원칙을 세워두지 않았다면, 아마도 그는 작가로서 실패했을 것이고 한평생 은행의 출납계원으로 끝났을지도 모른다. 그의 계획은 매일 반드시 5페이지씩 글을 쓰는 일이었다. 이 계획에 의해 그는 9년 동안 매일 5페이지씩 글 쓰는 노력을 게을리 하지 않았다. 그 9년 동안의 글로 인한 소득은 30달러, 하루에 1페니밖에 되지 않았다. 로빈슨 크루소도 매일매일 계획을 세워 일을 했다.

> 좋은 작업습관 3 - 어떤 문제에 직면했을 때 결단에 필요한 자료가 있으면 그 즉시 해결하라.

내 강좌의 학생이었던 고 H. P. 하웰이 나에게 이야기했다. 그가 US 스틸의 이사였을 때, 이사회는 언제나 여러 시간에 걸쳐 수많은 의안이 심의되어 결정은 대부분 그 다음으로 미루곤 했다. 그 결과 모든 이사들은 산더미 같은 보고서를 집으로 가지고 돌아가 연구해야만 했다.

드디어 하웰 씨는 한 번에 한 가지 의안을 채택하여 심의해 결정하기로 하자고 제안하여 전 이사들을 설득했다. 연기나 보류는 허용하지 않는 것이다. 새로운 사실을 확인하거나 어떤 일을 실행하게 하거나 실행하지 않게 하거나, 아무튼 그것을 결정하지 않고는 다음 의안으로 넘어가지 않기로 한 것이다. 그 결과는 참으로 훌륭한 것이었다. 기록해 놓은 메모는 정리되고 일정표는 깨끗해졌으며, 보고서를 집으로 가지고 갈 필요도 없어졌다. 이제는 해결되지 않은 문제로 골치를 앓지 않게 되었다는 것이다. 이것은 US 스틸의 이사회에서뿐만 아니라 우리에게도 좋은 방법이다.

> 좋은 작업습관 4 - 조직하고, 위임하고, 관리하는 법을 배우라.

대부분의 실업가는 업무를 다른 사람에게 위임시키는 방법을 알지 못해 자기 혼자 하려다가 아직 죽을 정도의 나이도 안 됐는데 죽어간다. 사소한 일과 혼란에 짓눌려 고민, 불안, 긴장, 초조에 몰린 결과인 것이다. 업무를 위임한다는 일이 어렵다는 것은 나도 알고 있다. 나는 잘못된 사람에게 권한을 맡긴 데서 일어나는 재난도 보아 알고 있다. 그러나 권한을 위임하는 것은 어렵지만 이사들은 고민, 긴장, 피로에서 빠져나오고 싶다면 그것을 실행해야만 한다.

큰 사업을 이룩한 사람으로 조직, 위임, 관리하는 것을 배우지 않은 사람은 50세나 60세 초기에 심장병으로 덜컥 죽을 수도 있다. 실례 말인가? 날마다 실리는 신문의 부고란을 보면 될 것이다.

## 5. 피로, 고민, 원한을 불러오는
## 권태를 몰아내는 방법

피로의 주된 원인 중 하나는 권태다. 그것을 설명하기 위해 엘리스라는 속기사를 등장시키자. 어느 날 밤, 엘리스는 녹초가 되어 집으로 돌아왔다. 그녀는 정말 지쳐 있었다. 머리가 지끈지끈 아팠고 등쌀도 뻣뻣했다. 그녀는 저녁식사도 하지 않고 곧장 잠자리에 들어가고 싶었지만, 어머니가 억지로 붙잡았기 때문에 식탁에 앉았다.

그러자 전화벨이 울렸다. 남자친구로부터였던 것이다! 댄스파티에 가자는 초대였다. 그녀의 눈은 빛났으며 순식간에 기운이 솟아났다. 그녀는 2층으로 뛰어올라가 옷을 갈아입고 나가 파티에서 새벽 3시쯤까지 춤을 추었다. 그리고 집에 돌아왔을 때는 조금도 지쳐 있지 않았다. 사실 그녀는 너무나도 마음이 들떠 있어 잠도 이루지 못했을 정도였다.

대체 엘리스는 여덟 시간 전에 정말 지쳐 있었을까? 분명히 지쳐 있었다. 그녀는 자신의 일로 우울해 있었다. 아마도 인생에 염증을 느끼고 있었던 것 같다. 엘리스와 같은 사람이 몇 백만 명이나 있을 것이다. 당신도 그런 사람 중의 하나인지도 모른다.

인간의 감정적 자세가 육체노동보다 한층 더 피로를 낳게 하는 것과 관계가 있다는 것은 누구나 다 아는 사실이다. 수년 전 조셉

E. 바막 박사는 〈심리학 논집〉 속에서 권태가 피로의 원인이 되는 것을 입증하는 보고서를 발표했다.

그는 한 그룹의 학생들에게 그들이 흥미를 가질 수 없는 테스트에 참여하는 실험을 했다. 결과는 어떠했는가? 학생들은 피로했고 졸음이 왔으며, 두통과 눈의 피로 등을 호소하며 초조한 심정이 되어 있었다. 그들 중에는 위에 통증이 일어난 사람도 있었다. 이것은 모두 '상상'이었을까?

아니다. 이러한 학생들에 대해 신진대사 테스트를 해본 결과, 사람이 권태를 느끼면 인체의 혈압과 산소의 소비량이 실질적으로 감소되고, 자신의 일에 흥미와 기쁨을 느끼기 시작하면 순식간에 신진대사의 속도가 늘어난다는 것을 알았다.

인간은 무언가 흥미를 느끼고 흥분된 일을 하고 있을 때는 절대로 지치지 않는다.

이를테면 나는 최근 루이스 호반에 있는 캐나다 로키 산맥에서 휴가를 보냈다. 나는 수일 동안 코럴크리크를 따라 우리의 키보다도 높은 잡목이 우거진 숲을 헤치며 나무뿌리에 걸려 넘어지기도 하고 쓰러진 나무 밑을 빠져나가기도 하면서 송어낚시를 했는데, 이것을 여덟 시간이나 계속한 뒤에도 지치지 않았다. 어째서 그랬을까? 즐겁고 흥분된 마음이었기 때문이다. 나는 최고의 성취감에 젖어 있었다. 큼직한 놈을 여섯 마리나 낚아 올렸기 때문이다.

그러나 내가 낚시에 지루함을 느끼고 있었다면 어땠을까? 나는 해발 2천여 미터가 넘는 고지에서의 녹초가 되었을 것이 틀림없다.

등산과 같은 격렬한 활동에서도 소모적인 활동 이상으로 지루함이 사람을 피로하게 한다. 이를테면 미니애폴리스의 은행가 S. H. 킹맨 씨는 나에게 이 사실을 실증하는 이야기를 해주었다.

1943년 7월, 캐나다 정부는 캐나다 산악회에 특별 유격대원의 등산훈련에 필요한 안내자를 보내달라고 요청했다. 킹맨 씨는 이 안내자의 한 사람으로 뽑혔다. 40세에서 49세까지의 안내자들은 젊은 군인들을 인솔, 빙하를 건너고 눈 덮인 벌판을 가로질러 10여 미터나 되는 벼랑을 기어 올라갔다. 그들은 요호 계곡에 있는 여러 개의 봉우리에도 올라갔다. 그렇게 15시간에 걸친 등산 끝에 혈기왕성한 젊은이들은 녹초가 되고 말았다.

그들의 피로는 이제까지 훈련되어 있지 않았던 근육을 썼기 때문에 일어난 것이었을까? 격렬한 유격훈련을 해온 젊은이들은 이런 어리석은 질문을 비웃었을 것이다. 그들은 등산이 지루했기 때문에 피로했던 것이다. 그들은 너무도 피로하여 식사도 하지 않고 곯아떨어진 사람도 적지 않았다.

그런데 병사들보다도 두 배 이상 나이가 많은 안내자들은 어땠을까? 그들도 힘들기는 했지만 완전히 지치지는 않았다. 안내자들은 저녁식사를 하고도 몇 시간이나 자지 않고 앉아 그날 일어난 일에 대해 이야기를 나누었다. 그들이 녹초가 되지 않았던 것은 등산에 흥미를 갖고 있었기 때문이다.

컬럼비아 대학의 에드워드 손다이크 박사는 피로에 관한 실험을 할 때, 몇몇 청년에게 끊임없이 흥미를 갖게 하면서 약 1주일이나 잠을 못 자게 했다. 박사는 이렇게 말하고 있다. "작업 능률이 감퇴되는 유일한 원인은 권태다."

만약 당신이 정신노동자라면 일의 양으로 피로하는 일은 없을 것이다. 자기가 하지 못한 남아 있는 일의 양으로 피로함을 느낄 수는 있다. 이를테면 지난주에 당신이 일을 제대로 처리하지 못했던 날을 생각해보라. 편지 답장도 내지 않았다. 약속을 깨뜨렸다. 여러 가지 문제가 있다. 그날의 모든 것이 잘되지 않았다. 당신이 한 일은 모두가 헛수고로 끝났다. 그리고 당신은 깨질 듯한 머리를 안고 녹초가 되어 집으로 돌아왔다.

그 다음날 모든 일이 순조롭게 잘 풀렸다. 전날의 40배나 여러 가지 일을 할 수 있었다. 그리고 당신은 눈처럼 흰 치자나무와도 같은 신선한 마음으로 집에 돌아왔다. 당신은 그런 경험이 있었을 것이다. 나에게도 있다.

그러면 배워야 할 교훈은 무엇인가? 다음과 같은 것이다. 우리의 피로는 종종 일 때문에 일어나는 것이 아니라 고민, 좌절, 원한이 원인이라는 것이다.

이 장을 집필하는 중 나는 제롬 카인의 즐거운 뮤지컬 코미디 〈쇼 보트〉의 재공연을 구경하러 갔었다. '목화꽃 필 때'의 앤디 선장은 그의 철학적 독백 가운데서 '좋아하는 일을 할 수 있는 인간이 행복한 인간이야'라고 말하고 있다. 그들이 행복하다는 것은 보다 많은 에너지와 즐거움을 가졌고, 보다 적은 고민과 피로를 갖기 때문이다. 당신의 흥미가 있는 곳에 에너지도 있다. 잔소리가 심한 아내를 데리고 1마일을 걷는 것은 사랑스러운 연인과 10마일을 걷는 것 이상으로 피로하다.

그러니 어떻게 하면 좋겠는가? 어느 속기사의 한 실례를 소개하겠다. 오클라호마의 어느 석유회사에 근무하고 있는 속기사다.

그녀는 매달 1주일은 상상도 할 수 없을 정도로 단조롭고 지루한 일을 하고 있었다. 인쇄가 되어 있는 임대계약서에 숫자며 통계표를 써 넣는 것이다. 그 일이 너무나도 지루했기 때문에 그녀는 자기 합리화를 하기 위해 그것을 재미있게 해보리라고 결심했다. 어떻게 해서? 날마다 자기 자신과 경쟁하는 것이다. 그녀는 아침마다 그녀가 작성한 계약서의 수를 세었다. 그리고 오후에는 그 이상을 만들려고 노력했던 것이다. 그 결과는 어떠했을까? 그녀는 그녀가 소속되어 있는 과의 속기사 가운데 어느 누구보다도 많은 계약서를 작성할 수 있었다.

그것이 그녀에게 무엇을 가져오게 했는가? 칭찬? 감사? 승급? 급여인상? 아니다, 아니다, 천만에. 오로지 지루함에서 오는 피로를 방지하는 데 도움이 되었다. 그것은 그녀에게 정신적 자극을 주었다. 그리고 지루한 일을 흥미 있는 것으로 하려고 열심히 노력했기 때문에 보다 많은 에너지와 열의를 가지고 지금까지보다 더 많은 여가를 즐길 수 있었던 것이다.

나는 이 이야기가 사실이라는 것을 알고 있다. 왜냐하면 나는 이 여자와 결혼했기 때문이다.

이번에는 자기의 일이 재미있는 것처럼 행동함으로써 득을 본 속기사에 대해 이야기를 하겠다. 그녀는 언제나 일에 대해 투지를 불태우고 있었다. 그녀는 일리노이 주 엘머스트에 사는 발리 G. 골든 양인데 나에게 다음과 같은 편지를 보내왔다.

우리 사무실에는 속기사가 네 명 있는데 각자 4, 5명의 편지를 받아 답장을 쓰도록 할당되어 있습니다. 이따끔 우리는 일시에 할당량이 쏟아져 들어와 쩔쩔매는 수가 있습니다.

어느 날, 한 부장이 장문의 편지를 다시 치라고 하기에 나는 거절했습니다. 그리고 이 편지는 새로 다시 치지 않더라도 정정하면 된다고 말했던 것입니다. 그러자 그 부장은 내가 싫다고 하면 누구든 다른 사람에게 일을 시키겠다는 것이었습니다.

나는 화가 머리끝까지 치밀었으나 다시 치기 시작했을 때 문득 나를 대신해 이 일을 하려고 노리고 있는 사람들이 많다는 것을 깨달았습니다. 게다가 나는 그러한 일을 하기 위해 급료를 받고 있는 것입니다.

그렇게 생각하자 마음이 차분해져서 갑자기 정말은 싫은 일이었지만 즐거워하고 있는 것처럼 해주려고 결심했습니다. 그러자 다음과 같은 것을 알게 되었습니다. 즉 내가 일을 즐거워하고 있는 것처럼 행동하자 정말로 조금 즐거워졌다는 것입니다. 그리고 또 일이 즐거워지자 능률이 올라간다는 것을 알았습니다.

그래서 지금은 시간 외 근무를 할 필요가 없어졌습니다. 나는 이 새로운 마음가짐 덕택으로 부지런하고 일을 잘한다는 평판을 얻었습니다. 그리고 어떤 부장이 전속 비서가 필요해졌을 때 그는 나를 원한다고 말했습니다. 시간 외에 근무를 하게 되어도 싫은 얼굴을 하지 않고 일하기 때문이라는 것이 그 이유였습니다.

마음가짐을 바꾸는 것에서 생기는 힘의 문제는 나에게 있어서는 정말 중요한 발견이었으며 매우 훌륭한 도움이 되었습니다.


골든 양은 한스 바이힌겔 교수의 기적을 낳는 '……것처럼' 철학을 응용한 셈이다. 그는 우리에게 마치 행복한 '것처럼' 행동하라고 말하고 있다. 만약 당신이 마치 자신의 일에 흥미가 있는 '것처럼' 행동하면, 그 별일도 아닌 일이 정말로 흥미가 있는 일로 되는 것이다. 그리고 당신의 피로, 긴장, 고민을 줄여주는 것이다.

오래 전, 공장 안의 선반 옆에 서서 볼트를 만드는 단조로운 일에 몹시 싫증을 내고 있는 젊은이가 있었다. 그의 이름은 샘이었는데, 샘은 이 일을 그만두고 싶었으나 다른 일이 찾아질 것 같지 않아 그대로 계속하고 있었다. 그래서 이 지루한 일을 어차피 해야 하는 이상, 어떻게든지 그것을 재미있게 해보려고 노력했다. 그래서 그는 자기 옆에서 또 다른 기계를 운전하는 직공과 경쟁하기로 했다. 그 직공이 하는 일은 꺼칠꺼칠한 표면을 매끈하게 깎는 일이었다. 그는 볼트를 알맞은 지름으로 가공하는 일이었다. 그들은 기계를 바꿔가며 신호와 함께 기계 스위치를 넣어 누가 더 많이 볼트를 만들어내는가를 시합했다.

현장 주임은 샘이 빠르고도 정확하게 일을 처리하는 데 감탄했고 얼마 안 되어 그를 더 좋은 일을 하게 했다. 그것이 승진하게 된 실마리였다. 30년 뒤 그때의 샘이었던 사무엘 보클레인은 볼드윈 기관차 제조공장의 사장이 되었다. 만약 그가 지루한 일을 재미있게 하려고 결심하지 않았다면 한평생 직공으로 지내야만 했을 것이다.


'우리의 인생은 우리의 사고에 의해 만들어진다.'
이 말은 18세기 전, 마르쿠스 아우렐리우스가 〈명상록〉에 썼던 때와 마찬가지로 오늘날에도 진리인 것이다.

나는 하루 종일 자기 자신에게 말을 함으로써 용기와 행복에 대해, 또한 힘과 평화에 대해 생각하게 된다. 감사하는 마음을 자신에게 이야기하다보면 기운이 나서 쾌활한 생각으로 가슴이 가득 차게 될 것이다.

긍정적으로 생각함으로써 당신은 싫은 일을 조금은 싫지 않게 할 수가 있다. 당신의 고용주는 당신이 일에 흥미를 갖기를 바라고 있다. 그렇게 하면 한층 더 이익을 올릴 수 있기 때문이다.

그러나 그것은 잊기로 하고, 당신이 자신의 일에 흥미를 갖는 것은 당신에게 어떤 이익이 있는가를 생각해보자.

당신은 인생에서 얻는 행복을 두 배로 할 수 있을지도 모른다. 왜냐하면 당신은 낮의 절반을 일로 소비하고 있고, 만약 그 일 가운데 행복을 발견할 수 없다면 아무데서도 그것을 발견할 수 없기 때문이다. 일에 흥미를 가지면 고민으로부터도 해방되고 결국은 지위도 오르고 월급도 오르게 될 것이다. 설령 그렇게 되지 않더라도 피로를 최소한으로 줄이고 여가를 즐길 수 있을 것이다.

# 6. 불면증에 대한 고민을 없애는 방법

당신은 밤에 잠을 이루지 못할 때 고민하는
가? 그렇다면 국제적으로 유명한 법률학자
사무엘 앤터마이어는 한평생 깊은 잠을 자지 못했다는 이야기에
흥미를 느낄 것이다.

사무엘 앤터마이어는 대학에 다닐 때 천식과 불면증에 시달렸다.
그는 그 두 가지 병 중 어느 것도 나을 것 같지 않아 차선책을 찾을
결심을 했다. 잠들 수 없는 시간을 이용하는 일이다. 그는 잠들지
못할 때 쓸데없는 고민을 하지 않고 잠자리에서 일어나 공부를 했다.
결과는 어떠했나? 그는 우등상이라는 상은 모조리 휩쓸어 뉴욕시립
대학에서 천재 중의 한 사람이 되었다.

그가 변호사 개업을 한 뒤에도 불면증은 계속되었으나 고민하지
않았다. 그는 '자연이 나를 지켜준다'고 말하고 있었다. 그것은 맞는
말이었다. 잠자는 시간은 짧았지만 그는 건강했고, 뉴욕 법조계의
어느 젊은 변호사보다도 훌륭하게 활동했다. 그는 또 누구보다도
일을 많이 했다. 모두가 잠자는 동안에도 일을 한 것이다.

21살의 사무엘 앤터마이어는 1년에 7만5천 달러나 벌었다. 젊은
변호사들은 그의 방식을 배우려고 법정으로 몰려들었다. 1931년,
그는 어떤 사건을 맡아 아마도 당시 최고의 수임료라고 생각되는

100만 달러를 받았다.

그의 불면증은 계속되었다. 밤 시간의 절반은 독서로 소비하고 아침은 5시에 일어나 편지를 썼다. 그는 한평생 깊은 잠을 자보지 못했지만 81세까지 오래 살았다. 그러나 만약 그가 자신의 불면증을 괴로워했다면 아마도 그는 신세를 망쳤을 것이다.

사람은 인생의 3분의 1을 수면으로 소비하면서도 무엇이 진짜 수면인가를 알지 못한다. 우리는 그것이 습관이며 휴식하는 상태여서 스스로 보호하고 있다는 것을 알고 있다. 그러나 우리는 각 개인에게 몇 시간의 수면이 필요한지, 또한 수면이 절대적으로 필요한지 알지 못한다.

너무 엉뚱한 일이라고 할까? 제1차 세계대전 중 폴 케룬이라는 헝가리 병사의 머리 옆을 총알이 살짝 관통했다. 부상은 나았는데 이상하게도 불면증이 되었다. 의사는 온갖 종류의 진정제며 최면제를 다 써보았고 최면술까지도 시도해보았지만 효과가 없었다. 결국 케룬을 잠자게 할 수 없었고 졸음조차도 오게 할 수가 없었다. 의사들은 그가 절대로 오래 살 수 없을 거라고 말했다.

그러나 그는 의사들을 놀라게 했다. 그는 취직도 하고 그 후로도 오래 건강하게 살았다. 그는 누워서 눈을 감고 휴식했지만 잠을 자는 것은 아니었다. 그의 예는 우리가 수면에 대해 믿고 있는 사실을 뒤엎는 의학상의 수수께끼이다.

어떤 사람들은 다른 사람들보다 더 많은 수면을 필요로 한다. 토스카니니는 하루에 5시간만 자면 되었지만, 칼빈 쿨리지 대통령은 두 배 이상을 필요로 했다. 그는 하루에 11시간 이상이나 잤다.

다시 말해서 토스카니니는 일생의 5분의 1을, 쿨리지는 절반을 수면으로 소비한 것이 된다.


불면증에 대해 고민하는 것은 불면증 그 자체 이상으로 건강에 해롭다. 예를 들면 나의 강좌 학생이었던 뉴저지 주 리치필드 파크의 아이라 샌드너는 만성 불면증 때문에 자살 직전에까지 몰렸었다. 그는 나에게 이렇게 말했다.

정말 나는 미칠 것 같았습니다. 문제는 전에는 내가 잠을 잘 잤다는 데 있습니다. 나는 자명종 시계가 요란하게 울려도 눈이 떠지지 않아 아침 출근에 지각을 하곤 했습니다. 그것이 문제였습니다. 사실 나는 규정된 시간에 일을 시작하라고 상사로부터 주의를 자주 받았습니다. 이런 상태가 계속되면 해고될지도 알 수 없었습니다.

나는 친구들에게 조언을 구했습니다. 그러자 한 친구가 잠들기 전에 자명종 시계에 주의력을 집중하라고 가르쳐주었습니다. 그것이 불면증의 시초였습니다. 그 저주받은 자명종 시계의 째깍거리는 소리에 홀린 것이었습니다. 나는 밤새도록 그 소리가 신경에 거슬려 이리 뒤척 저리 뒤척거리기만 하고 한 잠도 자지 못했습니다. 날이 밝았을 때 나는 피로와 번민으로 거의 병자나 다름없었습니다. 이런 상태가 8주일이나 계속되었습니다. 그때의 피로움은 도저히 말로는 다 할 수 없습니다. 나는 이러다가 틀림없이 미쳐버릴 것이라고 생각했습니다. 이따금 나는 몇 시간이나 방 안을 서성거렸습니다. 나는 창문으로 뛰어내려 차라리 모든 것을 끝내버릴까 하고 생각한 적도 여러 번 있었습니다.

마침내 나는 전에부터 잘 아는 의사를 찾아갔습니다. 그러자 의사는 이렇게 말하더군요.

"나로선 어쩔 도리가 없네. 어떻게 해볼 수가 없네. 이것은 자네 스스로 해결할 수밖에 없네. 밤에 잠자리에 들어도 잠을 잘 수가 없거든 그것을 잊어버리는 걸세. 그리고 자신에게, 잠을 자지 못해도 아무렇지 않다, 아침까지 깨어 있은들 어떻겠는가 하고 타이르는 걸세. 그리고 눈을 뜨지 않도록 하고 있는 걸세. 가만히 누워서 쓸데없는 생각을 하거나 지나간 일들을 걱정하지 말게. 아무튼 휴식을 취한다고 생각하는 걸세."

나는 그의 말대로 했습니다. 그리고 2주일 정도가 되었을 때 잠을 잘 수 있게 되고, 한 달이 못 되어 8시간을 잘 수 있게 되었습니다. 신경은 보통 상태로 돌아왔습니다.

이 사람을 자살 직전에까지 몰고 간 것은 불면증이 아니라 그에 대해 고민하는 일이었다.

시카고 대학 교수 나다니엘 클레이트먼 박사는 수면에 대한 연구로는 제1인자인데, 그는 불면증이 원인이 되어 죽었다는 예는 들은 일이 없다고 단언하고 있다. 분명히 인간은 불면증에 대해 고민하여 차츰 체력을 잃고 병 때문에 목숨을 잃는다. 그러나 그것은 고민이 원인이지 불면증 그 자체가 원인은 아니다.

클레이트먼 박사는 또 불면증에 대해 고민하고 있는 사람들은 보통 그들이 자각하는 것보다도 훨씬 많이 잠들고 있다고도 말하고 있다. 어젯밤은 한잠도 자지 못했다고 말하는 사람도 자신이 깨닫지 못했을 뿐이지 여러 시간을 잤을지도 모르는 일이다.

예를 들면 19세기 가장 뛰어난 사상가 중 한 사람인 허버트 스펜서는 노인이 되어 독신자로 하숙생활을 했는데, 항상 불면증을 하소연하여 같이 하숙하는 사람들을 지겹게 만들었다. 그는 누가 떠드는 소리를 싫어하여 신경을 가라앉히기 위해 귀에 솜을 틀어막았다. 또 때로는 잠을 청하기 위해 아편을 먹었다.

어느 날 밤 그는 옥스퍼드 대학의 에이스 교수와 어떤 호텔방에서 함께 머물렀다. 이튿날 아침 스펜서는 밤새도록 한잠도 못 잤다고 했는데, 사실 한잠도 자지 못한 것은 에이스 교수 쪽이었다. 그는 스펜서의 코고는 소리 때문에 밤새도록 자지 못했던 것이다.

숙면하기 위한 첫째 요건은 안도감이다. 우리 자신보다도 위대한 자연의 힘이 아침까지 우리를 잘 수호해준다고 느끼는 것이 필요하다. 토머스 히스로프 박사는 영국 의학협회 강연에서 다음과 같이 주장했다.

"나의 오랜 경험에 의하면 잠을 유도해주는 가장 좋은 방법은 기도다. 나는 의사로서의 입장에서 말하고 있는 것이다. 기도를 습관적으로 하는 사람들에게는 기도가 정신과 신경에 대한 진정제로서 가장 적절하다고 봅니다."

자네트 맥도널드는 잠들 수 없을 때는 언제나 시편 제23장의 '여호와는 나의 목자이시니, 나 부족함이 없도다. 여호와는 나를 푸른 들에 눕게 하시며 휴식의 물가로 인도하시도다……' 의 대목을 되풀이함으로써 안도감을 얻었노라고 말하고 있다.

그러나 당신이 종교를 갖고 있지 않아 이것이 곤란한 방법이라고 한다면 물리적 방법으로 몸을 편하게 하는 것을 배울 수밖에 없다. 〈신경 긴장으로부터의 해방〉의 저자 데이비드 해롤드 핑크 박사는 자신의 몸에 이야기를 거는 일이 가장 좋은 방법이라고 말한다.

핑크 박사에 의하면 말은 모든 종류의 최면상태로 가는 열쇠다.

당신이 아무리 애써도 잠잘 수 없을 때, 그것은 당신이 자기 자신에게 이야기하여 불면 상태에 빠지게 하고 있기 때문이다. 이것을 고치려면 자기 최면에서 깨어나야만 한다. 그리고 '몸을 편히 하라, 편히 하라, 마음 느긋하게 쉬어라' 하고 몸의 근육에게 타이르는 것이다. 우리는 근육이 긴장하고 있는 동안은 마음도 신경도 편히 쉴 수 없다는 것을 알고 있을 것이다. 그러므로 만약 우리가 잠자고 싶다면 우선 근육부터 시작하는 것이다.

불면증을 고치는 가장 좋은 방법으로는 원예, 수영, 테니스, 골프, 스키, 그 밖의 육체적인 동작으로 몸을 피로하게 하는 일이다. 데오도 드라이저는 그렇게 했다. 그가 아직 이름 없는 청년 작가 시절, 그는 불면증으로 고생했다. 그래서 그는 뉴욕 센트럴 철도의 보선공으로 취직했다. 그리고 하루 종일 레일이 움직이지 않도록 큰 못을 박기도 하고, 자갈을 퍼 올리기도 했는데, 저녁이면 지칠 대로 지쳐 식사도 하지 않고 곯아떨어졌던 것이다.

우리가 정말로 지치면 몸은 스스로 우리를 걷게 하면서도 잠자게 한다. 그 실례를 이야기하겠다.

내가 열세 살 때 아버지는 살찐 돼지를 화차에 실어 미주리 주의 세인트 조우로 보냈다. 아버지는 철도의 무임승차권을 두 장 가지고 있어서 나를 데리고 갔다.

나는 그때까지 4천 명 이상이나 사람이 사는 거리에 가본 적이 없었다. 세인트 조우에 도착했을 때(그곳은 인구 6만 명의 도회지이다) 나는 흥분되어 가슴이 뛰었다. 우뚝 솟은 6층 건물도 보았다. 난생 처음 전차도 보았다.

지금도 눈을 감으면 그때의 전차가 보이고 그 소리가 들리는 듯하다.

나의 일생 가운데서 가장 자극적이고 흥분된 하루를 지낸 뒤, 아버지와 나는 미주리 주 일레븐 우드로 돌아가는 기차에 올라탔다. 기차는 새벽 2시에 그곳에 도착했지만, 우리는 농장으로 돌아가는 데 6킬로나 걸어야만 했다. 그런데 바로 여기가 중요한 순간이다. 나는 녹초가 되도록 지쳐 있었기 때문에 걸으면서 잠들어 꿈을 꾸고 있었다. 나는 말을 타고 가면서 잠들기도 했다. 그러고도 나는 지금 살아서 그 이야기를 하고 있지 않은가!

인간이 완전히 지쳐 있으면 전쟁의 위험, 공포, 포화 속에도 잠을 잔다. 유명한 정신의학자 포스터 케네디 박사에게 들은 이야기인데, 1918년 영국 제5군단이 퇴각할 때 그는 병사들이 완전히 지쳐 땅바닥에 쓰러져 깊은 잠에 빠져 있는 것을 목격했다. 그는 손가락으로 그들의 눈꺼풀을 열어 보았으나 깨어나지 않았다. 그리고 그들의 눈동자는 모두 안구 위쪽으로 올라간 것을 알 수 있었다.

케네디 박사는 이렇게 말한다.

"그런 일이 있은 뒤로 나는 잠이 오지 않을 때는 눈알을 굴려 위로 올리는 운동을 합니다. 그러면 곧 하품이 나오고 졸음이 옵니다. 이것은 자동 반사작용으로 스스로 제어할 수 없는 것입니다."

잠을 자지 않는 방법으로 자살한 예는 없으며 앞으로도 아마 없을 것이다. 자연은 인간의 온갖 의지력에도 불구하고 인간에게 잘 것을 강제한다. 우리 몸은 오랫동안 음식물을 먹지 않고도 견딜 수 있도록 되어 있지만, 수면 없이는 결코 오랫동안 견딜 수 없도록 되어 있는 것이다.

자살이라고 하면 나는 헨리 C. 링크 박사가 〈인간의 재발견〉이라는 저서에서 말한 것을 기억한다. 그는 '공포와 고민의 극복에 대해'라는 제목의 한 문장 속에서 자살을 기도했던 환자에 대해 이야기하고 있다. 링크 박사는 설득은 쓸데없이 사태를 악화시킬 뿐이라는 것을 알고 있었다. 그래서 그는 환자에게 이렇게 말했다.

"만일 당신이 꼭 자살해야겠다면 적어도 영웅적인 방법으로 하는 거요. 이를테면 거리의 한 구역을 몇 바퀴 뛰어서 돌고 마지막에 푹 쓰러져 죽는 것은 어떻겠소?"

그 환자는 그의 말대로 해보았다. 한 번뿐만 아니라, 두 번 세 번이나 했다. 그때마다 기분이 좋아지는 것 같았다. 사흘째 되는 날 밤이 되자 그는 육체적으로 너무나 지쳐(그리고 육체적으로 긴장이 풀려서) 나무토막처럼 쓰러져 잠들어버렸다. 그 후 그는 체육클럽에 가입하여 시합에도 나가게 되었으며, 완전히 회복되었다.


불면증으로 고민하지 않으려면 다음 다섯 가지 규칙을 지켜라.

1. 만일 잠이 오지 않을 때는 사무엘 앤터마이어가 한 방법을 쓰라. 일어나서 잠이 올 때까지 일을 하든지 독서를 하라.

2. 수면 부족으로 죽은 사람은 없다는 것을 잊지 마라. 불면증에 대해 고민하는 것이 잠을 못 자는 것 이상으로 해로운 것이다.

3. 기도를 하든지, 자네트 맥도널드처럼 시편 제23장을 되풀이하여 읽어라.

4. 몸을 편하게 쉬도록 하라.

5. 운동하라. 일어나 있을 수 없을 만큼 육체적으로 몸을 피로하게 하라.

# 피로와 고민을 예방하여 에너지와 정신을
# 건강하게 유지하는 6가지 방법

제1법칙: 피로해지기 전에 휴식하라.

제2법칙: 일을 하는 동안에는 몸을 편하게 하는 방법을 배우라.

제3법칙: 만일 당신이 가정주부라면 집에서 몸을 편하게 함으로써 건강과 용모를 지켜라.

제4법칙: 다음 4가지의 좋은 작업습관을 적용하라.

① 당장 해결해야 할 서류 외에는 모두 책상에서 치워라.

② 중요도에 따라 일을 처리해 나가라.

③ 문제에 직면했을 때, 결단에 필요한 사실이 있으면 곧 그 자리에서 해결하라.

④ 조직하고, 위임하고, 관리하는 법을 배우라.

제5법칙: 고민과 피로를 막기 위해 일에 열중하라.

제6법칙: 수면 부족 때문에 죽은 사람은 없다는 것을 기억하라. 불면증에 대한 고민이 해를 주는 것이지 불면증 그 자체가 해를 주는 것은 아니다.

# 제8부 즐기면서 성공하는 일을 발견하는 방법

인생에 있어서 두 가지 큰 결단

# 인생에 있어서 두 가지 큰 결단

(이 장은 하고 싶어 하는 일거리를 아직도 찾지 못한 젊은 남녀를 위한 것이다. 만일 당신이 그 중 하나라면 이 장을 읽는 것이 당신의 이제부터의 일생에 큰 영향을 줄 것이다.)

만일 당신이 18살 이하라면 오래지 않아 당신은 인생에 있어서 두 가지 가장 중요한 결단을 내리지 않을 수 없을 것이다.

그것은 당신의 일생을 좌우하는 것과 동시에 당신의 행복, 수입, 건강에도 영향을 주는 중요한 것이다. 이 두 가지 결단이란 무엇인가?

첫째, 어떻게 생계를 세울 생각인가? 당신은 농부가 될 것인가? 우편집배원인가? 화학자인가? 대학교수인가? 아니면 햄버거 식당을 열 생각인가?

둘째, 여러분 자녀를 위한 아버지 또는 어머니로서 어떤 사람을 선택할 생각인가?

이 두 가지의 큰 결단은 때로는 도박을 하는 것과 같다. 해리 에머슨 포스딕은 〈통찰력〉이라는 저서에서 다음과 같이 말했다.

**"직업을 선택할 때의 젊은이들은 모두 도박사다. 그는 그 일에**

일생을 걸어야 한다."

직업을 선택함에 있어 어떻게 하면 도박적인 요소를 줄일 수 있는 가? 계속해서 읽어주기 바란다. 최선의 방법을 이야기해보겠다. 우선 첫째, 할 수만 있다면 즐거운 일을 찾아내도록 노력하는 것이다.

나는 B. F. 구드리치 회사의 회장 데이비드 M. 구드리치에게 사업에 성공하기 위한 첫째 요건이 무엇이냐고 물어본 적이 있다.

그는 이렇게 대답했다.

"일을 즐기는 것이다. 일이 즐거우면 장시간 일을 해도 일이 아니라 놀이처럼 생각된다."

에디슨이 그 좋은 예이다. 학교 교육을 받지 않은 신문팔이 소년에서 출세하여 미국 산업계를 뒤바꿔놓은 에디슨. 그는 연구소 내에서 기거하며 하루 18시간이나 일했지만 그에게 있어서는 일이 아니었다. 그는 이렇게 말했다.

"나는 일생에 단 하루도 일을 한 적이 없다. 모두 즐거운 놀이였다."

그가 성공한 것도 이상할 것이 없지 않은가!

나는 찰스 슈와브가 똑같은 내용의 말을 하는 것을 들은 적이 있다. 그는 이렇게 말했다.

"인간은 끝없는 정열을 품고 있는 일에는 거의 성공하게 된다."

그러나 당신이 무엇을 하고 싶은지 그것을 모르면서 어떻게 일에 대해 정열을 가질 수 있겠는가? 뒤퐁 회사에서 몇 천 명의 남녀를 채용한 에드너 카 부인은 이렇게 말한다.

"내가 알고 있는 가장 큰 비극적인 사실은 많은 젊은이들이 자신이 정말로 하고 싶은 일이 무엇인가를 모르고 있다는 것이다. 다만 월급만을 위해 일하는 사람처럼 딱한 사람은 없다."

카 부인에 의하면 대학을 졸업한 사람도 그녀를 찾아와 이렇게 말한다고 한다.

"저는 모 대학의 문학사 학위를 갖고 있는데, 이 회사에 무슨 할 만한 일자리가 없습니까?"

그들은 자신이 무슨 일에 적합한지 무엇을 하고 싶은지 그것을 알지 못한다. 뛰어난 지성과 장밋빛 꿈을 가지고 인생에 발을 내디딘 남녀가 40세가 못 되어 좌절하고 신경쇠약에 걸려 일생을 끝내버리는 것도 이상할 것이 없다. 정말 적당한 직업을 찾아내는 것은 건강을 위해서도 중요한 일이다.

존스 홉킨스 의과대학의 레이먼드 파알 박사는 모 보험회사와 공동으로 오래 사는 요소에 대해 연구한 결과 '자신에게 적합한 직업'이 목록 상위에 올라 있다.

칼라일은 "자신에게 적합한 일을 찾아낸 사람은 축복받을 일이다. 그 이상의 축복을 구할 필요는 없다"고 말했는데 파알 박사도 아마 동감했을 것이다.

나는 최근 소커니 바큐엠 석유회사의 인사부장인 폴 보인튼과 이야기를 나눈 적이 있는데, 최근 20년간 그는 7만5천 명 이상의 구직자를 면접했다. 그에게는 〈취업을 위한 6가지 방법〉이라는 저서도 있다.

"일을 찾고 있는 젊은이들이 저지르고 있는 가장 큰 잘못은 무엇인가?" 하는 나의 질문에 그는 이렇게 말했다.

"그들은 자기가 하고 싶은 일이 무엇이라는 것을 모르고 있습니다. 2, 3년 지나면 입을 수 없게 되는 옷을 사는 데는 매우 주의를 기울이면서도 자기의 일생 문제, 미래의 행복과 평화가 얻어질 수 있을지 없을지가 걸려 있는 직업 선택에는 의외로 무관심합니다."

그러면 대체 어떻게 하면 되겠는가? '직업 상담사'라고 하는 새로운 전문가의 도움을 받을 수도 있다. 물론 당신이 상담한 사람의 능력이나 성격에 따라 유익할 수도 있고, 해가 될 수도 있을 것이다. 이 서비스는 아직 완벽하지는 않으나 장래성은 있다. 이 서비스를 어떻게 이용할 것인가? 거기서는 직업 테스트와 정보를 얻을 수 있는가? 미국 도처에 이런 종류의 서비스가 있다.

당신이 전에 군인이었다면 소속 단체에서 물으면 알 것이고, 전에 군인이 아니었다면 국공립도서관, 지방교육위원회, 그리고 고등학교·대학에도 직업지도부가 개설되어 있다. 그 밖에 YMCA, YWCA, 적십자, 미국 청소년클럽, 구세군 등등 전국적 공공 단체에는 모두 직업지도부가 있어 당신에게 적당한 지도를 해준다.

그러나 거기서는 단지 정보만 제공해줄 뿐이지 결단은 당신이 내려야만 한다. 이들 지도원을 절대로 완벽하다고 생각해서는 안 된다. 그들 사이에도 서로 의견이 틀리기도 하고 때로는 어이없는 잘못을 저지르기도 한다. 예를 들면 어떤 직업 지도원은 나의 강좌의 한 여학생에게 단순히 어휘를 많이 알고 있다는 이유만으로 작가가 되라고 권했다. 실로 어리석은 생각이다. 뛰어난 작품은 작가의 사상과 감정을 독자에게 전하는 것이다. 그러기 위해서는 많은 어휘가 필요치 않다. 필요한 것은 사상, 경험, 신념, 열정이다. 어휘를 많이 알고 있던 이 여학생에게 조언을 주었던 직업 지도원은 한 가지 점에서는 성공했다. 그것은 예전의 행복한 속기사를 실의(失意)에 빠진 자칭 작가로 바꾸어놓은 것이다.

내가 말하고 싶은 점은 직업지도 전문가들도 우리도, 결코 절대적으로 잘못이 없지 않다는 것이다. 그러므로 당신은 그들 몇 사람과 상담한 의견을 판단의 참고로 삼아야 한다.

고민에 관한 책 속에 이런 장을 마련하는 것은 이상하다고 생각하는 사람이 있을지도 모르지만, 얼마나 많은 번민, 회한, 실패가 우리가 경멸하고 있는 일로 인해 생겨난다는 것을 알고 있다면 결코 이상하지 않을 것이다. 당신의 아버지나 이웃 사람이나, 혹은 윗사람에게 물어보는 것도 좋다. 위대한 경제학자 존 스튜어트 밀은 "개인에게 부적합한 직업은 사회적으로도 가장 큰 손실 중의 하나다"라고 말했다. 정말 그렇다. 그리고 이 세상에서 가장 불행한 사람들 중에는 자기가 하는 매일의 일을 혐오하고 있는 부적합한 직업을 갖고 있는 사람들이 있다.

당신은 군대에서 '기능 상실된' 사람을 알고 있는가? 잘못 배치된 사람들이다. 전쟁에 의한 부상자들을 말하는 것이 아니라, 보통 일반적인 군무에 복무하고 있으면서 주어진 업무를 제대로 처리하지 못하는 사람들을 말하는 것이다. 위대한 정신과의사 중의 한 사람인 윌리엄 메닝거 박사는 전시 중 육군 신경정신과의 책임자였는데, 그는 이렇게 말하고 있다.

"우리는 군대에서 선택과 배치의 중요성에 대해, 또 적재적소가 얼마나 중요한가에 대해 많은 것을 깨달을 수 있었습니다. 그것은 아주 사소한 일에서도 나타납니다. 주어진 일에 흥미를 가질 수 없거나, 잘못 배치되었다고 느끼고 있거나, 일할 가치가 없다고 느끼고 있거나, 자기의 재능을 살릴 수 없다고 생각하고 있으면 그들에게서 실제로, 적어도 잠재적인 정신적 장애를 발견했습니다."

그렇다, 옳은 말이다. 그리고 같은 이유로 산업계에서도 '기능 상실된' 사람을 찾아낼 수 있다. 만약 그가 자신의 일을 경멸한다면 일까지도 망쳐버리는 것이다.

필 존슨의 예를 들어보기로 하자. 그의 아버지는 세탁소를 경영하고 있었다. 아버지는 아들이 가업을 이어받도록 하기 위해 일을 돕게 했다. 그러나 필은 세탁소 일을 아주 싫어했다. 그래서 그는 게으름을 피울 수 있는 만큼 피우며 억지로 일을 했다. 집을 비우는 일도 있었다. 아버지는 속이 상했고, 야심 없고 버릇없는 아들을 가졌다는 사실 때문에 종업원들 보기에도 부끄러웠다.

어느 날 필은 아버지에게 기계공이 되고 싶다고 말했다. 뭐라구? 작업복을 입고 싶다고? 노인은 충격을 받았다. 그러나 필은 처음 마음먹은 뜻을 굽히지 않았다. 그는 기름투성이가 된 더러운 작업복을 걸치고 일했다. 그는 집에서 일하던 때보다도 훨씬 일을 잘했다. 휘파람을 불면서 신나게 일했다. 그는 공학 기술을 익히기 시작해 엔진이며 다른 기계들을 닥치는 대로 뜯어보았다.

마침내 필립 존슨이 1944년에 죽었을 때, 필은 보잉 항공기회사 사장이 되어 전쟁을 승리로 이끄는 데 지대한 공헌을 한 '하늘의 요새'를 제작하고 있었던 것이다! 만약 그가 묵묵히 세탁소에 만족하고 있었다면 어떻게 되었겠는가? 특히 아버지가 세상을 떠난 뒤에는? 아마도 그는 가업을 망쳐버리고 파산되었을지도 모른다.

설사 가정불화를 일으킬지라도 나는 젊은이들에게 가족이 바라고 있다는 이유만으로 특정한 직업에 종사해서는 안 된다고 말하고 싶다. 물론 부모의 의견은 귀담아 들어야 한다. 부모는 당신의 두 배나 오래 살아왔기 때문에 오랜 세월과 경험을 통해서 얻을 수 있는 지식을 가지고 있다. 그러나 마지막으로 판단하고 결단을 내려야 하는 것은 당신 자신이다. 일로 행복해지는 것도, 또한 불행해지는 것도 모두 당신 자신인 것이다.

이제 직업을 선택하는 데 대한 충고와 경고를 감히 말해보겠다.

1. 직업 상담원을 선택할 때 먼저 다음 5가지 제언을 읽어보기 바란다. 이것은 미국의 저명한 직업 상담 전문가 해리 키트슨 교수가 작성한 것이다.

① 인간의 직업 적성을 찾아주는 마술적 시스템이 있다고 말하는 사람에게는 가지 않는다. 그들은 대부분 골상학자, 점성술사, 손금보는 사람 등이다. 그들이 말하는 시스템은 신용할 수 없다.

② 어떤 직업을 선택할 것인가를 나타내는 테스트를 한다는 사람에게는 가지 않는다. 이런 직업 상담자는 상담하러 온 사람의 육체적, 사회적, 경제적 조건을 고려해야 한다는 원칙을 무시하고 있다. 직업 상담사는 상담하러 온 사람이 선택이 가능한 직업을 제시해주어야 하는 것이다.

③ 직업에 관한 풍부한 자료를 갖추고 상담 중에 그것을 효과적으로 활용하는 그런 상담사를 선택하라.

④ 완전한 직업 상담을 위해서는 두 번 이상의 상담이 필요하다.

⑤ 절대로 통신에 의한 직업 상담은 받지 않는다.

2. 이미 사람이 몰려 인력이 남아도는 업종이나 직업은 피해야 한다.

미국에는 2만 가지 이상이나 되는 다양한 직종이 있다. 2만 종류 이상이나! 그러나 젊은이들은 이 사실을 알고 있는가? 아니다. 그 결과 어떤 고등학교 남학생의 3분의 2는 다섯 종류의 직업 선택으로 집중되었다. 2만 종류 중의 다섯 가지라니. 그리고 여학생의 5분의 4도 마찬가지였다. 소수의 업종이나 직종이 인력이 넘쳐 불안정, 고민, 불안, 노이로제가 화이트칼라 족에 번지는 것은 당연하다. 특히 법률, 저널리즘 분야, 라디오, 영화 등 인력이 넘쳐나는 분야에 진입하려고 하는 것은 좀 생각할 문제이다.

3. 생계를 꾸려 나갈 수 있는 가능성이 열에 하나밖에 없는 것 같은 직종은 피하라.

그 일례가 생명보험 설계사다. 매년 무수한 사람들이(그 가운데는 실업자도 있지만) 미래를 생각하지 않고 생명보험 설계사가 된다. 그래서 어떻게 되는가? 필라델피아의 프랭클린 베드거에게 '어떻게 되는가?' 물어보기로 하자.

20년 동안 베드거 씨는 미국에서 손꼽히는 생명보험 세일즈맨이었다. 그에 의하면 생명보험 세일즈를 시작한 사람의 90퍼센트가 실망하여 1년도 못 되어 그만둔다. 남은 10명 중의 1명이 10명이 파는 보험 전부의 90퍼센트를 취급한다. 그리고 남은 9명은 겨우 10퍼센트를 취급할 뿐이다. 바꾸어 말하면 만약 당신이 생명보험을 팔기 시작한다고 하면, 당신이 1년 이내에 실패하여 그만두는 확률은 90퍼센트이고, 1년에 1만 달러를 벌 확률은 백에 하나이다. 설사 당신이 그것을 계속해가더라도 그날 벌어 그날 사는 생활 이상의 것을 벌 확률은 열에 하나밖에 없는 것이다.

4. 당신의 일생을 바칠 직업을 선택하는 것이므로 몇 주일, 몇 달이 걸려도 그 직업에 관한 온갖 사항을 조사해야 한다.

그러려면 10년, 20년, 30년을 그 직업에 종사하고 있는 남성이나 여성을 만나서 물어보는 것이 좋다.

이런 만남은 당신의 장래에 중대한 영향을 줄 것이다. 나는 그것을 경험으로 알고 있다. 나는 20살을 조금 넘었을 무렵 두 선배에게 직업상의 조언을 구한 일이 있었는데, 지금 생각해보니 그것이 나의 일생에 있어 전환점이 된 것을 깨닫는다. 사실 내가 그들의 조언을 구하지 않았다면 내 일생은 어찌 되었을지 상상하기도 어렵다.

그러면 어떻게 직업 상담을 할 수 있는가? 자, 설명하기로 한다. 가령 당신이 건축기사가 될 생각이라고 하자. 당신은 결심하기 전에 당신이 사는 주소지를 비롯하여 가까운 거리에 있는 건축기사를 만나기 위해 몇 주일 동안을 소비해야 한다. 전화번호 책으로 그들의 주소와 이름을 확인하여 방문해도 좋고, 면담 약속을 받고 싶을 생각이라면 다음과 같은 편지를 내도 좋다.

실례지만 부탁드릴 말씀이 있습니다. 저는 선생님의 높으신 의견을 여쭙고자 합니다. 저는 18세로 장래에 건축기사가 되려고 공부하고 있습니다. 그 결단을 내리기 전에 저는 선생님의 충고를 듣고 싶습니다. 만약 바쁘셔서 사무실에서 만나주실 수 없으시다면 실례입니다만, 댁에서 30분 정도 폐를 끼쳐드리게 해주실 수는 없겠습니까? 제가 여쭤어보고 싶은 것은 다음과 같은 일에 대한 것입니다.

① 선생님께서는 다시 한 번 일생을 되풀이하신다면, 또 건축기사가 되시겠습니까?

② 만나 뵙고 난 뒤에 저는 저에게 건축기사가 될 자격이 있는지 없는지를

묻고 싶습니다.

③ 건축기사라는 직업은 이미 인력이 포화상태인가요?

④ 가령 4년 동안 건축학을 공부한 정도로는 취업하기가 어렵겠습니까? 처음에는 어떤 일을 하게 되겠습니까?

⑤ 만약 저에게 보통의 재능이 있다고 한다면, 처음 5년 동안은 어느 정도의 수입을 얻을 수 있겠습니까?

⑥ 건축기사에게는 어떠한 유익함과 불리함이 있습니까?

⑦ 만약 제가 선생님의 아들이었다면 선생님께서는 저에게 건축기사가 되라고 권하시겠습니까?


만약 당신 성격이 내성적이어서 '거물'과 혼자서 마주 대하기가 망설여진다면, 여기에 두 가지 방법이 있다. 우선 당신과 같은 나이 또래의 소년을 동반하면 좋다. 두 사람이면 무슨 일에나 마음이 든든할 것이다. 그러나 만일 동행할 만한 같은 나이 또래의 소년이 없으면 아버지에게 부탁하여 함께 가도록 한다.

그리고 그의 조언을 구하고 있는 것은 그에게 경의를 표하는 것이라는 것을 잊지 말라. 상대는 당신의 간청으로 우쭐해져 있을 수도 있다. 대체로 어른은 젊은 남녀에게 충고하기를 좋아하는 법이다. 그 건축기사는 아마도 당신과의 만남을 유쾌하게 생각할 것이다.

만약 면담을 청하기 위한 편지를 쓰기가 주저된다면, 불쑥 아무런 예고 없이 그의 사무실로 찾아가 뭔가 조금이라도 조언해주면 참으로 고맙겠다고 정중히 부탁할 수도 있다.

그리고 당신이 다섯 명의 건축기사를 방문한 결과 다섯 명 모두가 바빠서 만나주지 않았다 한다면(그런 일은 없겠지만), 그때는 다른 다섯 명을 찾아가야 한다. 그 가운데 몇 명은 틀림없이 당신을 만나

몇 년이나 실의에 빠져 시간을 허비하게 될 당신을 구해줄 귀중한 충고를 해줄 것이다.

당신은 인생에서 가장 중요한 장래에 영향을 미칠 가부간 결단을 하려 한다는 걸 잊어서는 안 된다. 그러므로 행동하기 전 직종을 파악하는 데 공을 들여야만 한다. 만약 그렇게 하지 않으면 회한에 찬 반평생을 보내게 될지도 모르는 것이다. 또 할 수만 있다면 30분 동안의 조언에 사례하는 것도 좋다.

5. 자신은 단 한 가지의 직업밖에는 적합하지 않다는 잘못된 관념에서 벗어나라. 정상적인 사람이라면 누구나 많은 직업에 성공할 수도 있고 실패할 수도 있다.

나를 예로 들어보겠다. 내가 다음과 같은 직업에 대해 공부하거나 준비를 했다면 어느 정도는 즐기면서 성공했을 수도 있다고 생각이 된다. 예를 들어 농업, 임업, 의학, 광고, 판매, 교직 같은 분야이다. 그러나 회계, 엔지니어, 호텔이나 공장 경영, 건축, 기계 같은 분야라면 실패했을 것이라는 생각이 든다.

# 제9부 경제적 고민을 줄이는 방법

"모든 고민의 70퍼센트는……"

# "모든 고민의 70퍼센트는……"

만약 내가 모든 사람의 경제적 고민을 해결하는 방법을 알고 있었다면, 이 책을 쓰지 않았을 것이다. 아마 나는 백악관에서 대통령 옆에 앉아 있을 것이다. 그러나 내가 할 수 있는 일이 한 가지 있다. 나는 이 문제에 관해 그 방면의 권위 있는 사람의 말을 인용하여 몇 가지 실제적인 방법을 제시할 수가 있는 것이다.

〈레이디스 홈 저널〉지의 조사에 의하면 인간의 고민의 70퍼센트는 금전문제라고 한다. 갤럽 여론조사소의 조지 갤럽에 의하면, '대개의 사람은 그들의 수입이 10퍼센트 증가한다면 그들의 경제적 고민은 없어질 것으로 생각한다'고 말하고 있다.

대부분의 경우 그것은 진실일지도 모르지만, 한편 대부분의 경우 그것은 진실이 아닌 것이다. 이를테면 나는 이 장을 집필하는 중에 셈 계산에 정통한 사람을 만나 이야기했다.

뉴욕 워너메이커 백화점의 고객에 대한 경제고문을 오랫동안 맡아보고 있는 엘시 스테플턴 부인이다. 그녀는 개인적 상담역으로서도 돈 문제로 고민하는 사람들을 도와왔다. 그녀는 온갖 종류의 소득세에 관하여, 적게는 1년에 1,000 달러밖에 소득이 없는 짐꾼에서부터, 많게는 1년에 10만 달러나 수입이 있는 사장에 이르기까지 여러

계층의 사람과 상담해왔다. 그녀는 이렇게 이야기하고 있다.

"돈을 많이 번다고 경제적 고민이 없어지는 것은 아닙니다. 수입의 증가는 오직 낭비만 증가시킬 뿐이며 두통이 증가되는 것을 종종 보아왔습니다. 대부분 사람들 고민의 원인은 금전의 부족이 아니라 가지고 있는 돈을 쓰는 방법을 모르는 것입니다."

저런, 누군가 흥! 하고 코웃음을 치는군요. 코웃음을 치기 전에 다시 한 번 스테플턴 부인이 '모든 인간이 다 그렇다는 말은 하지 않았다'는 것을 기억해주기 바란다. 그녀는 '대부분의 사람'이라고 했지 당신에 대해서 말한 것은 아니다.

대부분의 독자는 이렇게 말할지도 모른다.

"이 카네기란 인간에게 내 청구서를 지불하게 해야겠군. 내 빚을 넘겨주고 내 월급으로 갚게 해야겠군. 그러면 이런 남들이 알아들을 수도 없는 소리는 하지 않을 거야."

물론 나도 경제적 고민은 이미 경험한 바다. 나는 미주리 주의 옥수수밭이며 가축에게 먹일 건초를 넣어두는 곳간에서 하루에 10시간씩이나 힘든 육체노동을 했다. 지칠 대로 지쳐서 어떻게든 몸의 고통을 잊었으면 하는 것이 단 하나의 소망이었을 정도였다. 이 중노동에 대해 1시간에 1달러는커녕 10센트, 아니 10센트도 받지 못했다. 나는 하루에 10시간을 일하고, 1시간당 5센트를 받았을 뿐이었다.

나는 20년 동안 목욕탕도 없고 수도도 없는 집에서 생활하는 것이 얼마나 괴로운 일인가 하는 것을 잘 알고 있다. 영하 15도나 내려가는 추운 방에서 잔다는 것이 어떤 것인가도 알고 있다. 5센트의 전차요금을 절약하기 위해 16킬로나 걸어서, 구두며 양말에 구멍을 나게 하는 것이 어떤 것인지도 알고 있다. 레스토랑에서 가장 싼 요리를 주문하고, 바지의 주름을 만들기 위해 바지를 요 밑에 깔고 자는 것이 어떤 것인지도 알고 있다.

그렇지만 그런 시절에도 물론, 나는 지금까지 나의 수입에서 어떻게든 조금씩 저축을 하고 있다. 저축을 하지 않는 것을 두려워했기 때문이다. 이 경험의 결과 나는 우리가 빚이나 경제적 고민을 모면하고 싶다고 생각한다면 기업에서 하는 방법을 써야 된다는 것을 깨달았다. 즉 미리 지출할 계획을 세우고 그에 따라 돈을 쓰는 것이다.

그런데 대개의 사람은 그렇게 하지 않는다. 나의 친구이자 이 책을 출판하는 회사의 사장인 레온 심스킨은 많은 사람들이 그들의 돈에 대해 품고 있는 기묘한 맹점(盲點)을 지적해주었다. 그는 자기가 알고 있는 어느 회계 담당 직원의 이야기를 해주었다.

그는 회사의 일에 있어서는 숫자의 귀신이었지만, 자신의 개인적 경제를 다루는 데 있어서는 전혀 말이 아니었다. 가령 금요일 오후에 급료를 받는다고 하자. 마침 상점가를 거닐다가 어느 가게의 윈도에서 그의 취미에 맞는 오버코트를 보았다고 하자. 그는 대뜸 그것을 산다. 그는 집세, 전기료, 그 밖의 모든 고정 비용을 늦든 빠르든 간에 봉급 봉투에서 지불해야 한다는 따위는 전혀 생각하지 않는 것이다. 호주머니에 돈이 있다. 그 돈의 용도야 어찌 되었거나 돈이 있다는 사실밖에는 머리에 없는 것이다.

그러나 이 사람은 만약 그가 근무하는 회사의 회계를 이런 기분 내키는 대로 한다면 회사는 파산해버린다는 것은 알고 있다.

여기서 생각해야 할 일이 있다. 당신의 금전관계는 당신의 비즈니스라는 것이다. 정말 당신이 어떻게 돈을 소비하는가는 글자 그대로 당신의 비즈니스인 것이다. 그러면 우리의 돈을 관리하는 원칙은 무엇일까? 어떻게 우리는 예산을 짜고 계획을 세워 나가야 하는가? 그 11가지 법칙은 다음과 같다.

### 법칙 1- 사실을 종이에 적어라

아놀드 베넷이 50년 전 런던에서 소설가로 출발했을 때 그는 생활고에 허덕이고 있었다. 그래서 그는 아무리 적은 금액의 돈이라도 소비한 목록을 꼼꼼히 적어놓았다. 그는 자기의 돈이 어디에 쓰이는가를 이상하게 생각했던 것일까? 아니다. 그것은 잘 알고 있었다. 그러나 그는 이 생각이 옳다고 생각되어 부자가 되어 세계적으로 유명해지고 요트를 소유할 수 있는 처지가 되었어도 이것을 계속했던 것이다.

존 D. 록펠러도 출납부를 적었다. 그는 밤에 기도를 끝내고 잠자리에 들기 전에 그의 입출 상황이 어떻게 되어 있는지 1페니에 이르기까지 자세히 적었다.

우리도 노트에 금전출납을 기록하기로 하자. 노후에 대비해서인가? 아니다. 반드시 그런 것만은 아니다. 예산 전문가들은 적어도 처음 한 달은 우리가 소비한 돈의 정확한 수입 지출 결산표를 만들라고 권하고 있다. 만약 할 수 있으면 석 달간 해보라고 말하고 싶다. 이렇게 하면 돈이 어떻게 쓰였는가를 정확하게 알 수 있으므로 예산을 세울 수 있기 때문이다.

아니! 당신은 그렇게 하지 않아도 돈이 어디로 나가는지를 알고 있다는 것인가? 만약 그렇다면 당신은 천 명 중 한 사람 정도 있는 보기 드문 인간이다.

스테플턴 부인은 이렇게 말하고 있다. 남자나, 여자나, 명세서나 숫자를 진술하는 데 수시간을 소비하는 사람이 적지 않으므로 나는 종이에 쓰게 하고 있는데, 막상 그 결과를 보면 그들은 으레 내 돈이 이렇게 쓰였군요? 하고 깜짝 놀라며 도무지 믿기 어렵다는 표정을 지었다고 한다. 당신도 그렇지 않을까?

### 🐉 법칙 2- 당신의 수입에 꼭 알맞은 예산안을 작성하라

스테플턴 부인은, 같은 교외의 주택가에 두 가족이 아주 똑같은 집에 살며, 아이들의 수도 같고, 수입도 같다고 하더라도 그 예산의 필요도는 전혀 다르다고 말한다. 왜냐하면 사람은 모두 다르기 때문 이라고 말한다. 그녀에 의하면 예산이란 개인적이고 습성적인 것이 라는 의미이다.

예산이란 인간의 생활 속에서 모든 기쁨을 쫓아내는 것이 아니다. 그것은 인간에게 물질적인 안정감을 주는 것이다. 많은 경우 감정적 인 안정감과 고민으로부터의 해방을 의미하고 있다.

"예산을 세워 생활하는 사람들은 보다 행복한 사람들이다"라고 스테플턴 부인은 말하고 있다.

그러면 어떻게 예산을 세우는가? 우선 앞에서도 말했듯이 모든 지출을 표로 만들어야만 한다. 그리고 전문가의 조언을 구하는 것이 다. 미국 농무부나 시청, 은행 등에는 예산이나 재정적인 문제를 상담해주는 서비스를 해주고 있다.

### 🦎 법칙 3- 돈의 가치를 최대한 살려서 쓰는 방법을 배우라

돈에 대해 최대의 가치를 얻는 방법을 배우라는 것이다. 모든 큰 회사에는 전문적인 구매부서가 있어 회사를 위해 유리한 거래를 하도록 노력하고 있다. 그런데 어째서 당신은 당신 자산의 관리인 겸 책임자로서 이런 일을 하지 않는가?

### 🦎 법칙 4 수입과 함께 두통을 늘게 하지 말라

스테플턴 부인의 말에 의하면, 그녀가 상담을 받고 가장 골치를 앓은 것은 연수입 5천 달러가 된다는 가족의 예산 작성이라고 한다. 그녀는 이렇게 이야기했다.

"연수입 5천 달러는 대개의 미국 가정에 있어서 희망 목표액입니다. 그 사람들은 수년 동안 견실한 생활을 해오다가 드디어 연수입 5천 달러가 되면 '목표에 도달'했다고 생각하는 것 같습니다. 그리고 생활이 화려해집니다. '아파트의 집세보다 오히려 싸게 먹힌다'고 하면서 교외에 집을 사고, 자동차도 사고, 새로운 가구, 많은 옷가지 따위를 사들입니다. 그러다가 적자상태를 깨달았을 때에는 그전보다 덜 행복한 것입니다. 수입이 늘었다고 좋아서 우쭐해진 것이 원인입니다."

이것은 매우 자연스러운 현상이다. 사람은 누구나 인생을 보다 많이 즐기고 싶어 한다. 그러나 어디까지나 스스로 억제하여 예산의 범위 안에서 생활하는 것과 기분 나쁜 독촉장과 빚쟁이에게 시달리는 것과, 과연 어느 쪽이 행복한 생활이라고 말할 수 있겠는가?

법칙 5 신용을 쌓도록 노력하라. 언젠가 남의 돈을 빌려 쓸 필요가 있는 경우도 있기 때문이다

만약 당신이 남에게 돈을 빌려야 하는 다급한 입장에 서게 되었을 경우, 생명보험 증권이나 정부에서 발행한 채권은 현금이나 마찬가지다. 그러나 보험증권을 담보로 넣고 돈을 빌려 쓸 생각이라면 그것이 저축성인가를 확인할 필요가 있다. 저축성인 증권은 현금이나 마찬가지다. 보장성 보험증권은 일정한 기간만의 보증이지 저축성은 아니다. 그러니까 이 종류의 보험증권은 빚을 얻는 담보로는 아무런 쓸모가 없다.

그러므로 보험에 가입하는 경우에는 미리 빚을 얻는 데 담보로 쓸 수 있는가 어떤가를 확실하게 확인하고 나서 계약서에 서명해야 한다.

그런데 당신에게는 빚을 얻는 데 담보가 되는 보험증권도 국고채권도 없지만 가옥이라든가, 자동차라든가 그 밖에 저당 잡힐 수 있는 물건은 소유하고 있다고 하자. 당신은 어디로 가면 되겠는가?

물론 은행이다. 은행은 신뢰가 중요하니까 당신에게 부당하게 하지 않는다. 만약 당신이 돈이 잘 융통되지 않는 상태에 있다면 당신의 상담도 받아줄 것이고, 계획을 세워 당신의 고민과 채무를 해결하는 데 도와주기도 할 것이다. 그러니까 저당 잡힐 물건이 있다면 반드시 은행으로 가라.

그러나 만일 당신이 세상 대부분의 사람들과 마찬가지로 저당 잡힐 물건도 없고, 그 밖의 아무런 소유물도 없고, 다만 임금이나 월급 이외는 담보물로 제공할 수 있는 것이 없다면 어떻게 할까?

그런 경우 당신의 삶을 소중히 지키려면 다음의 경고를 잊지 말라! 절대로 정식으로 허가받지 않은 '대부업체'에 가면 안 된다. 그렇게 되면 악랄한 고리대금업자의 악랄한 수단에 빠질지도 모른다. 그들은 상대가 잘 알지 못하는 것을 이용하여 1년에 1억 달러 이상이나 가로채고 있다.

그 가운데 실례를 한 가지 들겠다.

텍사스 주 댈러스의 어떤 사람이 병원의 치료비를 지불하려고 20달러를 무허가 금융업자로부터 빚을 얻었다. 그 이자가 무려 1주일에 2달러 25센트! 그는 5개월 동안 증서를 다시 바꾸어 쓰기를 계속하여 합계 53달러를 지불하였는데, 그래도 아직 20달러 이상의 미불금이 남아 있었다고 한다.

### 법칙 6 질병이나 화재, 불의의 사고에 대비하라

온갖 종류의 사고, 불행, 불의에 닥칠 사고에 대비하여 비교적 싸고도 도움이 되는 것이 보험이다.

나는 목욕탕에서 갑자기 쓰러진다거나 풍진에 대해서까지 모두 보험을 들라고 권하는 것은 아니다. 다만 돈이 들 것이 확실하고 갑자기 돈이 없어 쩔쩔 맬 것이 뻔한 큰 불의의 사고에 대해서는 반드시 보험에 들어두라고 말하는 것이다.

보험은 확실히 싸다. 이를 테면 내가 알고 있는 부인이 작년에 열흘 동안 병원에 입원했었다. 그녀가 퇴원하자, 불과 5달러의 청구서를 받았다. 그녀는 상해보험에 가입하고 있기 때문이었다.

법칙 7- 당신의 생명보험금을 부인에게 일시
불로 지불하도록 약정하지 말라

만약 당신이 당신의 유가족을 위해 대비할 목적으로 생명보험에
가입하였다면, 부디 당신의 보험금이 현금으로 한꺼번에 지불되도록
하지 않기를 바란다.

'새로운 돈을 손에 넣은 새로운 미망인'에게 도대체 어떤 일이
일어나리라고 생각하는가? 그것은 메이어 S. 에벌리 부인에게 들어
보기로 하자.

그녀는 뉴욕 보험협회 여성부 부장이다. 그녀는 전 미국의 여성
클럽을 순회하며 생명보험금을 현금으로 한꺼번에 미망인에게 주는
것은 현명한 방법이 아니다, 그 돈은 일생을 통해 나누어서 주는
방법을 택하도록 해주어야 한다고 주장하고 있다.

그녀는 현금으로 2만 달러를 받은 어떤 미망인의 예를 들고 있다.
그 미망인은 그 돈을 아들에게 빌려주어 자동차 부품 판매업을 열게
했다. 그런데 사업은 실패로 끝나고 미망인은 현재 매우 궁핍하게
생활하고 있다고 한다.

또 다른 한 사람은 말솜씨 좋은 부동산 세일즈맨의 감언이설에
빠져 보험금의 거의 전부를 '1년 이내에 반드시 폭등'할 것으로 예상
한 땅에 투자했는데, 3년 뒤에는 산 값의 10분의 1의 헐값으로
내놓지 않을 수 없었다고 한다. 생명보험금을 1만5천 달러나 받았으
면서도 1년도 되기 전에 몽땅 날려 보내고, 아이들의 양육마저도
아동복지협회에 의뢰한 미망인도 있다.

이와 똑같은 비극은 이루 헤아릴 수 없을 정도이다. '부인의 손에
쥐어진 2만5천 달러 돈의 생명은 평균 7년이 채 되지 못한다'라는

속설은 〈뉴욕포스트〉 지의 경제부장 실비어 F. 포터가 〈레이디스 홈 저널〉 지상에 기고한 글에서 나온 말이다.

수년 전 〈새터데이 이브닝 포스트〉 지에는 다음과 같은 사설이 실려 있었다.

'실무에 관한 아무런 훈련도 받지 않았고, 조언해줄 금융전문가도 없었던 미망인이 교활한 세일즈맨의 말에 속아 생명보험금을 형편없는 엉터리 주식에 투자해버리는 예가 실로 많다. 많은 미망이나 고아가 된 자녀들을 교활한 악당들이 속여, 건실한 남자가 오랜 세월 동안 부지런히 일하고 아껴 한 푼 두 푼 저축한 전 재산을 몽땅 빼앗겨 버린 실례는 많은 금융 전문가나 변호사가 잘 알고 있는 사실이다.'

만약 당신이 당신의 부인이나 자식들을 지켜야겠다고 생각한다면, 현명한 J. P. 모건이 한 방법을 배워야 할 것이다. 그는 유산을 16명의 상속자에게 나누어주었다. 그 가운데 12명은 여자였는데, 모건은 그들에게 현금을 주지 않았다. 신탁예금에 들어 그들이 살아 있는 동안 매달 일정한 금액의 생활비가 지불되도록 했던 것이었다.

### 법칙 8 돈에 대해 책임을 갖도록 자녀들을 교육하라

나는 〈유어 라이프〉 지상에서 읽은 적이 있는 좋은 글을 잊을 수가 없다. 이것을 쓴 사람은 스텔라 웨스턴 타틀이라는 부인인데, 그녀가 어떻게 하여 자기 자식에게 돈에 대한 책임감을 심어주고 있는가를 말한 것이다.

그녀는 은행에서 수표용지를 얻어다가 아홉 살 된 딸아이에게 주었다. 딸아이는 매주 용돈을 받으면 그것을 어머니에게 맡긴다. 어머니는 아이를 위해 은행 역할을 하는 셈이다. 그리고 딸아이는 돈이 필요할 때에는 수표를 끊어 어머니에게서 돈을 받는다. 이렇게 하여 잔액을 잘 기억해두게 한다. 소녀가 이런 방법에 흥미를 느낀 것은 말할 나위도 없지만 동시에 자기의 돈에 대해 책임감을 갖게 되었다고 한다. 이것은 실로 훌륭한 방법이다.

만약 당신에게 고등학교 학생 정도의 남자아이나 여자아이가 있다면, 그리고 그들에게 돈에 대한 책임감을 심어주고 싶다고 생각한다면 돈 쓰는 법을 먼저 지도해야 한다.

## 법칙 9- 만약 당신이 가정주부라면 주방에서 수입을 만들어낼 수 있다

만약 당신이 견실한 수입, 지출 예산을 세워 생활하는 데도 전처럼 지출이 수입을 초과하는 일이 있다고 하면, 당신은 다음 두 가지 방법 중 어느 쪽인가를 택하게 될 것이다. 화를 내고 불평하고 고민하든가, 아니면 달리 돈을 벌 계획을 세우든가 할 것이다. 어떻게 해서 돈을 벌 것인가? 그것은 지금까지 누군가는 하고 있을 법한 일인데 아직 당신이 해보지 않은 일을 하면 된다.

올라 스나이더 부인이 그렇게 했다.

그녀는 일리노이 주의 메이우드라는 인구 3만 명인 도시에 살고 있다. 그런데 그녀는 주방의 난로와 10센트의 재료로 장사를 시작했다. 그녀의 남편이 병으로 쓰러졌다. 돈을 벌어야만 했다. 그러나 어떠한 방법으로 할 것인가? 경험은 없고 특별한 기술도 자본도 없다. 보통 가정주부였다. 그녀는 계란 흰자위와 설탕으로 몇 가지

사탕과자를 만들었다. 그리고 그것을 접시에 담아 학교 근처로 가서 집으로 돌아가는 아이들에게 한 개에 1페니씩 팔았다.

"내일은 돈을 좀 더 갖고 오너라. 아줌마는 집에서 만든 과자를 팔러 날마다 여기에 올 테니까."

그녀는 아이들에게 이렇게 말했다. 처음 1주일 동안 그녀는 4달러 15센트의 이익을 올렸을 뿐만 아니라, 생활에 새로운 열정이 솟구쳤다. 그녀는 자기뿐 아니라 아이들도 행복하게 해주고 있었다. 이제는 고민하거나 그럴 시간이 없었다.

일리노이 주 메이우드의 얌전하고 조용한 주부는 점점 힘이 났다. 그녀는 복잡한 대도시 시카고에 대리점을 내고 집에서 직접 만든 캔디를 팔아야겠다고 생각했다. 그녀는 큰길에서 땅콩을 팔고 있는 이탈리아 사람에게 조심조심 다가가서 말을 해보았으나 상대는 어깨만 으쓱해 보일 뿐이었다. 그의 손님은 땅콩을 원하지 캔디를 찾지 않는다고 말했다. 그녀는 그에게 견본을 내주었다. 그것이 마음에 들었는지 그는 캔디를 팔기 시작하여 첫날에 스나이더 부인에게 2달러의 이익을 내주었다.

4년 후 그녀는 시카고에서 처음으로 자신의 가게를 열었다. 가게는 5㎡의 넓이밖에는 되지 않았다. 그녀는 밤에 캔디를 만들고 낮에 그것을 팔았다. 이 소심하고 얌전하던 주부가 이제는 열일곱 군데의 가게를 시카고 시내 여기저기에 갖고 있다.

내가 말하고 싶은 것은 바로 이 점이다. 일리노이 주 메이우드에 사는 올라 스나이더 부인은 경제적 문제로 고민하지만 않고 적극적으로 행동했다. 그녀는 주방 난로를 이용해서 극히 규모가 작은 방법으로 돈을 벌기 시작했다. 여러 가지 잡비도 집세도 광고비도 급료도

들지 않았다. 이 정도의 조건만 있으면 여자가 경제적 고민에 빠질 일은 거의 없는 것이다.

당신의 주위를 둘러보라. 할 만한 일이 방치되어 있는 것이 많을 것이다.

이를테면 만약 당신이 요리 솜씨가 능숙하다면 자신의 집 주방에서 미혼 여성들을 위해 요리 강습을 시작하여 돈을 벌 수도 있을 것이다. 배울 사람은 한 집 한 집 권유하고 다니면 모일 것이다.

여가를 이용한 돈벌이 방법에 대해서는 많은 책이 출판되어 있다. 그것도 한 번 읽어보면 좋을 것이다. 남자나 여자나 기회는 얼마든지 있다.

다만 한마디 주의해두겠는데, 태어날 때부터 천성이 세일즈맨으로서 적격이 아닌 사람은 집집마다 호별 방문하는 판매에는 종사하지 않는 편이 좋다. 대부분의 사람은 그것을 싫어하고 자신의 성격 때문에 성공도 하지 못한다.

법칙 10- 절대로 도박에 손대지 말라

나는 경마나 도박으로 돈을 벌려고 하는 사람이 많은 데 놀라고 있다. 내가 아는 어떤 사람은 몇 대의 슬롯머신 자동 도박기를 소유하고 있는데, 도박으로 생활을 꾸려 나가면서도 돈을 따려고 혈안이 되어 있는 손님들을 경멸한다고 한다.

나는 또 미국에서 손꼽을 만큼 이름난 출판사 사장을 알고 있는데, 그가 나의 성인강좌의 학생이었던 적이 있다. 그는 아무리 많은 경마에 관한 지식을 갖고 있어도 경마로 돈을 벌기는 불가능하다고 나에게 이야기했다. 더욱이 현실을 보면 어리석은 사람들이 경마에 1년에 60억 달러나 날리고 있다. 이것은 1910년도 전 국채액의 6배이다. 이 경마 팬은 이런 말도 했다. 미운 사람이 있어 그를 파멸케 하는 가장 좋은 방법은 경마에 손을 대게 하는 것이라고 했다. 나는 그에게 예상 순위를 믿고 마권을 사는 사람들은 어떻게 될 것인가 하고 질문했더니 "조폐공사가 아무리 돈을 많이 찍어 갖다주더라도 모자라지요"라고 대답했다.

꼭 도박에 손을 대고 싶다면 적어도 현명하게 하자. 얼마나 이길 승률이 있는지 알아보자. 어떻게? 〈게임의 확률〉을 읽어보면 된다. 내기로 돈을 딸 수 있는 확률을 말하는 것은 아니다. 그런 것과는 전혀 관계가 없다. 이 책에서는 단순히 모든 게임에 있어서 이길 가능성은 얼마나 되는가를 설명하고 있을 뿐이다. 그것을 분명히 안다면 당신은 땀 흘려 번 돈을 경마, 트럼프, 주사위, 슬롯머신, 룰렛에 내기를 걸고 있는 한심한 사람들에게 동정하지 않을 수 없을 것이다.

### 법칙 11- 경제 상태를 개선할 수 없더라도 자포자기하거나 누구를 원망하지 말라

가령 우리가 자신의 재정 상태를 개선할 수는 없다고 하더라도, 거기에 임하는 우리의 정신 태도는 개선할 수 있을 것이다. 다른 사람들도 우리와 마찬가지로 경제적인 고민을 갖고 있다는 것을 잊지 않도록 하자. 우리는 A를 따라갈 수 없다고 하여 고민한다. A는 A대로 B와 어깨를 나란히 할 수 없다고 하여 번민한다.

미국 역사상 가장 유명한 사람들도 경제적인 고민이 있었다. 링컨이나 워싱턴도 대통령 취임식에 출석하기 위해 여비를 다른 사람에게서 꾸어야만 했다.

우리가 원하는 것을 전부 얻을 수 없다고 하여 번민이나 원망으로 우리의 일상을 헛되이 망쳐버려서는 안 된다. 자기 자신을 책망해서도 안 된다. 자기 자신을 위하자. 철학적이 되자. 철학적으로 어떻게 살라는 말인가? 에픽테토스는 이렇게 말하고 있다.

"철학적으로 살라는 것은 자신의 행복을 외부의 사물에 의존하지 않고 사는 것이다."

세네카는 또 이렇게 말했다.

"만약 인간이 이미 가지고 있는 것에 불만을 느낀다면 전 세계를 다 차지해도 불행할 것이다."

전 세계를 자기 것으로 만들고 그 둘레에 울타리를 친다고 해도 당신은 하루에 세 끼밖에는 식사를 하지 않을 것이며, 잘 때는 침대 하나면 그것으로 충분하다. 땅을 파는 막노동을 하는 사람일지라도 그것은 마찬가지다. 그가 오히려 록펠러보다도 세 끼 식사를 맛있게 먹고 한층 더 편안히 잠을 잘 것이 틀림없다. 이것을 절대로 잊어서는 안 된다.

# 경제적 고민을 줄이기 위한 11가지 법칙

1. 사실을 종이에 적어라.

2. 당신의 수입에 꼭 알맞은 예산안을 작성하라.

3. 돈의 가치를 최대한 살려서 쓰는 방법을 배우라.

4. 수입과 함께 두통을 늘게 하지 말라.

5. 신용을 쌓도록 노력하라. 남의 돈을 빌려 쓸 필요가 있는 경우도 있기 때문이다.

6. 질병이나 화재, 불의의 사고에 대비하라.

7. 당신의 생명보험금을 부인에게 일시불로 지불하도록 약정하지 말라.

8. 돈에 대해 책임을 갖도록 자녀들을 교육하라.

9. 만약 당신이 가정주부라면 주방에서 수입을 만들어낼 수 있다.

10. 절대로 도박에 손대지 말라.

11. 경제 상태를 개선할 수 없더라도 자포자기하거나 누구를 원망하지 말라.